的 黑
靈
魂 人

THE
SOULS OF
BLACK FOLK
W. E. B. Du Bois

杜博依斯 何文敬_____譯注

獻給

親愛的家人

目　次

推薦序　魂兮歸來：召喚黑人靈魂的先知杜博依斯
　　　　單德興 ……………………………………………………… 007
譯注者序　傾聽杜博依斯發自靈魂深處的吶喊 …………………… 015

杜博依斯生平 ……………………………………………………… 023

導論　析論《黑人的靈魂》：美國內戰後之社會文化史經典 … 037
　　一、出版背景
　　二、版本說明
　　三、重要性與意義
　　四、篇章評析
　　五、綜合討論

《黑人的靈魂》 …………………………………………………… 087
原文章節頁碼與譯文章節頁碼對照表 …………………………… 088
原版封面 …………………………………………………………… 089
獻辭 ………………………………………………………………… 090
前言 ………………………………………………………………… 091
第一章　論吾等心靈之奮戰 ……………………………………… 093
第二章　論自由之曙光 …………………………………………… 105
第三章　論布克・華盛頓先生等人 ……………………………… 129
第四章　論進步之意義 …………………………………………… 147

第五章　論亞塔蘭大之翼 ⸻⸻⸻⸻ 161

第六章　論黑人之訓練 ⸻⸻⸻⸻ 173

第七章　論黑色地帶 ⸻⸻⸻⸻ 191

第八章　論金羊毛之追尋 ⸻⸻⸻⸻ 215

第九章　論主僕之子孫 ⸻⸻⸻⸻ 237

第十章　論祖先之信仰 ⸻⸻⸻⸻ 257

第十一章　論長子之去世 ⸻⸻⸻⸻ 273

第十二章　論亞歷山大・克倫梅爾 ⸻⸻⸻⸻ 281

第十三章　論約翰之降臨 ⸻⸻⸻⸻ 295

第十四章　悲歌 ⸻⸻⸻⸻ 315

後記 ⸻⸻⸻⸻ 331

杜博依斯年表 ⸻⸻⸻⸻ 333
參考研究書目 ⸻⸻⸻⸻ 343

附錄一 ⸻⸻⸻⸻ 365
　　早期評論
附錄二 ⸻⸻⸻⸻ 379
　　1953年版封面、內頁與新增之〈五十年後〉及〈評語〉

魂兮歸來：
召喚黑人靈魂的先知杜博依斯

單德興

中央研究院歐美研究所特聘研究員

1994年至1995年，我以哈佛燕京學社訪問學人（Harvard-Yenching Visiting Scholar）的身分負笈哈佛大學一年，研究主題為亞裔美國文學與文化（Asian American literature and culture）。當時美東的學風仍相當保守，即使在首屈一指的哈佛大學，有關亞美文學的課程也只有大學部的一門，而且講授該課的年輕老師婉謝我旁聽。於是我四處尋訪有興趣的課（按學生的說法就是「血拼」〔shopping〕），在旁聽的眾多課程中，上、下學期各聽了一門有關非裔美國文學與文化（African American literature and culture）的課，分別由杜博依斯研究所（W. E. B. Du Bois Research Institute）的所長蓋慈（Henry Louis Gates, Jr.）與哲學家阿匹亞（Kwame Anthony Appiah）講授，上課地點就在暫居哈佛廣場（Harvard Square）街角、美體小鋪（The Body Shop）樓上的研究所。在蓋慈的主持下，此所當時已成為相關研究的世界首要重鎮（蓋慈至今仍為該研究所負責人），而他

力邀前來的哲學家、公共知識分子韋斯特（Cornel West）更讓
人對該所的未來發展充滿期待。那年我在不少公開與私下場合
聽到許多人對杜博依斯（W. E. B. Du Bois, 1868-1963）的推崇
與景仰，而名滿天下的哈佛大學以他的名字來命名此研究所，
既是對校友的尊崇，也印證了此君在非裔美國研究中的獨特地
位。

　　杜博依斯與哈佛大學淵源深厚。他於1868年出生在美國麻
薩諸塞州，1888年註冊為哈佛大學大三學生，1890年以第三名
的成績獲得學士學位（BA cum laude），次年取得歷史學碩士
學位，1895年取得歷史學博士學位，成為第一位取得哈佛大學
博士學位的非裔美國人。他的博士論文《非洲販奴至美利堅合
眾國之鎮壓，1638-1870》（“*The Suppression of the African Slave-
Trade to the United States of America, 1638-1870*”）於1896年出
版，為哈佛歷史研究系列（the Harvard Historical Studies Series）
開山之作。在校期間他深受歷史學家哈特（Albert Bushnell
Hart）與哲學家詹姆士（William James）的影響，與兩人發展
出亦師亦友的關係。

　　杜博依斯興趣廣泛，於文學、歷史、哲學無所不窺，在社
會學領域的貢獻尤其卓著。除了身為傑出學者之外，他也積極
參與社會運動，努力爭取黑人權益，為1909年成立的美國全
國有色人種協進會（National Association for the Advancement of
Colored People，簡稱NAACP）創始人之一，並自1910年起擔
任該組織刊物《危機》（*Crisis*）雜誌主編長達二十五年。然而
由於他的真知灼見與政治主張不容於當權者與主流社會，他對
共產主義的友善與憧憬在冷戰的政治氛圍中更難容身，於是

1961年選擇出走非洲迦納共和國（該國於1957年獨立，為非洲英屬殖民地中第一個獨立的國家），1963年成為該國公民，同年逝世，享耆壽九十五歲。迦納共和國為他舉行國葬，備極哀榮。由以上簡述可略窺他傳奇的一生，較詳細的敘述可參閱本書〈杜博依斯生平〉。

　　杜博依斯一生著述不輟，九十高齡時還受迦納共和國之託編撰《非洲百科全書》（*Encyclopedia Africana*），智力、體力、使命感與學術熱忱令人敬佩。他的著作等身，各有其脈絡與影響，其中尤以1903年、三十五歲時出版的文集《黑人的靈魂》（*The Souls of Black Folk*）流傳最廣。此書除了前言、後記共計十四章，文字生動，內容廣泛，指涉豐富，分析深入，其中若干觀念，如「雙重意識」（double consciousness）與「膚色界線」（color line），影響尤其深遠，先見之明令人歎服。然而也因此構成閱讀與翻譯的障礙，必須深切掌握作者的學思歷程與時代背景，才可能深入了解該書的大義與微言，絕非一般譯者或學者能率爾操觚。此書中譯本姍姍來遲，實為事出有因。

　　本書譯注者何文敬教授為美國研究科班出身，1989年獲得美國密西根大學安娜堡校區（University of Michigan-Ann Arbor）美國文化研究所博士學位，早年鑽研福克納（William Faulkner）的小說時，就注意到其中呈現的黑白種族問題。1987年的英文論文 "In Search of a Female Self: Toni Morrison's *The Bluest Eye* and Maxine Hong Kingston's *The Woman Warrior*"（〈追求女性的自我：童妮・墨莉生的《黑與白》和湯婷婷〔亭亭〕的《女戰士》〉），刊登於中央研究院美國文化研究所（今歐美研究所）的《美國研究》季刊（*American Studies*），從族裔、性別

與弱勢論述的角度出發，比較、分析非裔的墨莉生（又譯摩里森）與華裔的湯亭亭的名著，為最早從事非裔與華裔文學比較研究的華人學者之一。何教授爾後多年從事非裔與華裔美國文學與文化研究，曾在國立臺灣師範大學英語研究所開設「福克納專題研究」、「童妮‧摩里森專題研究」、「美國小說中的種族主義」等課程，並有多篇中英文論文於國內外期刊與論文集發表，更於2010年出版專書《我是誰？：美國小說中的文化屬性》（臺北：書林出版有限公司），為華文世界此一領域的代表性學者。

　　難得的是，何教授同時也是一位傑出的譯者，具有可觀的「譯績」（套用余光中教授用語），曾於1989年、1997年、1998年三度獲得梁實秋文學獎翻譯類譯文組之獎項。除了單篇譯文之外，並曾中譯文學理論《神話與文學》（*Myth and Literature*, William Righter原著〔臺北：成文出版社，1980〕）以及長篇小說《天堂樹：一個華裔美國家族四代的故事》（*Homebase*, Shawn [Hsu] Wong〔徐忠雄〕原著〔臺北：麥田出版，2001〕）與《寵兒》（*Beloved*，摩里森原著〔臺北：臺灣商務印書館，2003〕）。《天堂樹》為華裔美國文學中獨具特色之作，是筆者與加州大學柏克萊校區（University of California, Berkeley）黃秀玲（Sau-ling Cynthia Wong）教授合編的國立編譯館華美文學譯叢之一。《寵兒》更是諾貝爾文學獎得主摩里森的力作，何教授的譯著以忠實流暢的譯筆、鞭辟入裡的導讀、翔實平易的注解，榮獲《聯合報》2003年讀書人最佳書獎（文學類）與《中國時報》2003年開卷年度十大好書（翻譯類），難能可貴，實至名歸。

　　國科會／科技部的經典譯注計畫始於1990年代末期，筆者有幸參與計畫草創時期的擘畫，執行《格理弗遊記》（*Gulliver's Travels*）的學術譯注版與普及版的計畫，並為王安琪教授的兩部英美文學譯注經典撰寫各超過一萬五千字與一萬八千字的緒論，對此系列計畫有充分的體認與深厚的感情。[1]此譯注計畫旨在邀請學有專長的學者「並」具有翻譯經驗的譯者，選擇在其專長領域中的經典之作，迻譯為中文，並撰寫緒論（critical introduction）、添加譯注、提供原作者年表與參考文獻，以這些附文本（paratexts）協助讀者深入了解該經典的大義與微言，若有可能並與自身的社會與文化脈絡相互參照，以期達到筆者多年提倡的「雙重脈絡化」（dual contextualization）的效應。此計畫自1998年啟動以來，至今已邁入第二十個年頭，在譯者、推動者與出版者通力合作下，已經出版人文與社會科學的譯注經典近百本，允為國科會／科技部最顯著的成果之一，為華文世界厚植學術與文化資本，居功厥偉。

　　何教授身兼學者與譯者之長，實為翻譯杜博依斯經典之作《黑人的靈魂》的難得人選。他自2005年向國科會提出經典譯注計畫申請，採用的版本正是蓋慈與奧立佛（Terri Hume Oliver）合編、1999年諾頓公司（W. W. Norton & Company）出版的批評研究版。此書的中文譯注字斟句酌，前後耗時十餘年

---

1 參閱筆者，〈文學・經典・翻譯：馬克吐溫歷險記〉，收錄於《赫克歷險記》（*Adventures of Huckleberry Finn*），馬克吐溫（Mark Twain）原著，王安琪譯注（臺北：聯經出版公司，2012），頁3-25；〈落入語言的兔子洞裡——愛麗絲中文奇遇記〉，收錄於《愛麗絲幻遊奇境與鏡中奇緣》（*Alice's Adventures in Wonderland / Through the Looking-Glass*），卡若爾（Lewis Carroll）原著，王安琪譯注（臺北：聯經出版公司，2015），頁5-32。二文後來收錄於筆者《翻譯與評介》（臺北：書林出版有限公司，2016），頁19-43與頁45-72。

才完成，並依經典譯注計畫標準作業程序，由兩位審查人過目，真可謂「十年辛苦不尋常」。譯文以忠實順暢的語言再現原著，並佐以譯注提供必要的資訊（包括黑人靈歌的出處），協助讀者進一步了解文本及其脈絡。原文與譯文的章節頁碼對照表方便讀者比對杜博依斯的原作與譯作，原版封面與獻辭則讓讀者得以一窺原作的面貌。至於此書的內容、特色、貢獻與意義，譯注者在附文本中言之甚詳，此處不贅，僅簡述何教授所提供的附文本之作用如下。

　　由於杜博依斯在非裔美國傳統的地位獨特，著作眾多，相關研究汗牛充棟，然而中文世界有關他的翻譯與介紹卻極為欠缺。因此，譯注者在譯文前、後添加的諸多附文本，多少彌補了這個缺憾，藉由提供重要的背景資料與研究成果，協助讀者了解作者生平與此書出版時的世界。譯文之前的附文本〈譯注者序　傾聽杜博依斯發自靈魂深處的吶喊〉，說明此書的意義與翻譯此書的因緣；〈杜博依斯生平〉扼要展示作者傳奇的一生；〈導論　析論《黑人的靈魂》：美國內戰後之社會文化史經典〉分節呈現此書的出版背景、版本說明、重要性與意義、篇章評析與綜合討論。譯文之後的附文本則有〈杜博依斯年表〉，以編年方式展現作者的生平大事，收一目了然之效；〈參考研究書目〉提供譯注者的研究資源，若干重要著作並有書目提要，可供有心人按圖索驥，深入研究；〈附錄一〉收錄四篇早期評論，以示此書問世時的若干反應；〈附錄二〉以中英對照的方式，呈現了此書出版五十年後，原作者杜博依斯與第二任妻子葛蘭姆（Shirley Graham）的反思與評語，使人得以一覽昔今之比與自他之論。凡此種種均可看出譯注者的用心。若杜博依斯

再世，當能領會譯注者的努力與用心——或「愛意」（"love"，套用德希達〔Jacques Derrida〕的說法）——深慶自己的著作得此知己，並在華文世界得到精采豐富的「來生」（"afterlife"，套用班雅明〔Walter Benjamin〕對翻譯的著名譬喻）。

2017年夏天我重回哈佛大學進行研究，在哈佛合作社（Harvard COOP）購得韋斯特與布絲辰朵芙（Christa Buschendorf）的對話錄《黑色先知之火》（*Black Prophetic Fire* [Boston: Beacon Press, 2014]），該書分章深入討論十九、二十世紀六位高瞻遠矚的非裔美國領袖，以及他們的傳承在當代的意義，「無疑是二十世紀最重要的黑人知識分子的杜博依斯」（41）為當然之選。在對話中，布絲辰朵芙提到《黑人的靈魂》結合了「科學的散文式書寫與詩式書寫」（52），書中使用的一些比喻，如「面紗」（"the Veil"）和「雙重意識」，形塑了後來的學術討論（55）。韋斯特則強調杜博依斯的人文主義，認為「他是徹底激進的民主人文主義者，乞靈於文藝復興、啟蒙時代以及維多利亞時期的批評家」（61）。而杜博依斯對資本主義與白人至上主義（white supremacy）的批判，使他成為「二十世紀人物中，與二十一世紀的我們最相關的一位，如果忽視他就會自陷險境。確實如此。就這個意義而言，我們都站在他的肩膀上」（44）。然而韋斯特也慨歎，「對身為學者、公共知識分子、行動分子的杜博依斯，我們仍未能充分體認他的寬度、範圍與深度」（42）。韋斯特引用金恩（Martin Luther King, Jr.）被暗殺前四十天於杜博依斯百歲誕辰慶祝活動中的發言，來總結兩人的對話：「杜博依斯最偉大的美德，乃是對所有被壓迫者永遠懷著人飢己飢之心，對各種不公不義打抱不平」（63）。由

金恩與韋斯特這兩位不同世代的黑人領袖對這位先驅的由衷推崇，足證杜博依斯地位之崇高及意義之重大。

　　當今美國至上主義再起，排外氣氛日趨濃厚，對弱勢族裔益發敵視與不利，貿易保護主義之風興起，杜博依斯的論述與批判再度印證了他的真知與遠見。何教授花費十多年心血完成的這部經典譯注，讓華文世界的讀者有機會以原汁原味的方式閱讀全書，並透過他的介紹深入了解這位非裔美國公共知識分子與人權鬥士。這位先知以豐富的知識、獨特的經驗、卓越的智慧與生動的文字，所召喚的不僅是黑人的靈魂，以及美國境內弱勢族裔的靈魂，也是全球各地受到各種不公不義所壓迫的弱勢者的靈魂，希望在他的奮鬥與啟蒙下，一個更公平合理正義的世界能早日降臨。

2018年4月16日
臺北南港

譯注者序

傾聽杜博依斯發自靈魂深處的吶喊

何文敬

　　從事學術翻譯固然過程艱辛，卻是一件饒富意義的工作。
譯者除了對翻譯的熱忱和興趣外，通常懷抱著某種使命感，期
盼在原著／作者和中文讀者之間架起一座溝通或對話的橋梁。
個人當初決定譯注杜博依斯（W. E. B. Du Bois）1903 年的經
典，也是希望扮演好中介的角色，讓這部傑作在中文世界流傳
下去，進而賦予原著繼起之生命，即班雅明（Walter Benjamin）
所謂的「來世」（Benjamin, 71）；[1]準此，原著若名留青史，譯者
亦與有榮焉。著名的葡萄牙譯者龐提雅若（Giovanni Pontiero）
在論及如何挑選文學作品加以翻譯時，拈出三項優先考慮的條
件：第一、該樁譯事富有挑戰；第二、原作者在其時代舉足輕
重；第三、該書之題材應有若干普遍性與持久性，俾能長期吸
引其他文化之讀者（Pontiero, 21）。龐提雅若所提出的三項指
標，也是促使個人決定將杜博依斯的 *The Souls of Black Folk* 譯

---

1 在《譯者的職責》（*The Task of the Translator*）中，班雅明認為譯作可以延續原
　作之生命。「翻譯自原作衍生而來──與其說是來自原作的今生，不如說是來
　自其來世」（"...a translation issues from the original—not so much from its life as
　from its afterlife"〔Benjamin 71〕）。

成中文的重要因素。

　　杜博依斯堪稱二十世紀最偉大的非裔美國思想家，幼年由母親含辛茹苦扶養長大，自年少起即好學不倦，博覽群書。二十五歲時即下定決心以提升黑人同胞的地位與福祉為終生職志，遂成為第一位取得哈佛大學博士學位的黑人，後來與一群志同道合者成立全國有色人種促進會（National Association for the Advancement of Colored People，簡稱 NAACP），並擔任其刊物《危機》（*Crisis*）主編長達二十五年之久，再者，他長年任教於喬治亞大學，由於他開啟嶄新的社會學研究方法，故被譽為「現代社會學之父」。此外，他也一直關心世界上所有黑人之事務，前後在世界各大城市共舉辦了五屆泛非洲大會，因此亦被譽為「泛非洲主義之父」。

　　杜博依斯一生著作等身，而《黑人的靈魂》乃是他早年成名之作，也是最受批評家青睞與讚賞者。就文學層面而言，該書用字遣詞優美典雅，敘議兼具，且書中第十三章〈論約翰之降臨〉為短篇故事。準此，著名的美國文學選集，如《諾頓美國文學選集》（*The Norton Anthology of American Literature*）、《哈潑美國文學》（*The Harper American Literature*）、《希斯美國文學選集》（*Heath Anthology of American Literature*）從第一版至最新版皆一直收錄《黑人的靈魂》的部分章節，顯示它在美國文學史上具有一定的地位。在思想與知識層面，杜博依斯在書中所描繪的黑人的外在處境（前九章）與內在生活（後五章），對於了解或研究十九世紀下半葉的美國南方社會、歷史、宗教信仰與文化等面向，提供諸多寶貴的第一手資訊。該書內容涵蓋自傳、歷史、政治評論、社會學、教育學、音樂學

和文學等，在美國思想史上的地位頗為重要。根據現代語言學會（MLA）的書目資料搜尋引擎，有關《黑人的靈魂》的英文學術著作和期刊論文，截至落筆前即高達一百八十六筆，其影響力之深遠可見一斑。[2]

　　個人自從民國78年取得博士學位以來，不論是在臺師大英語研究所開授「美國小說中的種族主義」、「童妮・摩里森專題」或「福克納專題」，或是在中央研究院歐美研究所從事福克納或非裔（甚至亞裔）美國作家研究時，經常發現有學者在論著中提到或引用杜博依斯的《黑人的靈魂》，益覺該著作對非裔美國文學與文化之重要性。此外書中有關公民權利和高等教育的理念與見解，雖然距今已逾一個世紀之久，仍有諸多可供國人借鏡之處。譬如說在民權方面，他強調「公民平等」，在這基礎上他呼籲「因材施教之青年教育」，蓋「黑男孩和白男孩一樣需要教育」（43；142）。他在第三章〈論布克・華盛頓先生等人〉中，一再強調高等教育對提升黑人文化、改善黑白關係的重要，藉以凸顯布克・華盛頓一味主張黑人只需接受技藝教育之偏頗。在第五章〈論亞塔蘭大之翼〉中，杜博依斯進一步提出適性教育的理念：「教導工人工作及思想家思考；使具木匠天分者成為木匠，具哲學家天分者成為哲學家」（61；172）；此外，他也指出大學教育最重要的功能在於人格的培養，而不只是「教導謀生技藝，或提供公立學校師資，或成為上流社會的中心」（60；170）。在第六章〈論黑人之訓練〉中，杜博依斯剴切指出高等教育的目標乃是文化與教養，他主

---

2 讀者如欲進一步了解《黑人的靈魂》的重要性和意義，請參閱本書〈導論〉的第三部分。

張藉由大學教育培養「耐心、謙虛、禮貌和品味」等人格特質（62；171）。以上這些不正是當前諸多學者專家所重視之「軟實力」乎？

　　揆諸臺灣當前之高等教育，已然脫離大學訓練之崇高目標與理想，一方面技職教育一直沒有受到應有的重視，政府在沒有周全的規畫下，貿然廣開大學之門，學生家長輒不顧子女之性向與志趣，一味地要求（甚至強迫）子女非要念大學不可，結果比較適合接受技職教育的學生在一般大學中不是自暴自棄，就是學習動機低落，但求「混」個文憑，彷彿念大學充其量只是為了滿足父母的虛榮心罷了。事實上，廣設大學或高中，皆違反了杜博依斯所揭櫫的「適才適性發展」原則；正確的做法乃是大學教育與職業教育雙軌並重，兩者分流發展，不宜偏廢。換言之，在杜博依斯心目中，大學教育乃通才教育，而非職業教育，更非職業培訓所；蓋通才教育所強調的不只是知識的追求，更重要的是「人」的培養，即高尚品性的人格之育成、視野與胸襟之拓廣，碰到問題或困難時，能夠沉著應對，做出適妥之判斷，進而加以解決或克服。最後，如果杜博依斯提出「十分之一幹才」理念乃是為了提升黑人之素質與地位，那麼臺灣針對日益嚴重的人才外流問題，有何睿智的對策留住我們自己的「十分之一幹才」呢？此乃值得國人深思之嚴肅課題。

　　鑑於該曠世傑作一個多世紀以來仍無中文全譯本問世，個人乃於民國94年試譯最受矚目的第三章前面幾段，向科技部提出譯注計畫之申請。該計畫執行期間，個人由於轉至逢甲大學外文系任教，備課與執行科技部專題研究計畫占據多數時光，

加上眼睛罹患角膜潰瘍之毛病，以至未能在原訂時間內完成該
計畫。

　　《黑人的靈魂》的原著版本眾多，當初為何要選用蓋慈和
奧立佛的諾頓批評版呢？主要的考量純粹是認為該版本較具權
威，且有注解。我天真地以為版權應無問題，蓋聯經出版公司
過去經手諸多本經典譯注，版權交涉應無問題。等到譯完原著
後，聯經編輯部的梅心怡小姐來電告知：諾頓公司以該版本為
教科書為由，無法提供授權云云。此一折騰固然又花了很多時
間，但由於該譯注從動筆到完稿，斷斷續續前後耗時十來年，
趁著重新注釋之便，可以從頭再仔細檢視譯稿，未嘗不是好
事，說不定自己的功力在十年間有所長進，如是思之，頓然釋
懷矣。

　　在結構上，本譯注計畫成果除了科技部規定的項目外，另
外收錄了有關《黑人的靈魂》的早期評論四篇中譯（附錄一），
以及杜博依斯在1953年藍蒼鷺版《黑人的靈魂》所寫的〈五十
年後〉（中、英文）、秀莉・葛蘭姆（杜博依斯第二任夫人）所
寫的〈評語〉、該版本之封面與內頁（附錄二）。為了方便讀
者對照原文，個人亦製作了「原文章節頁碼與譯文章節頁碼對
照表」（頁88）。為了加深讀者印象，除了提供杜博依斯的遺像
外，亦增列二幀遺像，包括布克・華盛頓（第三章）和亞歷
山大・克倫梅爾（第十二章）；為了讓讀者了解某些名詞的由
來，在注解後面提供相關之附圖，如Carpetbagger（頁99-100，
注12）、Jim Crow Car（頁159-160，注14）等。

　　本譯注計畫成果得以順利出版，實得力於多方面之投入與
協助。首先要感謝科技部的大力支持，在計畫執行期間，吳佳

甄、王遠洋、陳韋伶、黃玫怡和方俊雄等五位助理協助檢索、
搜集資料、打字、校對及其他相關庶務，末校稿承蒙馬婺妃
和陳宣昱同學仔細校對，在此一併致謝。個人在執行本計畫期
間，中央研究院歐美研究所李有成先生、單德興先生、紀元文
先生，國科會人文司魏念怡小姐、藍文君小姐，逢甲大學外文
系同事以及好友陳東榮先生、邱漢平先生等人的支持和鼓勵，
賦予個人堅持下去的決心和動力，特別要感謝單德興先生於百
忙之中撰文作序，為本書增添光彩。兩位匿名審查人提供諸多
寶貴的修訂意見，大幅減少了本譯注成果的疏漏，著實令人感
佩。聯經出版公司編輯部梅心怡、黃淑真和王盈婷等三位小姐
分別處理譯注之版權、排版、校對與出版等業務，備極辛勞，
值得讚許。最後，個人要感謝家人的諒解和寬容，尤其是內人
梁雪珍女士費心盡力持家，讓我無後顧之憂，專注於全書之迻
譯、注釋、反覆校對與修訂等耗時費神之工作。

　　個人開始執行此計畫時，雖然已累積三十多年之翻譯經
驗，但是由於原著之英文較為典雅，複雜的句型章章皆有，
且作者博學多聞，擅長引經據典，故個人花在該學術譯注計畫
之心力，遠遠超乎翻譯童妮・摩里森（Toni Morrison）的《寵
兒》（*Beloved*），更甭提徐忠雄（Shawn Wong）的《天堂樹》
（*Homebase*）了。[3] 不過，就譯事而言，慢工亦未必出細活，個
人囿於能力，疏漏必然難免，至盼方家不吝指正。

---

3 有關個人翻譯《寵兒》的因緣和過程，請參見筆者發表於《廣譯》之英文論文：
　"The Task of Translating Toni Morrison's *Beloved* into Chinese"；至於翻譯《天堂
　樹》的歷史機緣，請參閱單德興、黃秀玲，〈冒現・翻譯・變易〉（華美文學譯
　叢緒論），《天堂樹：一個華裔美國家族四代的故事》，徐忠雄著，何文敬譯
　（臺北：麥田出版，2001）：7-23。

參考資料

Benjamin, Walter. "The Task of the Translator: An Introduction to the Translation of Baudelaire's Tableaux Parisiens." *Illuminations*. Ed. Hannah Arendt. Trans. Harry Zohn. New York: Schocken Books, 1968. 69-82.

Ho, Wen-ching. "The Task of Translating Toni Morrison's *Beloved* into Chinese." *Guang Yi: Lingual, Literary, and Cultural Translation* (《廣譯：語言、文學與文化翻譯》) 9 (September 2013): 1-35

Pontiero, Giovanni. "The Risks and Rewards of Literary Translation." *The Translator's Dialogue: Giovanni Pontiero*. Eds. Pilar Orero and Juan C. Sager. Amsterdam and Philadelphia: John Benjamins, 1997. 17-32.

單德興、黃秀玲，〈冒現・翻譯・變易〉（華美文學譯叢緒論），《天堂樹：一個華裔美國家族四代的故事》，徐忠雄著，何文敬譯（臺北：麥田出版，2001）：7-23

杜博依斯生平

　　杜博依斯乃舉世聞名之史學家、社會學家、民權積極分子、教育家、泛非洲主義者、作家兼編輯。他稟賦優異，奮發向上，係史上第一位取得哈佛大學博士學位的非裔美國人，先後任教於賓州大學和亞特蘭大大學；1910年，和一群具影響力的白人共同創立「全國有色人種促進會」（National Association for the Advancement of Colored People），並長期擔任其刊物《危機》（*Crisis*）之編輯，畢生積極探索黑人及其文化之真實面貌，不遺餘力爭取黑人之自由與民權、抨擊白人在政治、社經與法律上之不公不義；因此，他在「非裔美國文學、社會和政治思想上，長久以來一直占據傑出地位，而且，近年來被公認是了解二十世紀美國思想史之關鍵人物」（Zamir 1）。而其預言：

「二十世紀的問題乃是以膚色分界的問題」一語道中了歐美強權與第三世界之間的權力不對等關係，至今仍廣為世人傳誦。

　　杜博依斯之全名為威廉・愛德華・伯嘉・杜博依斯（William Edward Burghardt Du Bois），1868年2月23日出生於麻薩諸塞州的大貝仁頓（Great Barrington）。父親名叫愛佛烈（Alfred），母親瑪麗・席爾文娜・伯嘉（Mary Sylvina Burghart）之家族係大貝仁頓一小撮自由黑人成員，長久以來在該州一直擁有土地；她的祖先具有荷蘭、非洲和英國血統。杜博依斯的外高祖父湯姆・伯嘉出身西非，是荷蘭殖民者康瑞德・伯嘉的奴隸。在美國獨立戰爭期間，湯姆曾在大陸軍服役，因而獲得自由。湯姆的兒子傑克・伯嘉即奧賽羅・伯嘉的父親，而奧賽羅・伯嘉乃瑪麗・席爾文娜・伯嘉的父親。杜博依斯的曾祖父詹姆士・杜博依斯是法裔美國人，他和多位女黑奴所生的混血兒當中，有位名叫亞歷山大的在海地和情婦生了愛佛烈。後來亞歷山大隻身回康乃狄克州，將愛佛烈和情婦留在海地。愛佛烈在1860年之前遷居美國，1867年2月5日和瑪麗・席爾文娜・伯嘉在麻州結婚。威廉滿週歲前，父親愛佛烈即棄家出走，母親乃帶著幼子威廉投靠其生父奧賽羅，他在艾格蒙平原（Egermont Plain）擁有農莊。1872年9月19日奧賽羅去世，隨後母子倆遂搬回老家大貝仁頓。

　　威廉就讀公立小學時，由於成績優異而跳升一級。十二歲上中學之後，開始打零工賺錢，包括販售《紐約環球》（New York Globe）黑人週報，期間買了麥考萊五巨冊之《英國史》（History of England）。1883年，威廉年僅十五歲即開始擔任報社之臨時通訊記者兼臨時採訪員，包括當時最具影響力之

區域性報紙《春田共和報》（*Springfield Republican*）、《紐約年代》和《紐約環球》週報及該週報之後繼報刊《自由人》（*Freeman*）。十五歲時，杜博依斯第一次（也是唯一一次）拜訪爺爺亞歷山大‧杜博依斯，他對爺爺之教養、風度、駕馭女人之手腕與「矯揉造作」之詩作印象深刻。翌年，他以優異成績從中學畢業，係十三位畢業生中唯一之非裔；他雖然很想就讀哈佛大學，卻因家境清寒而無法如願。1885年3月25日，他母親突然過世，享年五十四歲。母親撒手人寰固然讓他免除了家庭責任，卻也使他一貧如洗；在當地教師與公理教會之贊助下，他前往田納西州首府納許維爾（Nashville）就讀費斯克學院（Fisk College），修讀德文、希臘文、拉丁文、古典文學、哲學、倫理學、化學和物理等科目。

　　杜博依斯雖然是混血黑人，在上大學前，對白人之種族歧視卻感受輕微，蓋大貝仁頓是個比較寬容之黑白融合社區，以歐裔美國人居多數，因此可以無拘無束地和白人一起上學，而且白人教師也熱心支持其學業。可是，在他進入費斯克學院後，首度遭遇到歧視黑人之法律，因為南方白人一來對內戰戰敗乙事依舊忿忿不平，再來對重建時期政府沒收白人土地一直懷恨在心。他在《自傳》中提到一段親身經歷：

　　七十一年前，我路過納許維爾街上時，無意中手肘碰到一位白種女人。她一點兒也沒有受傷……我舉帽致歉。這位女人怒不可遏；我不曉得為什麼；我說不出所以然，不知怎的，我已然踰越了南方之種族間習俗……我只感受到輕蔑和痛恨，像狗所招惹的鄙視那樣。（Du Bois, 1968: 121）

　　杜博依斯在費斯克學院三年期間，見識到自己從未夢想過的歧視方式，他開始了解身為黑人天天在美國所遭受之侮辱，進而體認出種族問題之嚴重，乃下定決心協助黑人同胞之真正解放，因而成為作家、編輯兼慷慨激昂之演說家；在此過程中，自然養成了對膚色障礙之好辯態度。誠如小蓋慈和奧立佛所言，「顯然，杜博依斯在南方的經驗激勵了自己在二十世紀初期涉入種族與種族主義的政治」（Gates and Oliver xiv）。[1]

　　另一方面，他也首度聽到黑人民歌和靈歌，隨後加入費斯克的莫札特合唱團。在費斯克學院期間，杜博依斯為了進一步認識南方及其同胞，花了兩個暑假在一所郡立學校任教。生平第一次，他親身體會到廣泛的貧窮、貧瘠的土地、無知和歧視。更重要的是，他發現黑人同胞的強烈求知欲，卻苦無翻身機會。小蓋慈和奧立佛指出，杜博依斯這些日子在南方的衝擊，在《黑人的靈魂》從頭到尾均明顯可見，正如其憤慨一般明顯（Gates and Oliver xiv）。

　　1888年，杜博依斯從費斯克學院畢業後，取得獎學金轉入哈佛念大三，先是專攻歷史和哲學，陸續於1890年和1891年取得哈佛學士和歷史碩士學位。翌年，杜博依斯獲得史烈特黑人教育基金（Slater Fund for the Education of Negroes）補助，前往德國柏林的佛德烈・威廉大學進修，該大學被視為全球頂尖之高等學府，杜博依斯覺得從該校取得博士學位，意味著準備妥適，足以投入其志業。後來其興趣逐漸轉至經濟學與社會問題，師承葛斯塔夫・席莫勒（Gustav Schmoller）和阿道夫・華格納（Adolph

---

1 蓋慈（Henry Louis Gates, Jr.）和奧立佛（Terri Hume Oliver）均為哈佛大學知名非裔美籍教授，在黑人文學與文化批評界頗具權威。

Wagner），兩位皆是計畫經濟主要代表人物。杜博依斯亦選修泛日耳曼主義者亨利・崔斯許奇（Henrich Treistschke）之「政治」課；此外，他也去聆聽著名社會學家韋伯（Max Weber）講課。

　　在柏林兩年期間，杜博依斯利用課餘時間聆聽歌劇和交響樂，遊歷西歐各國和德國各地，寫了一篇論文探討美國南方的農業經濟；他在二十五歲生日當天，寫了一篇個人命運沉思錄。他寫到自己的大願是「為了提升黑人而努力，認為黑人發展得好，理當對世人最好不過」；接著他勾勒出自己的志向：「在科學上成名，在文學上成名，進而提升我的種族」（Du Bois, 1985: 29）。他開始了解：南北美洲和非洲與政經史之研究可以結合成一種社會研究之科學方法。杜博依斯寫完博士論文初稿，預定再一個學期左右完成學位；可是，獎學金贊助單位認為他在柏林所受之教育，與協助黑人所需之工作類別不合，於是拒絕延長補助期限，倒是鼓勵他回哈佛完成學位。由於缺乏就學財源，杜博依斯乃於1894年返回美國，擔任俄亥俄州威伯佛斯（Wilberforce）大學古典系教授，年薪從800美元起跳。次年取得哈佛大學歷史博士學位，為史上第一位非裔美國人榮膺哈佛博士者；年僅二十七歲之杜博依斯，開始在歷史和社會學領域嶄露頭角。

　　1896年對杜博依斯而言，乃是新紀元之開端。首先其博士論文《非洲販奴至美利堅合眾國之鎮壓，1638-1870》（*The Suppression of the African Slave-Trade to the United States of America, 1638-1870*）出版，成為哈佛歷史專書系列第一冊，迄今仍是析論該題材之權威著作。5月20日，他和威伯佛斯的學生尼娜・葛莫（Nina Gomer）結為夫妻。更重要的，那年秋

天他接受賓州大學之邀，擔任社會學助理講師，研究費城之第
七區貧民窟，該項任務讓他有機會研究黑人之社會體制。杜博
依斯全心全力投入此項研究工作，他認為種族問題是無知之問
題，因而決定盡量挖掘相關之知識，進而提供膚色歧視之對
策。其研究涵蓋了歷史之探索、統計學與人類學之衡量以及社
會學之詮釋，研究成果《費城黑人》（*The Philadelphia Negro*）
於1899年由賓州大學出版。此係史上最早用科學方法研究社會
現象之論著，準此，杜博依斯被世人譽為「社會科學之父」。

　　1897年，杜博依斯和亞歷山大・克倫梅爾（Alexander
Crummell）及其他黑人學者創立美國黑人專校（American Negro
Academy），為世上第一所黑人文藝學院。當年秋季，杜博依斯
開始在喬治亞州之亞特蘭大大學任教，教授歷史、經濟學和社
會學。他在亞特蘭大大學十三年間，不斷研究、撰寫黑人之道
德觀念、從商之黑人、都市化、受過大學教育之黑人、黑人教
會及黑人犯罪等議題。同時，他從歷史角度呈現非洲複雜之文
化發展，駁斥所謂非洲乃文化大沙漠的觀點；為了鼓勵並協助
社會改革，他挖空心思研究美國的種族問題。

　　在此期間，杜博依斯和布克・華盛頓之間的爭論日益明
顯，後來演變成激烈之私人較量。華盛頓當時擔任塔斯奇基學
院（Tuskegee Institute）校長，他從1895年發表著名的〈亞特蘭
大妥協〉（"The Atlanta Compromise"）演說以來，迅速竄為美
國最有權勢的黑人領袖；有影響力的南方和北方白人，凡是收
到有關黑人之獎助金、工作安插等，皆寄給華盛頓裁決，他和
同夥所代表之「塔斯奇基組織」（the "Tuskegee Machine"）因
而成為黑人投入與產出之焦點。1901年華盛頓出版《力爭上

游：自傳》（*Up from Slavery: An Autobiography*），儼然自詡為繼
道格拉斯之後美國黑人的領袖；杜博依斯於當年 7 月在《日晷》
（*The Dial*）上以〈黑人領導之進化〉（"The Evolution of Negro
Leadership"）為題評論該自傳，在他看來，華盛頓之領導宣告
道格拉斯遺產之結束，而非延續（Gates and Oliver xxiii）。[2]杜
博依斯並非反對華盛頓的權力，而是反對他運用權力的方式與
意識形態，因為華盛頓一方面譴責黑人之間的政治活動，另一
方面卻從塔斯奇基支配黑人的政治目標。

　　1903 年，隨著杜博依斯出版《黑人的靈魂》與〈十分之一
幹才〉（"The Talented Tenth"），兩人之衝突遂逐漸白熱化，至
1908 年達到高潮（Green and Driver 18）。華盛頓主張黑人應暫
時放棄「政治權力、堅持民權及年輕人接受高等教育。他們應
集中精力於職業教育。」杜博依斯則強調「十分之一有才華的
黑人青年接受高等教育」，進而藉由現代文化的知識，指引美
國黑人成就較高之文明。《黑人的靈魂》第三章〈論布克‧華
盛頓先生等人〉涵蓋華盛頓基本哲學之分析論述。杜博依斯親
自校訂該章，刪除最具爭議與激烈之評論。儘管如此，這一章
仍足以招惹華盛頓對他的輕視。[3]

2　道格拉斯（Frederick Douglass, 1818-1895）係出身黑奴的社會改革家、演說家、
　作家兼政治家，畢生致力於廢奴運動，堅信所有民族應享有平等權利，積極支
　持婦女投票權。他出版了數本自傳，其中前兩本《一位美國奴隸佛瑞德烈‧
　道格拉斯的生平敘事》（*Narrative of the Life of Frederick Douglass, an American
　Slave*, 1845）和《我的奴役與自由》（*My Bondage and My Freedom*, 1855）在當
　時均為暢銷書。他是十九世紀最具影響力的非裔美國演說家，也是杜博依斯
　最推崇、景仰的黑人領袖；1895 年 2 月 20 日道格拉斯與世長辭，杜博依斯在
　當天寫了一首輓詩悼念這位英雄，詩名為〈道格拉斯辭世〉（"The Passing of
　Douglass"），詳見 Gates and Oliver ix-xi。
3　有關杜博依斯與布克‧華盛頓爭論之詳情，請參閱本書〈導論〉、第三章及附錄
　一「早期評論」中之〈兩位黑人領袖〉。

　　1905年初夏，華盛頓到波士頓對群眾集會發表演說，在演講時遭到杜博依斯的哈佛學院朋友威廉・孟若・搓特（William Monroe Trotter）的口頭抨擊。隨後，華盛頓幫以捏造之罪名陷害搓特，導致他被捕入獄，這事件促使杜博依斯結合一群志同道合者於1906年元月創立尼加拉運動。由於無法在美國境內集會，他們被迫在加拿大的尼加拉瀑布附近集會，故取名為尼加拉運動。其目標乃是提倡公民正義與廢除階層歧視。由於杜博依斯對組織之經驗不足，加上華盛頓派公開指控該組織詐欺，導致尼加拉運動式微。1909年，除了搓特以外，尼加拉運動其他成員和一些自由派白人合併，全國有色人種促進會於焉誕生。杜博依斯對該群體雖不盡滿意，倒同意擔任出版與研究部主任。

　　全國有色人種促進會透過《危機》雜誌，發布有關黑人之政策與消息，杜博依斯擔任《危機》主編長達二十五年之久（1910-1934），對於提升黑人之自我認知與自信心貢獻良多。他不想拘泥於促進會之觀點，所以只寫自己覺得有助於黑人同胞擺脫困境之題材。由於其社論較為激烈，常在促進會的會員之間引發爭執。此外，促進會在當時是由白人主導，杜博依斯一直覺得黑人應該帶頭，就算白人要加入，亦應位居配角。幸虧《危機》之銷售量持續快速成長，可以自給自足，讓促進會中之溫和分子安靜下來，杜博依斯得以繼續抨擊對黑人之諸多不公不義。隨著布克・華盛頓於1915年辭世，杜博依斯遂成為最著名之黑人領袖。

　　第一次世界大戰對黑人之生活帶來顯著影響。首先，美國之陸、海、空三軍拒絕徵召黑人入伍，但後來又讓步，卻將「有色人種」擺在從屬之角色。其次，戰爭如火如荼之際，北方

工業拚命尋找工人，於是南方各州黑人紛紛遷徙至北方。無知的白人在資本主義煽動者的引導下，害怕黑人會完全吞噬了就業市場，私刑因而不斷蔓延。大戰結束後，英勇衛國之黑人退伍軍人返鄉後，發現美國依舊充斥著種族歧視。杜博依斯乃利用《危機》作為工具，撰寫措辭嚴厲之文稿，揭露美國白人之種族偏見與歧視。他文筆犀利且具有說服力，美國國會於是採取三項措施：一、開設黑人軍官訓練學校；二、立法處罰私刑者；三、成立返鄉退伍軍人聯邦就業方案。杜博依斯繼續撰寫文章，鄉間則到處可見抗議浪潮。此乃杜博依斯聲望崇隆之時期，蓋《危機》雜誌之訂閱率從1909年之一千份，到1919年5月成長至十萬六千份。其〈歸國士兵〉（"Returning Soldier"）社論乃是此時期之高潮。1919年，在停戰簽訂之後不久，杜博依斯代表促進會以觀察員身分參加法國之和平會議。由於他對泛非洲運動一直興致高昂，乃利用在法國期間，籌辦第一屆泛非洲大會，俾讓世人注意到非洲人之種種問題。雖然有些革命分子讚揚此觀念，但是較有影響力之黑人組織對泛非洲運動卻興致缺缺。

　　杜博依斯深知非洲人必須在世界各地均脫離奴役，方可望隨時隨地擁有真正之自由，遂決定於1921年在倫敦、布魯塞爾和巴黎召開第二次泛非洲會議。他在會中批判馬可仕・加維和全球黑人改善協會。[4]加維為了聯合非洲及其後代而成立該協

---

4 馬可仕・加維（Marcus Garvey, 1887-1940）為出身牙買加的政治領袖、演說家、企業家兼新聞界人士。他一方面支持泛非洲主義運動，另一方面卻主張離散各地的非洲人返回祖國；為了達到此目的，他創立了黑星船運（Black Star Line），並於1914年組織全球黑人改善協會（Universal Negro Improvement Association）。

會，一方面主張購買船隻協助海外貿易和旅遊，一方面刊登有關種族關係之演說辭，並且舉辦大會和遊行，隊伍經過哈林區時，紅、黑、綠三種解放旗幟飄揚著，三種不同顏色分別象徵血、膚色和黑人之希望與成長潛力，綠色亦象徵著地球。加維之作風既新穎又具啟發性，因而頗具群眾魅力，能夠獲得群眾支持，和杜博依斯之文人風格大異其趣。從杜博依斯之學者立場看來，加維之主張形同屈服於白人至上，默認黑人永遠無法達到白人之水準，由此觀之，杜博依斯堅持黑白平權之立場始終如一。

杜博依斯起先舉出加維運動之不是，希望大家不予理會；然而群眾運動不可能不受矚目。後來，加維開始募款購置輪船時，杜博依斯將他描繪成「一名勤奮的理想主義者，但其方法吹噓、浪費、不合邏輯，而且幾近非法。」針對杜博依斯之批評，馬可仕・加維選擇不予理會而繼續執行其方案，結果遭到詐欺之控訴而被捕入獄，獲釋後慘遭放逐海外，於1940年去世。

白人新聞界誇大兩人間之衝突，於是削弱了未來泛非洲大會之進展。儘管如此，杜博依斯仍然在1923年於倫敦、巴黎和里斯本召開第三屆泛非洲大會，結果不出所料，出席人數並不踴躍。會後，他擔任美國特使參加賴比瑞亞總統之就職典禮，這是他生平首次踏上非洲土地，乃利用機會遊歷賴比瑞亞、獅子山、幾內亞和塞內加爾等國。

杜博依斯從非洲返美後，開始反省自己的過去，他注意到美國如何在策略上避開膚色議題，而自己的「教育與鼓吹」手段似乎不受重視，他覺得要解決「二十世紀的問題」，非得修正自己的方法不可。

　　1917年之俄國革命啟發了杜博依斯基本思想的轉變。俄國革命關切的是貧窮問題；1926年，他遊覽蘇聯六週後，看到了有關階級之新國族形式，加上自己對馬克思與恩格斯思想之領會，於是對共產主義產生了浪漫主義之理想憧憬。他不再支持種族融合作為當前之策略，而是視之為長期目標。他無法信任白人政客、白人資本主義者或白種工人，於是全力投入種族隔離之社會化經濟。從此時期之《危機》雜誌社論，可以窺出他在意識形態上之轉變。

　　到了1930年，他深信促進會之基本政策與理想必須調整或拋棄，只有兩種選擇：一是離開該組織，因為現有之董事多為白人；不然就是更換促進會之董事，而以志同道合者取代之。受到經濟不景氣之影響，《危機》雜誌亦面臨財務困境，全國有色人種促進會內部因而紛爭不斷，到了1933年，杜博依斯已難以忍受促進會之財務組織與意識形態等爭議，乃於翌年辭去《危機》主編與促進會之職務。

　　杜博依斯繼而回亞特蘭大大學任教，擔任社會學系教授兼主任。1935年出版《黑人重建在美國》（*Black Reconstruction in America*），該書討論南北戰爭後之美國社經發展，是杜博依斯在史料領域上最偉大之貢獻。黑人以往總是被刻畫為烏合之眾，此本傑作則描述黑人在重建時期之貢獻。1939年和1940年，杜博依斯陸續出版了《過去與當今之黑人》（*Black Folk Then and Now*）和《黎明前之晦暗：邁向一種族觀念的自傳》（*Dusk of Dawn: An Essay toward an Autobiography of a Race Concept*）等著作，闡述他對非洲人和非裔美國人追求自由之觀點與觀念。他一秉初衷，持續抨擊帝國主義，尤其是非洲之帝

國主義。1945年，他擔任創立聯合國之美國代表團顧問，參與舊金山會議以起草聯合國憲章，當年10月在英國曼徹斯特召開第五屆泛非洲大會，會中討論如何訴諸世界強權。翌年，他邀請二十個組織到紐約起草請願書，為爭取非裔美國民權向聯合國陳情。過去之歷史學者在探討或撰寫世界史時，向來忽略或故意省略非洲，為了彌補此一缺失，他在1947年出版《世界與非洲：探究非洲於世界史中扮演之角色》（*The World and Africa: An Inquiry into the Part which Africa Played in World History*）。

有多位名人出席第五屆泛非洲大會，包括可瓦米・恩克魯瑪（Kwame Nkrumah）──熱誠之革命分子，迦納獨立之父，迦納第一任總統；喬治・派得摩（George Padmore）──國際革命分子，常被稱為「非洲解放之父」，後來成為可瓦米・恩克魯瑪之非洲事務顧問；喬莫・肯雅塔（Jomo Kenyatta）──著名之茅茅（Mau Mau）起義領袖，肯亞獨立後之首任總統。此次大會推選杜博依斯為國際主席，尊奉其為「泛非洲主義之父」。

杜博依斯從此踏入抗議宣傳家之階段，超越任何一個社會團體，致力於爭取全世界無產階級之解放。1948年，他在《紐約時報》發表備忘錄，由於在文中批評全國有色人種促進會而遭免職。後來，他加入非洲事務議會並擔任副主席職務。1949年，他在紐約之世界和平文科會議（Cultural and Scientific Conference for World Peace）發表演說，並參加在巴黎和莫斯科之和平會議。翌年，杜博依斯夫人去世，他被選為和平資訊中心主席，要求禁用核子武器，但美國國務卿抨擊該組織為蘇聯宣傳，隨後司法部認為該組織違反國家利益而強迫予以解散。

　　1951年，八十三歲的杜博依斯和四十五歲的秀莉‧葛蘭姆（Shirley Graham）祕密結婚，後者為作家、教師兼民權積極分子。後來美國聯邦政府大陪審團控告他為「未登記的外國特務」而加以逮捕，法庭鑑於證據不足而宣判無罪釋放。杜博依斯之左翼政治立場造成自己持續和黑人主流分裂，尤其是全國有色人種促進會。1952年，他出版《為和平而戰：八十三歲生日的故事》（*In Battle for Peace: The Story of My 83rd Birthday*），敘述他遭控告與受審之經過。杜博依斯無法參加1952年在里約熱內盧舉行之和平會議，因為國務院認為他到國外旅行違反國家利益而拒絕核發護照；後來，國務院要求他簽署一份聲明，宣稱自己不是共產黨員，杜博依斯加以拒絕。截至1958年美國最高法院之判決讓他可以取得護照之前，杜博依斯一直無法出國旅行或參加各項活動，包括1955年波蘭華沙之世界青年節慶、1956年中華人民共和國之演講、1957年迦納之獨立典禮等。

　　1958年2月23日，杜博依斯在紐約慶祝其九十大壽，共有二千人參與盛會。當年取得護照後，於8月間開始環遊世界，包括英國、法國、比利時、捷克、東德和蘇聯等。1959年，杜博依斯在蘇聯會晤克魯雪夫，接著到中國大陸旅行，會晤毛澤東和周恩來，他在北京時，對著廣大之聽眾表白：「在我自己的國度，我將近一個世紀一直都只是個黑鬼罷了。」1960年，他前往迦納和奈及利亞參加兩國之獨立與總統就職慶典。1961年，他女兒尤蘭娣在巴爾的摩死於心臟病。隨後他接受恩克魯瑪總統之邀請，決定遷居迦納，以指導非洲百科全書之撰寫，乃於當年10月離開美國，離美前亦申請加入美國之共產黨。

　　1962年，杜博依斯陸續在迦納首都阿克拉（Accra）和羅

馬尼亞首都布加勒斯特接受攝護腺手術，之後，他再度造訪中國。翌年，杜博依斯不僅歸化為迦納公民，也成為共產黨之正式會員。當年8月27日在阿克拉辭世，享耆壽九十五歲，迦納總統恩克魯瑪隨即於8月29日在首都舉行國葬儀式，備極哀榮。

析論《黑人的靈魂》：
美國內戰後之社會文化史經典

中英文關鍵詞

杜博依斯（W. E. B. Du Bois）、《黑人的靈魂》（*The Souls of Black Folk*）、雙重意識（double consciousness）、大面紗（the Veil）、以膚色分界（the color line）、布克·華盛頓（Booker T. Washington）、塔斯奇基學院（Tuskegee Institute）、亞特蘭大妥協方案（the Atlanta Compromise）、技藝教育（industrial education）、費斯克大學（the Fisk University）、白人至上主義（white supremacism）、亞塔蘭大（Atalanta）、十分之一幹才（Talented Tenth）、黑色地帶（the Black Belt）、種族隔離車廂（the Jim Crow car）、金羊毛（the Golden Fleece）、家長制思想（paternalism）、激狂（the Frenzy）、亞歷山大·克倫梅爾（Alexander Crummell）、黑人靈歌（Negro spirituals）

杜博依斯堪稱二十世紀重要的黑人學者、思想家兼政治積極分子，他涉獵廣博且著作等身，其思想與理念對美國與非洲

黑人的影響，可謂既深且遠。金恩博士在一篇紀念文章中寫著：「杜博依斯博士最偉大的美德，乃是對所有被壓迫者永遠懷著人飢己飢之心，對各種不公不義打抱不平」（King, 28）。另一位著名黑人詹姆士則指出：「杜博依斯博士總是被推舉為偉大的黑人及偉大的黑人領袖，但我說他是二十世紀偉大的知識分子，美國知識分子，在今天和未來的歲月裡，他的著作將益發重要，而其他人的著作則日漸沒落」（James, 211）。杜博依斯的傳記作者曼寧・麥若柏（Manning Marable）在《杜博依斯：激進的黑人民主主義者》（*W. E. B. Du Bois: Black Radical Democrat*）的〈序言〉中稱頌杜博依斯為「泛非洲主義之父」兼非洲獨立的重要理論家；非裔美國兩世代以來的主要社會學家、教育家、批評家兼政治新聞工作者；也是國際和平與社會主義運動的重要人物（Marable, 1986: viii）。根據麥若柏的說法，杜博依斯所留下的智慧與政治遺產，超越佛瑞德烈・道格拉斯（Frederick Douglas）和小馬丁・路德・金恩（Martin Luther King, Jr.）（Marable, 1986: viii）。在《杜博依斯與二十一世紀的問題》一書的〈序言與謝辭〉中，瑞連・若巴卡（Reiland Rabaka）呼應麥若柏的觀點（xii）。總之，誠如康乃爾・魏斯特所言：「杜博依斯是二十世紀傑出的黑人學者。他的興趣範疇、洞察力深度及豐富著述的絕對權威，在在顯示橫溢的才華，現代黑人知識分子當中無人能出其右」（West, 55）。

　　《黑人的靈魂》於1903年問世時，杜博依斯年方三十五，然已成為著名的黑人領袖；而《黑人的靈魂》則成為其暢銷著作，再版二十多次，洵為英語世界的經典之作。

一、出版背景

　　1895年，杜博依斯成為美國史上第一位黑人獲頒哈佛博士學位者，翌年，隨著博士論文付梓成書，乃躍居美國最享盛名的二、三位非裔領袖之一（Aptheker 44）。從1897年起至1902年，他陸續在《大西洋月刊》（*The Atlantic Monthly*）、《日晷》（*The Dial*）、《南方工人》（*The Southern Workman*）、《獨立》（*The Independent*）週刊等具影響力的知名雜誌或期刊發表文章，偶爾也投稿《國家》（*The Nation*）、《哈潑週刊》（*Harper's Weekly*）、《人間作品》（*World's Work*）、《美國政治與社會學學會紀錄》、《展望》（*The Outlook*）、《傳教士評論》（*The Missionary Review*）、《布魯克林老鷹》（*The Brooklyn Eagle*）和《文學文摘》（*The Literary Digest*）等。當時，很少人像杜博依斯那樣頻繁地在這麼多種不同的雜誌或期刊上發表文章，其筆耕之勤，就算布克・華盛頓也難望其項背。杜博依斯之所以勤於寫作，不是為了糾正十九世紀多數美國白人的種族偏見，就是為了讓黑人認識自己的處境，進而建立積極、正面的自我意識；換言之，《黑人的靈魂》的出版，與當時的種族氛圍息息相關。

　　值得注意的是1901年杜博依斯在《日晷》上發表了兩篇書評，一篇題為〈黑人世界之風暴〉（"The Storm and Stress in the Black World"），評論重要出版社麥克米蘭（Macmillan）所發行的《美國黑人：過去、現在與未來展望》（*The American Negro: What He Was, What He Is, and What He May Become*），作者威廉・漢尼柏・湯瑪士（William Hannibal Thomas）是位混

血黑人（父親為白人），十年前他在波士頓發布一本小冊子，對黑人同胞懷抱很高的期望，如今他態度丕變，呼應當時多數白人的偏見，認為普天之下最低賤、無望的民族，非黑人莫屬。這種立論偏頗的書何以能夠大行其道？麥克米蘭出版社著有聲譽固然不無關係，最主要的因素乃是當時的社會氛圍。事實上，根據歷史學家雷佛·羅庚（Rayford Logan）的說法，大約1890年至1910年左右這段期間，乃是黑人「最低點的時期」（"the period of the nadir"）。當時大企業接收南方的資源，人民黨政策遭到壓制，私刑每十年超過一千件，恐怖屠殺一再發生，歧視黑人的制度變成合法建制。為了合理化種族歧視的法律和行為，基督教牧師如查爾斯·卡洛爾（Charles Carroll）之流，於1900年出版《謎題解開了：黑人野獸也》（*The Mystery Solved: The Negro a Beast*）；更有甚者，歷史學、解剖學、心理學、政治學、人類學等傑出人物紛紛主張：非裔美國人顯然永遠比不上白人和地球上其他民族（Aptheker, 45-46）。杜博依斯在書評中不僅反對湯瑪士的觀點，並呼籲美國新聞界和出版社，看在禮節的份上別再誹謗整個民族了。

　　另一篇書評則與《黑人的靈魂》的出版更直接相關，該書評題為〈黑人領袖之演化〉（"The Evolution of Negro Leadership"），主要評論布克·華盛頓的《力爭上游：自傳》（*Up from Slavery: An Autobiography*），布克·華盛頓當時擔任塔斯奇基學院（Tuskegee Institute）校長已二十年之久，在美國白人慈善家和政府部門中頗富盛名，杜博依斯在書評中針對這位塔斯奇基名人首度提出重要的質疑。根據亞波契克，這篇書評的基本理念和片語詞句，再度出現於《黑人的靈魂》第三章

（Aptheker 48）。

　　杜博依斯在《日晷》上發表的兩篇書評，基本上都是挑戰時代潮流，而《日晷》乃是麥克羅等公司（A. C. McClurg & Co.）所擁有的機關雜誌，一直想辦法提升芝加哥成為文學中心，可以媲美波士頓和紐約。麥克羅叢書的編輯布朗兄弟（W. R. Browne and Francis Fisher Browne）頗具慧眼，他們看上杜博依斯的文筆和才華，乃徵詢是否有意願將他在雜誌上發表的文章結集出版，包括《大西洋月刊》和《日晷》。杜博依斯起初之構想是根據亞特蘭大大學年度會議之理念與發現，撰寫成一本社會學論著，但麥克羅出版公司要的是比較通俗的作品。杜博依斯在《黎明前之晦暗》（*Dusk of Dawn*）回憶道，他有點猶豫，因為散文集「幾乎都非常乏味」，繼而寫道：

　　不過，我將一些即興之作結集成冊。我當時增添了一章，〈論布克・華盛頓〔先生〕等人〉，文中我試著坦誠評斷布克・華盛頓。我略過較具爭議的事：年輕黑人對塔斯奇基組織持續擴大的活動感到怒不可遏。我將想法和論點集中在華盛頓先生的一般概念。（Du Bois, 1968: 80）

　　其實，杜博依斯為了這本散文集的出版，下了相當大的工夫，他撰寫了〈前言〉、〈後語〉和五篇新的文章，包括第五章〈論亞塔蘭大之翼〉（"Of the Wings of Atalanta"），第十一章〈論長子之去世〉（"Of the Passing of the First-Born"）、第十二章〈論亞歷山大・克倫梅爾〉（"Of Alexander Crummel"）、第十三章〈論約翰之降臨〉（"Of the Coming of John"）和第十

四章〈悲歌〉（"The Sorrow Songs"）。

　　另外九章修訂自 1897 年至 1902 年在雜誌上發表的文章，這九章除第六章外，其餘八章均與雜誌原文題目不同，詳見下表：

《黑人的靈魂》篇名與雜誌原文題目和出處對照表

章	篇名	雜誌原文題目	出處
一	〈論吾等心靈之奮戰〉（"Of Our Spiritual Strivings"）	〈黑人之奮戰〉（"Strivings of the Negro People"）	《大西洋月刊》（1987. 3）: 194-98
二	〈論自由之曙光〉（"Of the Dawn of Freedom"）	〈自由民事務局〉（"The Freedmen's Bureau"）	《大西洋月刊》（1901.3）: 354-65
三	〈論布克・華盛頓先生等人〉（"Of Mr. Booker T. Washington and Others"）	〈黑人領袖之演化〉（"The Evolution of Negro Leadership"）	《日晷》（1901.7.16）: 53-55
四	〈論進步之意義〉（"Of the Meaning of Progress"）	〈新南方一名黑人教師〉（"A Negro Schoolmaster in the New South"）	《大西洋月刊》（1899.1）: 99-104
六	〈論黑人之訓練〉（"Of the Training of Black Men"）	〈論黑人之訓練〉（"Of the Training of Black Men"）	《大西洋月刊》（1902. 9）: 287-97

七	〈論黑色地帶〉（"Of the Black Belt "）	〈黑人之真正面目〉（"The Negro As He Really Is"）	《人間作品》（1901.6）: 848-66
八	〈論金羊毛之追尋〉（"Of the Quest of the Golden Fleece "）		
九	〈論主僕之子孫〉（"Of the Sons of Master and Men"）	〈南方黑人與白人之關係〉（"The Relation of the Negroes to the Whites in the South"）	《美國政治與社會學學會紀錄》（1901.7-12）: 121-40
十	〈論祖先之信仰〉（"Of the Faith of the Fathers "）	〈美國黑人之宗教〉（"The Religion of the American Negro"）	《新世界》（1900. 12）. 614-25

　　此外，杜博依斯在每一章的正文前面都加上一段歐洲詩篇和黑人樂曲，根據亞波契克的說法，第三章論布克‧華盛頓的篇幅比《日晷》上的評論長達三倍之多，對華盛頓的質疑更為尖銳（Aptheker 48）。

二、版本說明

　　《黑人的靈魂：小品與隨筆》（*The Souls of Black Folk: Essays and Sketches*）是杜博依斯最暢銷的作品。自從1903年4月18日由芝加哥的麥克羅等公司（A. C. McClurg & Co.）出版

以來，兩年內即售完六版，1905年同時由倫敦的阿奇伯・康士特柏（Archibald Constable）發行；麥克羅公司一共再版了二十四次，最後一次的再版於1940年發行。**本譯注所根據的版本乃是1999年由W. W. Norton & Company所發行的批評研究版，編者為哈佛大學著名學者小蓋慈（Henry Louis Gates, Jr.）和奧立佛（Terri Hume Oliver）**。個人之所以選擇該版本，主要之著眼點是Norton出版的批評研究版一向最具權威與學術性，兩位編者均任教於哈佛大學，其中，小蓋慈係著名非裔文學批評家。此外，個人對黑人靈歌較不熟悉，而坊間 *The Souls of Black Folk* 大多數版本均無注釋，僅於正文前附上〈杜博依斯生平事略〉和〈緒論〉（"Introduction"），而Norton版針對每一章正文前面的樂曲與詩篇均提供注解標明出處，乃決定選用該版本。至於該版本中由兩位編者書寫的〈序言〉（"Preface"）和正文後面之近期研究論文，由於Norton出版社表示：此書為教育版，無法授權書中單一篇章之繁體中文翻譯出版；故僅翻譯四篇無版權爭議的「早期評論」，讓讀者了解《黑人的靈魂》於1903年出版後，當時白人知識分子對此書之反應與評價。

　　第二次世界大戰結束後，冷戰時代隨之來臨，繼而麥卡錫主義（McCarthism）興起，杜博依斯針對二者皆抱持反對態度，因而擔心其作品與名望會遭到政府、教育與傳播體制的打壓，導致湮沒無聞，乃於《黑人的靈魂》五十週年前，透過好友郝華德・法斯（Howard Fast）剛在紐約創立的藍蒼鷺（Blue Heron）出版公司，於1953年發行五十週年限量版一千冊。誠如亞波契克所言，「在一些重要層面，1953年版與1903年版不同」（Aptheker, 1989: 41）。藍蒼鷺版增加了兩篇序文，一篇

是杜博依斯的〈五十年後〉、另一篇是其第二任夫人秀莉‧葛蘭姆（Shirley Graham）的〈評語〉。五十週年版問世約十年光景，杜博依斯與世長辭，當時美國正值民權意識高漲之際，隨著民權運動之浪潮席捲全美，弱勢族裔作家自七〇年代以降紛紛嶄露頭角；各大學亦開始設立非裔美國研究中心及其他弱勢族裔研究中心，值此之際，《黑人的靈魂》遂日益受到學術界重視，於是根據1903、1905和1953年等三種版本的重印本相繼問世，迄今多達三十餘種。其中以1903年版本的重印本居多，1953年版的重印本只有一種。有關1953年版封面頁與封底內頁，杜博依斯的〈五十年後〉中譯和原文以及秀莉‧葛蘭姆的〈評語〉中譯和原文，請參閱本書附錄二。[1]

三、重要性與意義

　　《黑人的靈魂》是舉世矚目的劃時代傑作，該書之問世亦開啟了杜博依斯輝煌的一生。在許多批評家眼中，《黑人的靈魂》是杜博依斯最重要的著作，桑德斯‧瑞汀（Saunders Redding）在一篇短文開宗明義指出，杜博依斯於1903年出版《黑人的靈魂》「是極為重要的事件」，因為「它不僅代表其作者兼學者對當時所謂的『黑人問題』觀點的巨大改變，而且預告美國黑人方面的社會改革新方，即不到十年前首度成功之愛國的、非暴力的實踐主義」（47）。美國黑人領袖詹姆士‧威爾敦‧詹

---

1 感謝美國密西根大學 Harlem Hatcher Library 的善本書收藏室（Rare Books Collections），讓筆者能夠帶著手套親捧1953年珍貴版本，並協助影印該版本之封面頁、封底內頁以及兩篇序文。

森在其自傳《依循此路》（*Along This Way: The Autobiography of James Weldon Johnson*）中寫道：「自從史陀（Harriet Beecher Stowe）的《黑奴籲天錄》（*Uncle Tom's Cabin*）以來，《黑人的靈魂》對美國有色人種與黑人之間的影響既深且遠，在本國出版的任何一本書皆望塵莫及」（203）。在《國外的非洲人》（*The African Abroad*）中，黑人新聞記者兼牧師威廉・費瑞斯（William Ferris）將杜博依斯刻畫為宗教先知，因為《黑人的靈魂》和卡萊爾（Thomas Carlyle）及愛默生（Ralph Waldo Emerson）的作品改變了他的一生：「這些書在我的道德與精神生活中皆是劃時代與關鍵時刻。從此以後世界對我而言不一樣了。它們向我啟示了我自己與生俱來的精神權，顯示每個靈魂裡都有神聖的火花，神顯現於每個人的靈魂中，將其本性注入每個人的靈魂中」（273）。黑人作家約翰・愛德加・魏德曼（John Edgar Wideman）在該書的1990年版〈緒論〉中開門見山寫道：「如果我只能用一本書教授內戰後的美國歷史，我會毫不遲疑地選用《黑人的靈魂》，不只是基於這本書的影響力，也考慮到其內涵」（xi）。另一位聲譽日隆的黑人作家藍斯頓・休斯（Langston Hughs）語帶尊崇的口吻回憶道：「我對書寫文字的最早記憶乃是杜博依斯的作品和《聖經》」（引自 Clarke et al., 8）。同樣的，阿諾德・任波薩（Arnold Rampersad）寫道：「在黑人知識分子當中，《黑人的靈魂》成為一種聖典，是詮釋非裔美國經驗的中心文本，也是了解隱約顯現在美國黑人之前的嚴峻未來的最可靠指南」（Rampersad and McDowell 105）。在《杜博依斯傳》中，傑克・穆爾（Jack B. Moore）曾扼要觸及《黑人的靈魂》的重要性，他說：「《黑人的靈魂》為讀者提

供的感情經驗，遠比富蘭克林的《回憶錄》或《亨利‧亞當斯自傳》深刻得多；而它的知性與歷史經驗，則遠比詹森的《依循此路》或華盛頓的《力爭上游》（*Up from Slavery*）或《道格拉斯的一生》（*The Life and Times of Frederick Douglas*）強烈得多」（79）。

　　的確，誠如瑞汀所言，《黑人的靈魂》「與其說是歷史的，不如說是創造歷史的（"is more history-making than historical"）。別的不說，它是個人態度與原則的聲明，這些態度與原則決定一位偉人的公眾生涯長達半個多世紀之久，深深地影響國內外成千上萬白人和黑人的想法和行動」（Redding 49）。麥若柏在《活生生的黑人歷史》（*Living Black History*）中也提出類似的見解：「創造歷史的書少之又少，而能成為整個黑人民族運動與奮鬥的奠基之作更是鳳毛麟角，《黑人的靈魂》正是這樣的稀世作品。該書啟迪二十世紀黑人爭取自由的思想論證，為黑人追求高等教育提供合理的說辭，進而有助於黑人中產階級的興起。藉由描寫全球性的種族界線，杜博依斯預示泛非洲主義與第三世界殖民革命的來臨。再者，本書針對人們在日常生活的正規層面如何體驗『種族』的驚人批判，對一世紀後眾所皆知的『白質研究』舉足輕重」（Marable, 2006: 96）。著名學者桑奎斯特（Eric Sundquist）指出：「在二十世紀早期美國文化史上，很少知識分子擁有杜博依斯那樣威凜的風采。在文學與思想史上，《黑人的靈魂》都是現代初期不可或缺的著作之一」（Sundquist 459）。杜博依斯的著作與書目主要編輯兼學者賀伯‧亞波契克（Herbert Aptheker）推崇《黑人的靈魂》為「英語界的經典之一」（Apthker, *Annotated Bibliography*

551）。在歷史上，《黑人的靈魂》根源於種族隔離的紀元，而
非裔美國人應該使用何種政治抵抗白人至上呢？針對這個種族
政治問題，杜博依斯在這本經典中提供了具有影響力的答案；
準此，羅伯特・顧丁・威廉斯認為《黑人的靈魂》是杜博依斯
對現代政治哲學的傑出貢獻（Gooding-Williams 1）。1900年，
杜博依斯在倫敦召開的第一次泛非洲會議中宣示：「二十世紀
的問題乃是以膚色分界的問題。」該書就此宣示及其含意做了
最透徹的探討。查米爾（Shamoon Zamir）在《劍橋杜博依斯
手冊》（*The Cambridge Companion to W. E. B. Dubois*）的〈序
論〉中指出：「沒有一位作家像杜博依斯那樣，能讓我們清楚
而完整地了解種族與現代性的緊密關聯：想到種族就不得不想
到現代性」（Zamir 1）。對杜博依斯的傳記作者陸易士（David
Levering Lewis）而言，《黑人的靈魂》深具劃時代意義，因為
該書「重新界定黑人和白人三百年來互動的關係，也影響了整
個西半球非裔族群以及所有非洲人的文化與政治心理」（Lewis
277）。傑出的黑人文學與文化批評家阿諾德・任波薩（Arnold
Rampersad）認為《黑人的靈魂》「可能是美國黑人所寫的最重
要書籍」（Rampersad XXV）。總而言之，在非裔美國文學史
上，《黑人的靈魂》是最廣為閱讀與引用的著作，其文學成就非
凡，許多讀者透過該書認識杜博依斯與美國內戰後之南方社會
和文化。

四、篇章評析

〈前言〉

　　杜博依斯在《黑人的靈魂》1903年版的〈前言〉中，首先明確呼求讀者耐心閱讀此書，以便了解身為黑人在二十世紀伊始所代表的意義。其次，〈前言〉也點出本書的結構邏輯：杜博依斯基本上依文章性質與新舊將《黑人的靈魂》分為兩部分，前九章討論內戰後非裔美國人處於白人世界下的種種情境，他們名義上雖然已經獲得解放，在歧視黑人（Jim Crow）的法律體制下，實質上過著新奴隸制度（neoslavery）的悲慘生活；後五章聚焦於黑人的內在生命，包括宗教信仰、生與死、文化和心態等，為多數白人無法管窺者。宗教為第十章之題材，而「人類悲傷」乃是對「長子去世」的個人感懷（第十一章），「偉大靈魂的掙扎」指的是對非裔美國領袖亞歷山大・克倫梅爾的悼念和頌揚（第十二章），而「講了又講的故事」則是黑人約翰及其私刑之敘事（第十三章）。就《黑人的靈魂》最後五章的描述，這顯然不夠完整，因為〈前言〉中略而未提最後一章〈悲歌〉。杜博依斯乃在準備五十週年版時，將這段描述的末句修訂為「這一切我用講了又講卻很少寫出來的故事及**一章歌曲**作結。」

　　此外，〈前言〉亦引介讀者認識他在全書中常用的「面紗」（"the Veil"）概念，透過這個隱喻，讀者得以進一步理解本書各章；換言之，「面紗」乃是貫穿全書的重要象徵和主題。杜博依斯筆下的「面紗」，是非裔美國人經歷美國社會關係的方

式。他們雖然是美國人，面紗的存在卻賦予他們另一種身分，即終生無法跳脫的有色人種身分；準此，美國黑人不只具有一種身分，而是兩種互相衝突且難以分割的身分。另一方面，面紗讓美國白人無法完全了解黑人經驗；黑人雖然名義上已經脫離奴隸制度的枷鎖，但實質上並沒有獲得真正的自由。總之，〈前言〉提供《黑人的靈魂》的大綱，讓讀者認識十九世紀晚期和二十世紀初期黑人處境的輪廓。

第一章　〈論吾等心靈之奮戰〉

　　杜博依斯在《黑人的靈魂》的〈前言〉重申他於1900年提出的預言：「二十世紀的問題乃是以膚色分界的問題。」〈論吾等心靈之奮戰〉巧妙融合個人與集體經歷，既敘且議地概念化此著名預言。「成為難題的感受如何？」乃是美國白人難以啟齒的膚色或種族界線的問題。杜博依斯認為膚色界線的問題即黑人問題，而黑人問題的核心，在於黑人被排除在美國社會的群體生活之外，因為在他和「其他世界」之間存有不可跨越的鴻溝，杜博依斯所謂的「其他世界」就是白人世界。在第二段中，他從個人高中時的親身經驗切入，披露如何意識到自己與眾不同：「自己在心地、生活和渴望或許跟別人一模一樣，卻被巨幅面紗阻隔在他們的世界之外。」「面紗」一詞在《黑人的靈魂》中不斷出現，是極為重要的隱喻，杜博依斯透過互惠的理想來詮釋黑人問題；如果將交換卡片被拒的一幕視為一則諷喻，其寓意不言可喻：白人社會不願承認非裔美國人的社交互惠與平權。他巧妙運用華滋華斯的幼年回憶架構自己的幼年回憶；簡言之，種族隔離的美國與他所憧憬的崇高人生理想正好

相反。在他看來，兩個原因造成當前的黑人問題：種族歧視和黑人文化落後。

如果第二段呈現個人回憶的聲音和判斷，那麼第三段轉向世界史舞台，將黑人刻畫為世界史上七大民族之一，繼而提出著名的「雙重意識」觀念：

繼埃及人與印度人、希臘人與羅馬人、條頓人與蒙古人之後，黑人在美國是一種第七兒子，天生帶著面紗，具有預知的天賦；美國並未賦予他真正的自我意識，只讓他透過另一世界的啟示看到自己。這個雙重意識乃是一種奇特的感覺，總是透過他人的眼光觀照自我，利用白人世界的捲尺衡量自己的靈魂，白人覺得好玩之餘，面帶輕視和憐憫的神情旁觀著。黑人總是感受到自己的雙重性——既是美國人，又是黑人；兩種靈魂、兩種思想、兩樣無法調和的奮戰；兩種交戰的理想在一黝黑的軀體裡，但憑其頑強力量才不至於被撕裂。（10-11；95-96）

顧丁・威廉斯覺得：「上面這段引文大概是非裔美國文學與思想史上最常被引用的段落」（Gooding-Williams 77）。延續前段所用的「啟示」和「面紗」等術語或意象，杜博依斯試圖答覆自己在第一段所提出的問題：「成為難題的感受如何？」接著他引用民間信仰的意象和語言，點出黑人的兩種特殊能力；根據非裔美國民間風俗，第七兒子可以見到鬼魂，而小孩出生時如覆蓋面紗般的羊膜，則具有見到鬼魂和預知未來的能力（Bull 240-48）。然而在種族歧視的美國，這兩種能力並未賦

予黑人真正的自覺，因而孕育了他所謂的「雙重意識」。杜博依斯將「雙重意識」刻畫為「一種奇特的感覺」，這裡的「感覺」與第一段的「感受」前後呼應，等於答覆了「作為難題的感受如何？」這個問題。「雙重意識」的情境遂導致彼此衝突的「兩面性」，即他在隨後所謂的「兩樣無法調和的奮戰」、「兩種交戰的理想」。總而言之，被排除在美國社會的群體生活之外，對非裔美國人是一種虛假自覺與內心交戰的經驗。

　　杜博依斯在第四段和第五段的第一句中宣稱：美國黑人的歷史乃是此種衝突的「兩面性」的歷史，而黑人奮戰的最終目的有四：一為自覺是人；二為將其雙重自我合併成為一個更美好與更真實的自我；三為一個人能夠同時當黑人和美國人，不會遭到同胞詛咒與侮辱，不會讓機會之門當著他的面粗暴地關上；四為在文化王國中成為合作者，逃避死亡和孤立，善用其最佳能力與潛在天才。對杜博依斯而言，努力追求白人的承認一方面是為了抵抗歧視，另一方面則有助於改善黑人的文化落後；而獲得真正的自覺表示衝突的「兩面性」得到和諧的整合，黑人內心的交戰於焉結束；同時，美國的黑人就可能將其理想、判斷和奮戰跟美國人的理想、判斷和奮戰進行對話。杜博依斯追求黑白平等的用心固然值得讚賞，但其想法或論點不無可議，蓋他並未明言何為美國與黑人的理想、判斷和奮戰。緊接著，杜博依斯提出五個例子簡要說明衝突的「兩面性」，包括黑人工匠、牧師、醫生、學者和藝術家的雙重目標的掙扎；他認為雙重意識和它所引發的衝突的「兩面性」會扭曲黑人領袖解決黑人問題的努力。

第二章　〈論自由之曙光〉

　　杜博依斯把〈論自由之曙光〉框架在其著名的預言內：「二十世紀的問題乃是以膚色分界的問題」；此舉顯示本章的重點仍然與種族議題息息相關。的確，杜博依斯聚焦於二十世紀的美國以及黑人的困境，不過，他在文中首次強調這是全球議題。至於本文的宗旨，他在第二段明確宣示：

　　本文旨在探討 1861 年至 1872 年期間的美國黑人歷史。事實上，這則自由曙光的故事記述那名為「自由民事務局」的機構，它是一個大國所做過最罕見而有趣的嘗試，藉以設法處理種族與社會情況等巨大問題。（17-18；106-107）

　　奴隸在南方被視為資源，為南方邦聯各州提供免費的勞力。1861 年美國爆發了南北戰爭，在杜博依斯看來，內戰的起因乃是奴隸制度所引發的爭議；但美國國會和政府不承認這種說法，國會宣稱真正的議題在於主權。杜博依斯從黑人的角度切入，說明奴隸成為內戰本身不可避免的一環，洵為不爭的事實。

　　緊接著，他帶領讀者進入「自由之曙光」，1863 年元旦林肯總統宣布解放南方的黑奴，但當時美國政府並沒有提出妥善的配套措施，於是眾多甫獲自由的黑人面臨嚴重的生存危機；他們在自己唯一熟悉的土地上變成外邦人，結果「難民潮如洪水般湧入」軍隊中（19；108），「黑壓壓的人群……像悔恨一般緊跟在那些快速前進的縱隊後面，有時候增加到隊伍一半的

規模，幾乎吞沒了隊伍，使之喘不過氣來。命令他們回去沒有用，把他們腳下的橋梁砍掉也沒用；他們還是繼續跋涉、蠕動、蜂擁著，直到滾進塞芬拿，成千上萬飢餓而赤裸的一大群黑人」（20-21；111）。杜博依斯在文中引介愛德華‧皮爾斯其人其事，藉以闡釋何以稱呼他為「自由民事務局」的發起人。他還討論了一些北方聯邦高級將領的相關作為，包括約翰‧狄克斯將軍、班克斯將軍、伊頓上校、薩克斯頓將軍等。1864年，財政部代表將密西西比河谷的大量土地出租給黑人，許多黑人生平第一次有了工作。1865年3月，國會通過一項法案，在陸軍部下設立「難民、自由民與棄地事務局」，簡稱「自由民事務局」。杜博依斯描述「自由民事務局」成立的經過之後，隨即檢視負責人如何設法解決「自由民」的各項問題，包括食、衣、住、醫療、教育、婚姻、就業、法律糾紛等，以協助他們融入美國社會。1865年5月12日，詹森總統任命郝華德少將擔任新局的局長，誠如譯文注3所言，該局「主要充當解放奴隸之福祉代辦處。其事務還包括成立法庭並協商前黑奴與南方地主之間的勞力關係。儘管缺乏經費與人力，該局興建黑人醫院、中小學和大學。由於其改善自由民權利之企圖總是引發爭議，該局於1872年遭到國會解散。」

第三章 〈論布克‧華盛頓先生等人〉

在《黑人的靈魂》中，〈論布克‧華盛頓先生等人〉是最著名且受到廣泛討論的篇章。杜博依斯在檢視黑人領袖的演化時，概略提到他們針對黑白關係所提倡的策略，包括造反與報復、移居海外、適應與同化等政治。過去的歷史一再顯示造反

與報復的政治只有加深黑白嫌隙，無法解決黑人的問題；至於
移居海外的政治，從歐美殖民主義的歷史得知：為了逃避白種
人而主張黑人移居海外是毫無意義的。為什麼呢？因為白種人
的霸權日益擴張至全球各地，黑人即使移居海外，還是會遭遇
到白種人，類似的黑人問題依舊存在。基本上，華盛頓和杜博
依斯都主張適應與同化政治，但兩人採取的方案不同：華盛頓
的社會進步學說主張黑人自動放棄公民與政治權利的訴求，換
取白人經濟和物質上的贊助，並透過技藝教育學習一技之長，
以便逐步適應美國社會，進而尋求同化。他從1881年至1915年
一直擔任塔斯奇基學校校長，致力於「技藝教育、南方和解、
對公民權和政治權利保持沉默和屈服等方案」（34；130）；他
在1895年的亞特蘭大棉花州博覽會上發表演講，一方面強調黑
人的經濟自我發展，另一方面接受黑白種族隔離。由於他的主
張迎合了南方白人的需求和利益，而且符合北方的主要時代精
神，所以聲望如日中天，儼然「千萬黑人同胞公認的代言人」
（36；132）。

　　杜博依斯對華盛頓的批判涵蓋三個主要論點：（一）他雖
然努力讓黑人工匠成為商人和地主，但是工人和地主沒有投票
權，根本無法在現代的競爭方法下保衛其權利而生存；（二）
他雖然堅持節儉和自重，卻同時勸導黑人默默屈服於自我低劣
之觀念，如此一來勢必逐漸削弱黑人的男子氣概；（三）他鼓
吹小學與工藝訓練，卻輕視高等教育機構；然而，要是沒有黑
人大學訓練出來的師資，或由黑人大學畢業生所訓練的教師，
黑人公立小學或塔斯奇基學校本身連一天的課都開不了。上述
三個論點不僅揭露了華盛頓學說的矛盾與狹隘之處，也凸顯出

年輕的杜博依斯兼具膽識與才華。

　　杜博依斯之所以反對華盛頓的妥協方案，主要是因為該主張「實際上接受所謂黑種人低劣的觀念」（40；138）；而放棄公民與政治權利的訴求，無異默認了種族歧視的正當性。他認為黑人要是沒有投票權，就無法保護其財產；在種族隔離的情況下，黑人自助的努力必然難獲預期成效。有鑑於此，他提出自我肯定的政治，以取代華盛頓的適應政治。他寫道：自己和一群志同道合者「十分確信一個民族要獲得合理權利，其途徑絕非堅持不要那些權利並自動加以拋棄；一個民族要得到尊敬，其途徑絕非不斷地藐視與嘲笑自己；相反的，黑人必須時時刻刻不斷地堅持：投票對現代的男子氣概有其必要，膚色歧視係野蠻行為，黑男孩和白男孩一樣需要教育」（43；142）。他強調同化除了需要自助外，還需要自我肯定，而自助若要成功克服落後，就必須採取文化自我發展的形式；解決黑人問題的良方乃是結合自我肯定與自我發展。顧丁‧威廉斯稱呼此種策略為「自我實現的政治」（Gooding-Williams 93）。總之，杜博依斯對華盛頓的批判暗含雙重意識的概念，因為後者的學說有明顯瑕疵，別的不說，其片面的妥協、屈服策略往往讓黑人「成為難題的感受」加劇，無形中鼓舞、助長了黑人的雙重意識。

第四章　〈論進步之意義〉

　　杜博依斯回想十七年前，自己就讀費斯克大學期間曾經利用兩個暑假，到田納西州偏僻的鄉下教書，教導的對象為貧苦的黑人小佃農的子弟，總數約三十名；十年後他再去費斯克大學，由於心中惦念著「昔日的家園和學校」（51；155），乃興

起造訪那群學童的念頭，於是前去一探究竟。〈論進步之意義〉即敘述這兩段時間在同一地區的所見所聞：前五分之三篇幅回顧1886年和1887年夏天，他「在這個小天地」（50；153）的親身經歷；而後五分之二的篇幅則記載他十年後再次造訪的人事與景物變遷。亞歷山大小鎮的黑人學校資源缺乏，教室設備簡陋，桌椅殘缺不全，地板危機四伏，和自己就讀的新英格蘭小學簡直有天壤之別；在這個鄉下小鎮裡，黑人社區的共同命運乃是貧窮、土地貧瘠、工資低廉，以及橫亙在他們和機會之間的面紗。十年後，杜博依斯發現自從他離開以來，亞歷山大發生接二連三的麻煩：卓喜死了，勞倫斯一家人都走了，女學生懷孕的比例高。原來的圓木校舍不見了，取而代之的是木板屋；在杜博依斯看來，這雖然是進步，卻是「醜陋」的。末了，他問道：「淺黑色臉孔的卓喜躺在那裡，人們該如何衡量當地的進步呢？多少辛酸可以和一蒲式耳的小麥相抵？」（53；159）

　　杜博依斯筆下的窮苦黑人，在「黑面紗」的籠罩下，儘管終生打拚，機會的窄門依舊難以開啟，讀來不禁潸然淚下。看完這篇感人的敘述後，讀者難免要問：何謂「進步」？杜博依斯為何將這篇敘述取名為〈論進步之意義〉？顯然，篇名中的「進步」一詞具有強烈的反諷意涵。對美國的黑人而言，特別是南方的黑人，進步是一種幻覺；蓋十九世紀末葉，白人至上主義甚囂塵上，低下階層的黑人在種族隔離的情況下，若無法接受較完整的教育或訓練，根本難以翻身，黑人男性如此，黑人女性更何以堪！在杜博依斯的學生當中，卓喜的例子最令人感到辛酸與憤慨。身為長女，卓喜「散發著某種優雅的氣質」（47；149），這位細瘦、親切的二十歲姑娘很用功，在「工作

與憂慮之餘，求知欲、渴望成為納許維爾名校學生，宛若一顆星星般在此名少女頭上徘徊」（48；150-51），可是這樣一位上進的姑娘卻志願難伸，結果被生活的重擔壓垮了。果不其然，杜博依斯十年後再次造訪時，首先從卓喜母親口中得知卓喜的噩耗；原來她弟弟吉姆入獄，後來在他哥哥約翰的協助下一起脫逃，卓喜「為了讓自己和家人的生命更開闊、更深刻，願意犧牲性命」（47；149）。在形式上，杜博依斯採用神話故事的模式起頭：「從前……」（"Once upon a time..."）。神話故事的模式從前面即可預測到後面的結局；然而，杜博依斯所呈現的並不是神話故事模式的允諾和保證，而是覺悟和死亡的故事；換言之，他為了強調現實的重擔，巧妙地拆解了神話敘述的可預測性。

第五章　〈論亞塔蘭大之翼〉

　　杜博依斯在〈論亞塔蘭大之翼〉中，援引希臘神話有關亞塔蘭大少女的故事作為比喻的框架，省思喬治亞州首府亞特蘭大的奮鬥與未來前途。他以神話中金蘋果的誘惑為例，賦予亞特蘭大城女性人格，成為敘事中的主要人物；他強調亞特蘭大的奮鬥不應貪圖物質享受，而要邁向教育和知識的追求；在此過程中，她必須克服白人世界的障礙，尤其是種族的面紗。他認為黑人的夢想正迅速消失；在黑人世界裡，由於追求現金和渴望黃金，過去奮力追求知識、正義夢想和較公平世界的牧師和教師正在迅速減少。鑑於亞特蘭大的人民日益受到黃金、權力和物質的誘惑，杜博依斯疾呼亞特蘭大重視大學教育，他寫到：「亞塔蘭大之翼乃是南方大學的來臨。唯有大學能夠背

負少女通過黃金水果的誘惑……讓我們建造適合長存的南方大
學……讓我們也建造黑人大學」（60-61；170-71）。他所要維
護的就是傳統黑人奮力追求的知識、平等、真理、自由和博
愛；除了主張全人教育外，他同時強調適性教育或因材施教的
理念：「教導工人工作及思想家思考；使具木匠天分者成為木
匠，具哲學家天分者成為哲學家」（61；172）。人們工作不光
為了報酬（「金蘋果」），而是在工作中找尋榮譽；人們思考不
是為了成名，而是為了追求真理。為了達到這個目標，黑人不
得不繼續奮鬥，隨著個人性向和渴望，接受嚴格的職業訓練或
是大學通才教育。誠如杜博依斯的傳記作家陸易士所言：「〈論
亞塔蘭大之翼〉對杜博依斯〔在第三章〕所代言的領袖人物的
政治和社會信仰，提供讀者更深的洞見」（Lewis 288）。

　　杜博依斯在這篇新的文章中再度指出大學教育與職業教
育的差別；雖然他從頭到尾沒有提到華盛頓，卻巧妙運用亞塔
蘭大的神話典故，延伸他對華盛頓唯物論或拜金主義的批判。
杜博依斯強調大學教育最重要的功能在於人格的培養，而不只
是「教導謀生技藝，或提供公立學校師資，或成為上流社會的
中心」（60；170）。相對於華盛頓的「繁榮主義」，杜博依斯
提倡「犧牲主義」作為人生最大的焦點」（Blum 85）；他寫道：
「我們必須持有理想，持有廣大、純潔和啟發人心的生活目標，
而不是貪婪的賺錢，不是金蘋果」（61；172）。他呼籲舊南方
成立黑人大學之後，要重視人的教育，因為南方大學「嚴重缺
乏有教養的飽學之士」，而自由民子弟需要「廣博理想與誠實
教養……保護心靈不受自私目的與卑下情慾的汙染」（60；170-
71）。總之，他從自我發展與視野廣闊的角度界定教養的觀念，

根據顧丁・威廉斯的看法，杜博依斯的教養觀念基本上和阿諾德（Matthew Arnold）的不謀而合（Gooding-Williams 134）。

第六章　〈論黑人之訓練〉

〈論黑人之訓練〉從販賣奴隸的思想源頭出發，首先引介三條思想潮流：美其名為人類團結的思潮、黑人下等的思潮，以及黑人夢想自由的思潮。但如何調和三條互相矛盾的思潮，進而解決訓練黑人生活的問題？「什麼訓練」，杜博依斯問道：「可讓黑人和白人共處而互蒙其利」（64；176）？隨後，他回顧內戰以來的南方黑人教育，點出四個不同十年的工作：從雜亂無章的摸索時期，歷經公立中小學體系的初步建立、擴充時期，到技藝學校時期。緊接著，杜博依斯延續他在第三章和第五章所揭示的論點：對黑人而言，大學或學院通才教育才是解決黑人問題的不二法門，而不是工業或職業學校訓練，因為手工藝訓練所強調的，「旨在提醒黑人：在知識的殿堂前懸掛著扇扇辛勞之門」（65；177-78）。由此可見，篇名中的「訓練」（training）一詞，涵蓋狹義的職業或技能訓練，和廣義的教育或高級訓練，尤其是大學或學院教育。而高等教育的目標在於文化與教養；在美國社會裡，黑人絕對不會甘願做次等公民，杜博依斯提供確切的數據證明：越來越多的黑人渴望接受高等教育和訓練；如果白人統治者拒絕給予這些有才能的黑人「知識之鑰，任何一位頭腦清楚的人均可料想：他們會淡然擱下自己的渴望，而心甘情願地成為劈柴挑水的人嗎？」（72；187）

杜博依斯在本章中首次提出著名的「十分之一幹才」（Talented Tenth）概念，意指藉由受過高等教育的黑人知識菁英，

領導、啟發其他十分之九的黑人同胞。[2]他筆下的「十分之一幹才」概念有別於華盛頓所提倡的菁英培養，蓋前者所強調的領導是靠知識和品格的力量，後者則是靠財富（Gooding-Williams 35）。「十分之一幹才」有一項重要的政治使命，即提出原則性的大政策，可以說服黑人和白人大眾，讓訴諸群眾情緒的黑人煽動家無機可乘。而實現這項重大使命的先決條件，乃是讓這群黑人菁英能夠接受高等教育，以便挺身而出引導黑人大眾。杜博依斯暗示：有才華的黑人一旦失去接受高等教育的機會或管道，其中有些人就可能淪為煽動家，因為在缺乏高等教育的薰陶下，他們的視野通常不夠寬廣，思想通常比較粗糙或不夠深入。杜博依斯一方面主張給予黑人和白人一同接受教育的機會，藉以邁向更有益的人生與人類和諧，另一方面則提醒黑人要先勇敢面對眼前的一切艱難和挑戰，才能獲得像白人鄰居同樣的機會。杜博依斯在本章末段道出黑白互惠的夢想或理想：

　　我和莎士比亞坐在一起，而他並未畏縮。我越過膚色界線挽著巴爾札克和大仲馬的手臂，微笑的男子和笑臉迎人的女士在鍍金的大廳裡悄悄走著。從黃昏的洞穴外，洞穴懸吊在枝幹強壯的大地與星星的細紋構圖中間，我召喚亞里斯多德和奧利略留，以及隨心所欲召喚的靈魂，他們都和藹地一一出現，既不蔑視也不俯就。於是我與真理結合而住在面紗的上方。（74；189-90）

---

2 根據席金柏菩（Evelyn Brooks Higginbotham）的說法，「十分之一幹才」的理念源自一位教會執行祕書亨利‧摩豪士（Henry Morehouse），他從 1879 年至 1893 年及 1902 年至 1917 年間擔任美國國內浸信傳教公會（American Baptist Home Mission Society）的執行祕書（Higginbotham 25）。

第七章 〈論黑色地帶〉

「黑色地帶」（the Black Belt）是指喬治亞州西南部地區，原來隸屬於克里克（Creek）印第安部落的領地；由於該地區擁有肥沃的黑色土壤，白人乃利用黑奴為這片有利可圖的土地賣命，結果該地帶黑人人口匯集，成為特別稠密的南方地區（參閱本章注13）。1898 年暑假，任教於亞特蘭大大學的杜博依斯，由兩三位研究助理陪同，從亞特蘭大火車站搭乘種族隔離車廂（the Jim Crow car）前往竇俄提郡（Dougherty County）郡府歐伯尼（Albany），實地考察這片「黑色地帶心臟」的黑人生活，並收集竇俄提郡的黑人人口資料；根據馮瓦特的解說，杜博依斯和他的助理「拜訪了郡上幾乎每一戶黑人家庭，收集了該郡六千零九十三位黑人和歐伯尼二千五百位黑人的資料」（Formwalt 11-13）。〈論黑色地帶〉和〈論金羊毛之追尋〉（第八章）記錄了這趟短期研究的心路歷程與部分成果。[3]

〈論黑色地帶〉首先描述杜博依斯在火車上看到的景象，同時回顧喬治亞州從十八世紀中葉以來的發展史。接著，作者運用豐富的意象，搭配敘議兼併的筆調與口吻，帶領讀者和他一起觀看喬治亞州的「黑色地帶」，繼而點出歐伯尼今昔對比。在杜博依斯筆下，十九世紀中期的歐伯尼「周圍一百哩是綿延廣袤的沃土，森林繁茂，長有松、橡、梣、山核桃和白楊等樹

---

[3] 杜博依斯在竇俄提郡的實地調查頗為重要，他除了將雜誌文章修訂、擴充為《黑人的靈魂》第七、八章外，還利用資料編製了一張歐伯尼地圖，顯示黑人的地理分布，於1900 年的巴黎博覽會中展出；翌年，他針對竇俄提郡的情境向工業局詳細作證；1906 年，他以竇俄提郡為例討論美國的黑人問題，用德文發表於他老師韋伯（Max Weber）所編輯的期刊（Formwalt 13）。

種；既有熾熱的豔陽，復有潮濕的肥沃黑沼地，棉花王國的基
礎於焉建立」（77；196）。到了十九世紀末，杜博依斯寫著：
「歐伯尼現今是座街道寬闊、平靜的南方城鎮，擁有廣闊綿延
的商店和酒吧，兩側有好幾排住家——通常白人聚集在北邊，
黑人則在南邊」（77；196）。在種族隔離與歧視的社會中，杜
博依斯親眼目睹的寶俄提郡黑人，泰半受到白人地主的宰制與
剝削；新南方雖然仍以種植棉花為主要謀生方式，然而1880
年以降，由於棉花價格一路下滑，黑人辛苦耕耘的果實大多
落入不在場的白人地主手裡，結果大多數黑人入不敷出，靠賒
帳度日。就像一名大頭黑人：「他在這塊農田上打拚了四十五
年，開始時一無所有，如今仍一無所有」（85；208）。準此，
棉花成為新南方的通貨；的確，杜博依斯所描繪的黑色地帶，
最顯著的特色乃是黑人賣命幹活，到頭來卻一貧如洗；此外，
在歐伯尼及寶俄提郡其他鄰近地區，舉目所見盡是一片荒涼景
象：「建築物腐壞了，磚塊脫落，廠房靜悄悄的，商店也關著」
（80；201）。此番蕭條景象不禁令人想起艾略特（T. S. Eliot）
日後所稱之「荒原」。

第八章　〈論金羊毛之追尋〉

　　杜博依斯賡續他在第七章所討論的題材，即喬治亞州的黑
色地帶，但重點轉向黑人家庭的可憐情境。本章標題出自「吉
生、阿耳戈英雄和金羊毛」神話典故，[4]其實，杜博依斯在第

---

4 在希臘神話中，吉生為艾歐卡斯（Iolcus）國王之子，吉生的叔叔培里亞斯
　（Pelius）卻篡奪了王位。吉生的英雄故事始於他企圖收復王位。杜博依斯藉由
　吉生的故事，批判南方在奴隸制度與後重建的新奴隸制度下，竊取黑人勞力以
　及侵占黑人勞力所應得的利益。

七章中間即點出該神話的一環，為下一章所援引的典故預設
伏筆：「我可以想像此地遭受某種怪異**魔法**懾住的情形，有點
想找出**公主**其人」（80；201）。句中具有魔法的公主是梅迪雅
（Medea），第八章第一段的「魔法」一詞也是指梅迪雅；原來
吉生的金羊毛追尋，不但得仰賴阿耳戈英雄的協助，還要靠梅
迪雅的魔法（Cowherd 286-87）。同樣的，南方白人地主種植
棉花所獲得的財富，主要依靠大量的黑人勞力，換言之，本章
所檢視的黑人勞工，乃是杜博依斯心目中的「阿耳戈英雄」，
因此「值得研究」（90；217）。此外黑色地帶的棉花外貌有如
羊毛，而「黑色」本身一語雙關，不僅指肥沃的黑色土壤，亦
影射「黑色人海」（"Black and human Sea"），即第一段所說的
「現代黑海」：

　　你可曾見過收成的一片白茫茫棉花田？金羊毛在黑色的土
地上飄呀飄著，酷似一片有墨綠鑲邊的銀色雲彩，醒目的白色
標誌活像浪花，從加利福尼亞州起伏飄越那片黑色人海，一直
飄到德克薩斯州。三千年前，吉生與阿耳戈英雄茫然徘徊至虛
幻的東方尋找羊毛，我有時候幾乎以為有翅膀的公羊魁索麥樂
士將那羊毛留在這裡；我們在魔法與龍齒之間、在血與武裝男
子之間、在古代與現代黑海的金羊毛追尋之間，當然可以編造
一個絕妙而不牽強的類比。（89；216）

　　新南方的棉花固然是當今的「金羊毛」，但許多人誤認為
白人乃是新南方棉花工業或王國的中心，殊不知製造當代「金
羊毛」所需的大量勞力仰賴黑人勞工，白人卻一直忽略黑人的

「苦勞」與貢獻，杜博依斯認為背後的根本原因在於種族歧視。
事實上，杜博依斯寫著：「黑人在棉花王國中仍然舉足輕重，
該棉花王國比南方邦聯所寄望的那個王國還大。因此黑人在今
天的大世界工業中是主要人物之一」（90；217）。緊接著，杜
博依斯分析棉花鄉的勞工，尤其是黑人家庭。他認為婚姻制度
和家庭都是美國白人的傳承；事實上，黑人男女在抵達北美洲
前，從事著可被接受的婚姻外與部落內之關係；可是當奴隸
後，不得不先取得主人的允許；從奴隸制度解放後，男女關係
的合法性需要文件證明。仰賴法律文件剝奪黑人維繫了許多世
紀的文化，進而使他們受到邊緣化。

　　總之，杜博依斯在第七、八兩章中，從社會學家的角度據
實揭露黑人農民的悽慘生活與絕望，讓世人（尤其是美國白人）
注意到南方佃農何以淪落至負債累累的地步，注定在「無望的
農奴制」下終其一生。根據陸易士的說法，這兩章和〈論進步
之意義〉（第四章）成功重建南方鄉下的文化及其制度，對大部
分的二十世紀讀者而言，南方鄉下文化及其制度和李文斯頓筆
下的非洲一樣神祕（Lewis 285）。

第九章　〈論主僕之子孫〉

　　〈論主僕之子孫〉是篇組織嚴謹、推論清楚的文章，主要
從歷史與社會學的角度，「認真研究種族接觸的現象」（106；
238）。杜博依斯所說的「認真研究」，強調「坦率而公平」的
研究態度，「不受願望或恐懼的曲解與渲染」（106；238）；至
於「種族接觸的現象」，正如原來的篇名所言，是指美國南方
的黑白關係：「我們不得不問：南方真正的黑白關係是怎麼回

事？」（106；239）接著，杜博依斯點出探討南方黑白關係的六個面向，然後依序加以仔細討論。首先，就有形的住所而言，南方社區呈現明顯的種族隔離：「在幾乎每一個南方社區，通常都可以在地圖上畫出一條有形的膚色界線，一邊住著白人，另一邊則是黑人」（106-07；239）；在城市裡，每條街通常有其特殊膚色。雖然白人貧民窟常位於體面的黑人區中心，但上等白人難得和上等黑人毗鄰而居。其次，在經濟關係方面，黑人在解放前一直被訓練當奴隸，解放後由於缺乏民主勞工的訓練，所以在勞力市場上很難和訓練有素的白人競爭；根據杜博依斯，當前黑人勞工最迫切需要的是「仔細的個人指引、真心誠意的群體領導才能，俾訓練他們具備先見之明、細心與正直」（108；241）。第三個面向是政治關係，由於重建之後南方黑人喪失投票權，加上上層白人和黑人都不願過問政治，所以南方白人和黑人之間幾乎沒有政治上的互動；此外，杜博依斯認為南方黑人的政治地位與黑人犯罪息息相關，因而呼籲政府重視黑人教育並提高其經費，尤其是公立中小學。第四、在腦力接觸和交通方面，南方黑白兩個世界之間幾乎沒有心智生活的交往，雙方的想法和感受難得產生共鳴。第五、就社交活動而言，鑑於膚色界線的明顯劃分，兩個種族之間自然漸行漸遠。最後，從宗教事業、道德教誨和慈善嘗試的面向觀之，基於膚色偏見與黑人的社會情境互為因果，杜博依斯強調黑白雙方均應敞開心胸，期能了解、欣賞並同情彼此之立場。

　　本章係從1901年的〈南方黑人與白人之關係〉修訂而成，這篇演說辭由於原來刊登在較具學術性的《美國政治與社會學學會年鑑》，所以在風格上著重論述和說理，抒情與描繪的成

分相對較少。基本上，杜博依斯以種族隔離的議題為軸心，分析隔離所引發的有形與無形效應；他一方面反對社會達爾文主義，另一方面則懷念奴隸制度時的莊主或舊貴族，因為新南方的白人和黑人勞力已淪為「金錢與紅利的冷淡問題」（108；242），而且，權力在他看來也已「轉移至前來指揮新南方的工業剝削的那些人身上，包括受求財欲與求權欲所激發的窮苦白人子孫、節儉而貪婪的洋基，以及精明而肆無忌憚的猶太人」（108；242）。這種今不如昔的感嘆，透露了杜博依斯對階級與政治的家長制思想（paternalism）；杜博依斯的傳記作者陸易士指出：「儘管他談到科學的客觀性，杜博依斯的傑出學術有些從直覺發端，但是在本文中，權威的菁英主義遮蔽了他一向的先見」（Lewis 285）。此外他在舉證闡釋之際，還不忘運用宗教修辭和《聖經》語言；事實上，他在文中暗示上帝不久將因種族不公平而懲罰美國：「上帝似乎即將用巨大的種族糾葛懲罰此國家」（106；239）。的確，誠如愛德華・布拉姆（Edward J. Blum）所言，「有色人種並不是受到諾亞、上帝或大自然詛咒的人；正好相反，神會譴責白種民族對非裔美國人的歧視、剝削和痛恨」（Blum 82）。

第十章　〈論祖先之信仰〉

　　〈論祖先之信仰〉旨在檢視美國黑奴解放前與解放後的宗教生活和發展。杜博依斯從自己首次接觸南方黑人教會的經驗切入，進而解說奴隸宗教的三個要素：牧師、音樂和激狂（the Frenzy）。牧師的典型固然「因時因地而異」（120；259），卻永遠是黑人社群的靈魂人物；黑人宗教的音樂起源於非洲森

林，受到黑奴悲劇的靈魂生命所影響，韻律曲調哀怨感人；激狂或「叫喊」意謂「敬神者感受聖靈附身的狀態」（120 n4；259注4），是黑人和上帝心靈交通的具體表現。接著，杜博依斯闡釋為什麼研究黑人宗教有助於了解非裔美國史，甚至整部美國史；鑑於黑人教會不只是做禮拜的場地，也是社交活動與慶祝的聚會所，因而成為黑人生活的社交中心，例如維吉尼亞州某個小鎮上的「第一浸信會」或費城的貝瑟（Bethel）大教堂。根據杜博依斯，在南方，幾乎每一位美國黑人都是教會會員；截至1890年，美國有將近二萬四千個黑人教會，登記的會員總數超過二百五十萬。就其歷史背景而言，美國黑人教會根源於非洲部落的自然崇拜，其關鍵人物為祭司或術士；俟非洲黑人被遣送至西印度群島和北美洲新大陸後，「農莊組織取代了宗族和部落，白主人取代了酋長」（123；262），唯一存留下來的社會習俗為祭司或術士，是黑人牧師的前身，在其領導下，以巫都信仰（Voodooism）為主的黑人教會於焉誕生。由於白主人通常擁抱基督教信仰，配合傳教士的宣揚以及權宜的動機，黑人教會逐步轉變成基督教。然後作者指出黑人教會的兩樣特徵：在信仰上以浸信教和美以美教為大宗；比一夫一妻的黑人家庭早好幾十年。在奴隸制度期間，「女巫和巫都祭司成為黑人群體生活的中心」（125；265）；到了十八世紀中期，鑑於反叛已然無望，隨之孕育了宗教宿命論；十九世紀中葉，廢奴運動和自由的黑人領袖啟發了奴隸對自由的渴望。隨著黑奴解放，黑人教會出現兩股思想與倫理奮戰的潮流：「北方黑人傾向激進主義，南方黑人傾向偽善的妥協」（128；269）。

　　杜博依斯在本章中引用黑人教會作為黑人社區的象徵，

他認為要了解黑人的心靈生活，就不得不先認識黑人的宗教生活。南方黑人的教會組織以牧師、音樂和叫喊為主要內容。首先，牧師係黑人社區的領袖兼政客，也是理想主義者，主要目標乃是讓黑人忘卻現實生活的苦痛和悲傷，進而激勵他們對此生與／或來世懷抱希望；鑑於牧師「幹練加上長期的熱心，機智結合無比的能力」（120；259），所以在黑人社區享有崇高地位。其次，黑人藉由教會的音樂表達「悲傷、絕望與希望」（120；259）。最後，許多黑人信徒咸認：激狂或叫喊一方面表示自己感受到聖靈附身的狀態，另一方面則是讚美顯靈與無所不在的上帝。杜博依斯對黑人教會的解析，點出一項關鍵現實：黑人身體與宇宙他者的接觸，乃是打破面紗的一種方式。他批評白主人利用基督教信仰讓黑奴屈服、順從，結果剝奪了黑人的希望和抱負，導致有些黑人失志、怠惰；此外，他也探討黑人教會與倫理道德之間的弔詭。

第十一章　〈論長子之去世〉

〈論長子之去世〉是新增的篇章，之前從未發表過；杜博依斯在這篇動人肺腑的文章中，抒發自己親身接觸兒子出生與去世的感懷。杜博依斯夫人於 1897 年 10 月 2 日生下長子博哈特·葛默·杜博依斯，博哈特於 1899 年 5 月 24 日死於白喉。杜博依斯首先分享初為人父的恐懼和喜悅：他第一次見到嬰兒時，心中的好奇和困惑多於疼愛；小生命在愛妻的細心呵護下日漸成長，他對嬰孩的寵愛隨之增強。然後他察覺到嬰孩擁有「暗金色的鬈髮、棕藍色的眼睛」，心中「隱約感到不安」（131；275），因為金髮對他而言乃是凶兆：「為什麼他的頭髮染上金

色呢？在我的生命中金髮是凶兆。為什麼他眼睛中的棕色沒有擠掉藍色而使之消失無蹤呢？因為他父親和祖父的眼睛都是棕色的。」由於金髮藍眼乃是白人的身體特徵，而「暗金色鬈髮、棕藍色眼睛」則意味著黑白混血，係美國奴隸制度與種姓階級的舉隅。難怪杜博依斯會寫道：「在膚色界線的國度裡，我看到大面紗的陰影落在嬰兒身上」（131；275）。身為黑男孩，這個天真無邪的小生命必須在面紗內生活，過著沒有真正自由平等的日子。博哈特十九個月大時感染白喉，受了十天的折磨終告不治。長子的去世，固然讓杜博依斯夫婦深感不捨，然而，當作者想到黑人在後重建時期所處的種族歧視與隔離情境，頓然領悟長子的去世是一種解脫，因為他已然解脫了種族不公所加諸在黑人身上的枷鎖，處於隱喻的「面紗」之上。

在《黑人的靈魂》中，〈論長子之去世〉係最沉痛並引人同情的一篇，蓋「作者將個人家庭經驗的含意置於美國社會的大脈絡中」（Geriguis 111）。準此，死亡在杜博依斯的文本中不只是個人或家庭私事，而是擴大成以社會為中心的事件。私領域和公領域的結合，在本章第一句即埋下了伏筆：「有一嬰孩為你而生。」這句呼應〈以賽亞書〉第九章第六節的典故，不僅為本章建立了《聖經》的語調，而且將長子的誕生與彌賽亞將降臨聯想在一起。在本章第五段，當長子十八個月大時，作者重申他賦予博哈特的救世主任務：「我內人和我儼然崇拜此超凡之啟示……在其嬰兒聲中聽到即將在大面紗內復活的先知的聲音」（131；275-76）。此外，杜博依斯頌揚其夫人為「情人媽媽……展顏彷彿晨輝之絢麗，是個容光煥發的女人」（130；274）；這樣的意象與用字遣詞在莉娜‧葛瑞桂斯（Lina L.

Geriguis）看來，賦予她精神上高貴的意涵，暗指她為基督的母親，聖母瑪利亞（Geriguis 112）。為杜博依斯作傳的陸易士稱呼這樣的敘述時刻為「時而召喚《舊約聖經》的神祕輓歌式散文」（Lewis 279）。

第十二章　〈論亞歷山大・克倫梅爾〉

　　本章在《黑人的靈魂》中係倒數第三章，有趣的是和著名的第三章前後對稱，均以黑人領袖作為篇名，這樣的安排恐非偶然。但相對於布克・華盛頓，亞歷山大・克倫梅爾（Alexander Crummell, 1819-1898）在面紗外的世界中一直寂寂無名，他是位黑人牧師、非洲傳教士和反奴隸制度的積極分子。1895年杜博依斯在威伯佛斯的畢業典禮上首次遇見年長的克倫梅爾，立刻被對方的冷靜、彬彬有禮和應對技巧所吸引；雖然兩人相識的時間只有短短數年，但從克倫梅爾於1897年3月就任美國黑人專校首任校長之演說〈文明，黑人種族的根本需求〉（"Civilization, the Primal Need of the Race"）觀之，[5] 兩人都強調有才華的黑人應該接受通才教育和高等教育，而不只是當時流行的職業或技藝教育。本章一開始即援引約翰・班揚（John Bunyan）的清教徒經典《天路歷程》（*The Pilgrim's Progress*），再現克倫威爾好比孤獨的基督教朝聖者與先知，繼而運用「屈辱的谷地和死亡陰影的谷地」等地理隱喻（135；

5　除了克倫梅爾的就職演說外，美國黑人專校合創人杜博依斯在同一天上午也發表一場演講，即著名的〈種族的保存〉（"The Conservation of Races"）。克倫梅爾的演講呼籲重視高級文化，將文明與「學問、文學、科學、哲學、建築……所有藝術」等的生產結合在一起；杜博依斯的演講則是飽學之士對種族意義的抨擊。有關上述兩篇演說全文，請參閱 Henry Louis Gates's, Jr. and Terri Hume Oliver eds., 頁 172-176, 176-183。

282），刻畫這位黑人男孩成長與教育過程的心靈掙扎。杜博依斯指出，克倫梅爾年輕、壯年和晚年陸續遭遇三種誘惑：憎恨、絕望和懷疑，就像其他黑人一樣；然而，由於他的信仰和教育，所以每次面對這些誘惑時，都能一一加以克服，終於成為具有影響力的宗教領袖。

　　杜博依斯在這篇動人的追思中，一方面頌揚克倫梅爾的廣大影響，將他刻畫為「十分之一幹才」的前輩；的確，根據桑奎斯特（Eric Sundquist），「對杜博依斯而言，克倫梅爾象徵性地擔任父親角色……成為杜博依斯自己晉升至現代非裔美國思潮創始先輩地位的途徑」（Sundquist 517）。另一方面，基於他對這位前輩的尊崇，杜博依斯在這篇頌辭中雖然沒有直接道出他對克倫梅爾思想的反應，但是，顧丁·威廉斯（Robert Gooding-Williams）在其晚近的巨著中引證指出，本章和〈論約翰之降臨〉（"Of the Coming of John"）「詳盡點出杜博依斯對下列二端之批判性反應：一為克倫梅爾1885年之棄絕奴隸文化（套用克倫梅爾的話，『奴隸制度的**文字**與**思想**』）；二為克倫梅爾和故事男主角──約翰·瓊斯──所印證的疏遠的種族領導模式」（Gooding-Williams 97）。[6]簡言之，在棄絕奴隸文化方面，克倫梅爾在〈新紀元需要新理念和新目標〉（"The Need of New Ideas and New Aims for a New Era"）中主張，奴隸制度已告一段落，解放是確定不變的成就，因此奴隸制度的經驗基本上不再界定黑人屬性。然而，杜博依斯認為黑人在名義上雖然已經解放了將近四十年，但實際上仍然沒有獲得真正的自由

6　詳見Robert Gooding-Williams, 頁96-129。

和平等。由此可見克倫梅爾認為黑人應該「避開奴隸制度的**文字與思想**的『限制與束縛』的主張」和後重建時期南方黑人情境扞格不入。如果年輕的杜博依斯在其書寫中一再顯示他對受苦受難的奴隸的同情，那麼年長的克倫梅爾由於受到絕望的誘惑，逐漸喪失他年輕時伸出雙手和奴隸團結在一起的廣大同情和啟示。雖然他仍然和黑人同胞保持同情的聯繫，但是由於他側重於黑人的道德提升，對南方奴隸的苦難無法感同身受，導致他與白人和黑奴的雙重疏離，因此，不僅生活在面紗之外的白人不了解他的一生和成就；而且，「他的名字……在五百萬黑人耳中，並未載負名聲或仿效的芳香」（141；293）。對杜博依斯而言，這個「時代的悲劇」乃是雙重悲劇。

第十三章　〈論約翰之降臨〉

本章係《黑人的靈魂》中唯一的短篇故事，章名典出《新約聖經》，即〈馬太福音〉和〈路加福音〉所記載有關施洗者約翰的故事，可見杜博依斯對先知人物的熱切關注。的確，這則悲劇故事刻畫一名年輕黑人轉變為「先知」的歷程，但是約翰・瓊斯（John Jones）所預知的，並非天國即將到來，而是「這時代需要新的理念」（149；306）；準此，杜博依斯對黑人約翰與克倫梅爾的描繪，有不少相似之處。首先，兩人都受過高等教育，均被刻畫為「朝聖者」，都難以找到他「在人世間的本分」。杜博依斯筆下的克倫梅爾在「某間聖公會小教堂」引領、教導、啟發其子民；同樣的，黑人約翰返鄉後，試圖「在教會教導其子民」以「拯救他們」。黑人約翰死前不久坐著，「朝向響起奇怪旋律的大海微笑」（154；313）；同樣的，克倫梅爾死

前那個早上也是凝望著大海微笑。最後，黑人約翰和克倫梅爾一樣，也是跟白人和黑人社群疏離，兩者都是雙重疏離的化身。

在〈論約翰之降臨〉裡，黑人約翰和白人約翰都是出身喬治亞州東南部的亞爾他馬哈（Altamaha）小鎮，鎮上黑人社區和白人社區隔離，彼此之間幾無來往，缺少同情；因此兩位約翰分別前往北方就讀普林斯頓大學和威爾斯學院後，鎮民對兩位年輕人學成歸來的期待，也是黑白分明：「很少人想起兩個約翰，因為黑人想到的約翰是名黑人；而白人想到的約翰則是名白人」（144；299）。雖然他們是童年玩伴，但是兩人在紐約市一間音樂廳的邂逅，具體印證了亞爾他馬哈黑白社區之間的疏遠。黑人約翰強烈感受到白人世界的種族歧視，因而孕育了一種錯誤的自我意識，即杜博依斯所謂的「雙重意識」，導致他也和鎮上其他黑人疏離。在浸信會安排的歡迎會上，其他黑人留意到他的疏遠：「人們顯然都感到迷惑不解。這位沉默冷淡的人可真是約翰嗎？他的微笑和熱情友好的握手到哪兒去了呢？」（148；305）誠如顧丁‧威廉斯所言，亞爾他馬哈的黑人社區避開黑人約翰，並不是因為他提倡新理念本身，而是因為他為了提倡這些理念犧牲了該社區所擁抱的奴隸宗教（Gooding-Williams 119）。蓋奴隸宗教乃是奴隸制度下的產物，而他將傳統宗教的受洗儀式視為「小節」，顯示他和晚年的克倫梅爾一樣，無法感同身受後重建時期黑人的苦難，結果黑人社區所期盼的施洗者約翰諷刺地變成了反施洗者約翰（John the anti-Baptist），因而損害了他的領導權威。

杜博依斯筆下的韓德森法官（Judge Henderson，即白人約翰的父親），象徵贊助布克‧華盛頓的亞特蘭大妥協方案（the Atlanta Compromise）的上層白人；如果黑人約翰由於教導「新

理念」而失去教職，白人約翰則因為意圖性騷擾黑人約翰的妹妹珍妮（Jennie）而喪失性命，法官對兒子從政的殷切期望隨之落空。故事末了，第三人稱敘述者描寫即將遭到私刑的男主角，固然沒有前一章的「喜劇」語調，卻隱含精神與靈魂勝利或超越的意味。

第十四章　〈悲歌〉

　　打從十七世紀以來，黑奴即透過有節奏的呼喊向人們吐露心聲；而如今流傳下來的黑人靈歌，乃是美國重要的精神遺產。有鑑於此，杜博依斯在《黑人的靈魂》的每一章正文前，都放置了一個樂句。〈悲歌〉旨在解說這些黑人靈歌的來歷與意義，藉以證明黑人具有靈性與文化；他在追溯黑人靈歌的歷史發展時，辨認出十首主歌曲（ "Master Songs" ）：〈你（們）可以把我葬在東方〉、〈無人曉得我所經歷的苦難〉、〈甜蜜的馬車，輕輕地搖〉、〈滾吧，約旦河，滾吧〉、〈岩與山〉、〈一直在聽著〉、〈主啊，當星星開始墜落時，何等哀慟！〉、〈我路朦朧〉、〈摔角的雅各，天亮了〉、〈悄悄溜回家〉。這十首歌曲「用文字和音樂訴說煩惱與放逐、奮鬥與躲藏；它們摸索著朝向某種無形的力量，然後嘆求最後的安息」（159；322-23）。杜博依斯將奴隸歌曲的發展分為四個階段：第一階段為非洲音樂，如〈你（們）可以把我葬在東方〉；第二階段是非裔美國音樂，如〈繼續前進〉和〈悄悄溜走〉；第三階段黑人音樂與白種美國音樂融合，如〈光亮耀眼〉與〈塵、塵與燼〉、〈我媽已逃之夭夭並回家了〉和〈我希望我媽會在那美麗的天上世界〉；第四階段白種美國音樂受到奴隸歌曲影響，或吸納黑人

旋律的樂句，如〈史灣尼河〉和〈老黑爵〉。

　　而杜博依斯在書寫本書的最後一章的同時，不啻承認自己和黑奴與新奴隸的關聯，這種歷史傳承亦可從本章前後呼應的結構窺出端倪。作者一開始寫道：「他們昔日在黑暗中行走時唱著歌——悲歌——蓋其內心疲憊」（154；316）；末了，作者以〈讓我們向疲憊的旅者歡呼〉這首悲歌收尾，但樂曲後面還有一句陳述：「而旅者做好準備，面向早晨，然後踏上旅途」（164；330）。顧丁・威廉斯指出，做好準備的旅者比喻作者本人，他從最後那首悲歌中找到靈感，顯示自己同情奴隸的苦難，適合領導黑人同胞（Gooding-Williams 126）。此外，他在讚揚奴隸歌曲的真摯與淒美時，也希望美國白人承認黑人的貢獻。他寫道：「你們的國家？為什麼是你們的？我們在清教徒登陸前即在此地。我們帶來三項天賦，並與你們的混在一起……美國若無黑種人，會是當今之美國乎？」（162-63；328-29）杜博依斯所指的三項天賦，是故事和歌曲的天賦、流汗和筋力的天賦，以及心靈的天賦。杜博依斯藉由文字再現黑人天賦，一方面印證美國屬性的混雜本質，因為美國在他看來總是已經黑的（Gooding-Williams 126）；另一方面，他呼籲美國白人承認自己與黑人靈魂的關聯，進而期盼將來能實現悲歌所流露的一線希望，即萬物的最後正義：「日後在某處，人們評斷他人，會依其靈魂而非膚色」（162；328）。

　　總之，奴隸歌曲源自受壓迫者的靈魂深處，經過三個世紀的發展，已然成為美國文化的重要精神資產。黑人靈歌的曲調以悲傷為大宗，故取名為「悲歌」；在恐懼的陰影下，其文字往往含蓄且欲言又止；在內容上，較常歌頌母與子，難得歌

頌父親與情人；母題則涵蓋生命、死亡、愛情、憐憫、宗教、自然、家或家庭等。如果人生乃是塵世間的一趟旅程，那麼受苦受難的黑人就像杜博依斯筆下的「疲憊旅者」。隨著「面向早晨」的疲憊旅者期待新的曙光，〈悲歌〉的最後一句固然語帶樂觀，但是他的盼望依舊瀰漫著悲觀的氛圍，因為他知道黑夜的降臨將掩蓋所有的曙光，顧丁・威廉斯在剖析〈悲歌〉的結尾時寫道：「杜博依斯不願使用一種無條件的希望措辭結束《黑人的靈魂》」（Gooding- Williams 129）。

本書所引用的黑人靈歌對照表

章名	黑人靈歌名稱
一、〈論吾等心靈之奮戰〉	〈無人曉得我所經歷的苦難〉
二、〈論自由之曙光〉	〈我的主啊，何等哀慟！〉
三、〈論布克・華盛頓先生等人〉	〈應許之地的盛大營會〉
四、〈論進步之意義〉	〈我路朦朧〉
五、〈論亞塔蘭大之翼〉	〈岩與山〉
六、〈論黑人之訓練〉	〈繼續前進〉
七、〈論黑色地帶〉	〈墓地光亮耀眼〉
八、〈論金羊毛之追尋〉	〈孩子們；你們會被召喚〉
九、〈論主僕之子孫〉	〈我在翻滾〉
十、〈論祖先之信仰〉	〈悄悄溜回家〉
十一、〈論長子之去世〉	〈希望我媽會在那裡〉
十二、〈論亞歷山大・克倫梅爾〉	〈甜蜜的馬車，輕輕地搖〉
十三、〈論約翰之降臨〉	〈你（們）可以把我葬在東方〉（〈我會聽到喇叭曲〉）
十四、〈悲歌〉	〈讓這軀體躺下〉

〈後記〉

　　杜博依斯的〈後記〉顯然是篇祈禱文，由四句英文組成；
其斜體英文亦有別於〈前言〉和正文中的字體。首先，杜博依
斯呼求上帝保護這本新書（新生兒）別胎死腹中；接著是兩句
用「Let」開頭的祈願；最後一句的詞序結構（助動詞may＋主
詞＋動詞）表達請求、願望或祝福等。杜博依斯在〈前言〉中
懇求「敬愛的讀者」藉由「模糊、不確定之概要」，在正文中
「耐心地」挖掘「埋藏」的洞見。而他在〈後記〉裡所呼求的對
象則是「讀者上帝」（"God the Reader"）。杜博依斯的祈禱文
用字遣詞極為凝煉，查米爾（Shamoon Zamir）在〈《黑人的靈
魂》：思想與後記〉一文中表達了類似的觀點：「簡短的〈後
記〉是《黑人的靈魂》中最濃縮的段落之一，需要仔細而耐心
地爬梳」（Zamir 16）。

　　如果《黑人的靈魂》的主體縈繞著死亡的意象與氛圍，那
麼杜博依斯在最後時刻重新想像該作品為生命之書，或者說，
至少是一本懸在夭折威脅與重生希望之間的書。就撰寫的時程
而言，〈後記〉書寫於〈悲歌〉完稿之後；根據查米爾，杜博
依斯在〈前言〉完稿時（1903年2月1日），仍在撰寫〈悲歌〉
（第十四章）（Zamir 10）。由此可見，〈後記〉在語氣上難免受
到〈悲歌〉的影響；在〈悲歌〉接近尾聲時，杜博依斯語帶憤
怒地問道：「你們的國家？為什麼是你們的？我們在清教徒登
陸前即在此地」（162；328-29）。杜博依斯的問句似乎在昭告白
人讀者：你們不得不面對自己和美國種族史與帝國史的共謀關
係；換言之，杜博依斯落筆至此，已經不再將白人讀者視為對

話者，而是批判的對象。難怪他在〈後記〉中將白人視為「有罪的民族」，也難怪他用「讀者上帝」取代〈前言〉中「敬愛的讀者」。最後，如果《黑人的靈魂》含有令人困惑或不易理解的「真理」，那麼要如何正確閱讀這本種族啟示錄呢？杜博依斯的答案是「無窮的理性」。

五、綜合討論

在結構上，除了〈前言〉和〈後記〉外，1903年版的《黑人的靈魂》涵蓋十四篇章，包括十三篇小品文和一篇短篇小說（第十三章）；分別撰寫於1897年至1903年間，其中有九章修訂自作者已刊登的期刊或雜誌文章，杜博依斯乃在該書的〈前言〉中向這些期刊或雜誌的發行人致謝。在〈前言〉中，他將《黑人的靈魂》分為兩部分：前九章聚焦於非裔美國人的外在處境；後五章則檢視非裔美國人的內在生活。布萊特和顧丁・威廉斯在該書1997年版的〈緒論〉（"Introduction"）中指出，為方便起見，《黑人的靈魂》可以分為三部分：「第一至第三章含有明顯的歷史特性；第四至第九章在風格和論證上呈現社會學角度；第十至第十四章則顯示杜博依斯企圖捕捉非裔美國人在文化與經驗上的宗教／精神意涵」（Blight and Gooding-Williams 2）。就學術領域而言，該書涵蓋的範圍甚廣，不只麥若柏所說的「政治史、社會學和文化批評」三大領域（Marable, 1986: 47），還包括經濟史、宗教、教育、心理學、音樂社會學、自傳和小說等。該書雖然文類不一、領域廣泛，但所關注的題材不外乎種族、教育、奴隸制度的遺緒、黑人的身分、宗教信

仰、音樂與文化。整體而言，《黑人的靈魂》融合了下列幾個
主題：「雙重意識」與黑人屬性；黑人「悲歌」與宗教的美和
創意；黑人獨特的靈性；發展黑人教育機構的必要性；種族歧
視的影響與「膚色界線」的區隔等。此外，本書每一章前面都
附加一對題詞：一段歐洲白人詩篇配上一段黑人靈歌樂譜；這
樣的配對不僅是前所未有的創舉，也暗示杜博依斯對黑白融合
與互補的憧憬。

　　杜博依斯為了出版《黑人的靈魂》，確實下了不少工夫修
訂九篇舊文，同時增補四篇新文和一個短篇故事，旨在讓這些
不同文類與領域的篇章呈現某些秩序感或一致性。[7] 茲舉其犖犖
大者加以說明：首先，他採用面紗的意象和隱喻來貫穿全書，
藉以凸顯種族歧視的嚴重與黑人處境的艱困。從〈前言〉開
始，「面紗」的意象一再出現；誠如查米爾所言：「面紗迅速成
為本書最常見的借喻，以多種不同的形式幾乎每兩頁就反覆出
現」（Zamir 19）。非裔美國人「天生帶著面紗」（10；95），他
們從面紗內經歷了白人的壓迫。「面紗」的比喻影射美國「制
度上的種族差別主義……種族隔離的面紗使黑人在白人美國中
等於隱而不見，迫使美國黑人無法在自己的情境下獲得一致的
觀點」（Marable 48）。杜博依斯筆下的「面紗」具有雙重意涵：
一為區隔白人與有色人種之間的無形界線，是白人社會用不公
不義的方式強加的分界線；一為區隔上帝的聖地與一般空間的
特殊紗簾。根據佛泥（Craig Forney）的說法，杜博依斯寫到
種族面紗與《聖經》面紗，「是為了釐清神聖與世俗之區分，

---

7 有關杜博依斯修訂九篇舊文之細節，詳見本書〈譯注者導論〉第一節出版背景
　（頁39-43）及 Herbert Aptheker 的 *The Literary Legacy of W. E. B. Du Bois* 第三章。

揭露種族的錯誤分野」（Forney 103）。面紗的存在不僅迫使黑人無法參與白人的群體生活，也讓白人無法用同理心去了解對方的奮戰和苦難。杜博依斯在第一章一開始，描述自己在中學時如何親身經歷面紗的存在；後來，他在田納西州的鄉下教書時，親眼目睹巨幅面紗橫亙在多數黑人與機會之間。卓喜（第四章）和黑人約翰（第十二章）的悲劇印證了跨越種族面紗的艱難與同理心的重要。

連結本書各章的另一個要素乃是宗教的母題。從〈前言〉一開始，作者即自詡為現代美國的約書亞，準確預言「二十世紀的問題乃是以膚色分界的問題」（5；91）；緊接著在〈前言〉的最後一句，杜博依斯引用〈創世記〉第二章亞當見到夏娃時所說的話，將自己與黑人同胞連結在一起。在〈前言〉之後的目次中，杜博依斯在每一章的題目前都冠上介系詞「of」（第十四章除外），這樣的安排在布蘭姆（Edward J. Blum）看來，乃是「指涉《英國教會三十九項教條》（*The Thirty-nine Articles of Religion of the Church of England*），起初寫於1571年，1851年於美國經過修訂，這份英國國教與聖公會文件概括描述教會的基本信念，像三位一體、《聖經》、聖靈與耶穌基督等」（Blum 78）。由此可見，《黑人的靈魂》在作者心目中乃是神聖的文本，是生活在種族隔離世界的一套新教條，為新世紀而寫的新信仰法典。書中第十章〈論祖先之信仰〉描繪黑人教會的來龍去脈，以及黑人內在生活與宗教價值：「今天的黑人教會乃美國黑人生活的社交中心，是非洲特徵最典型的表現」（121；261）。第十二章〈論亞歷山大‧克倫梅爾〉刻畫一位堅強的年輕黑人如何克服種族歧視，成為美國的著名基督教領袖。在

〈悲歌〉中，杜博依斯透過黑人靈歌檢視黑人宗教的社會與文化意義。事實上，杜博依斯從雙重意識與面紗的省思出發，一再「運用宗教語彙作為討論黑人奮鬥的主要修辭工具；他懇求讀者留意黑人如何在美國追求自由與自我實現，這些政治、社會與經濟上的努力，乃是黑人精神與靈魂生活的證據」（Blum 80）。簡而言之，杜博依斯將黑人與《聖經》上的以色列人連結在一起，然後將黑人的奮戰賦予宗教層面的意涵與重要性；他們虔誠地相信：上帝乃是其最終依靠，儘管在世間遭遇許多苦難與冤屈。

　　此外，杜博依斯是最早提出「雙重意識」概念的黑人思想家，從第一章開始，非裔美國人的身分問題一直是《黑人的靈魂》反覆出現的主題。這個著名的術語意味著：重建後的美國社會情境不容許自由民及其子弟只當美國人或只當黑人，儘管其祖先「被迫」進入北美洲之後在法律上具有「美國人」身分；結果在這片不見得是屬於他們的土地上，非裔美國人無法融合這兩種互相衝突的身分或理想，這種分裂的自我乃是非裔美國人無法逃避的命運。在種族隔離的體制下，重建後的非裔美國人有如被社會拋棄的族群，他們不僅沒有選舉權和被選舉權，連生命財產的安全都付之闕如，私刑時常發生。根據杜博依斯的傳記作者陸易士，「雙重意識」是革命性的概念，有別於道格拉斯（Frederick Douglas）的完全同化理念，或葛內（Henry Highland Garnet）、狄藍尼（Martin Robinson Delaney）、賀里（James Holly）等牧師或主教的文化分離主義或流放海外（Lewis 281）。

　　在杜博依斯看來，區隔白種人和有色人種的種族或膚色界線，乃是二十世紀最重大的問題。膚色界線的存在涵蓋具體／

外表和象徵／比喻層次：在美國社會中，黑人和白人雖然生活在同一個國度裡，卻是隔離而居，衍生的生活經驗隨之涇渭分明；就象徵層次而言，膚色界線解釋了為什麼十八、十九世紀黑人遭受壓迫、奴役的原因。只要膚色界線存在，非裔美國人就難以獲得和白人同樣等級的成就。在討論杜博依斯的兩個重要概念——面紗和雙重意識——的同時，都會涉及膚色界線的問題，因為膚色界線乃是黑人面臨的主要議題之一。

　　除了種族或膚色界線的題材外，另一個重要題材乃是教育。南北戰爭以前，非裔美國人長期受到白人的奴役和壓迫，導致缺乏獨立的自我。目不識丁的黑人如何對抗主流白人，爭取應有的權利呢？杜博依斯堅信：對非裔美國人而言，教育不僅是翻身的最佳途徑，也是對抗面紗、建立自我意識與地位的良方。黑人知識分子的興起，一方面可以投入教導其他黑人同胞的行列，進而提升黑人族群的整體素質；另一方面，根據他在〈論黑人之訓練〉所提出的「十分之一幹才」理念，受過高等教育（而不是華盛頓所謂的「職業教育」）的黑人菁英，可以帶領黑人大眾爭取應有的權利，成為有理想和遠見的黑人領袖。如果具有才華的黑人無法接受高等教育，他們可能轉而成為訴諸激情（而不是訴諸冷靜、理性）的煽動家。事實上，杜博依斯在〈論布克‧華盛頓先生等人〉（第三章）和〈論亞歷山大‧克倫梅爾〉（第十二章）中，分別就兩位黑人領袖的評析和追懷，襯托出高等教育乃是解決黑人貧困與無知的重要管道：「黑男孩和白男孩一樣需要教育」（43；142）。杜博依斯在〈論進步之意義〉中揭露鄉下黑人對追求知識的強烈渴望，在〈論亞塔蘭大之翼〉中則呼籲城市黑人別受到黃金、權力和物質的

誘惑，而要邁向教育和知識的追求：「唯有大學能夠背負少女通過黃金水果的誘惑」（60；170）。

　　另外一個統合全書的重要母題乃是黑人歌曲。杜博依斯之所以書寫〈悲歌〉（第十四章），並在前十三章的每一章正文前面放置一段黑人靈歌的樂曲，用意乃是強調歌唱為黑奴生活中不可或缺的一環，而黑人靈歌乃是黑人留給美國至為寶貴的精神遺產，進而期盼美國白人加以了解，並認同黑人也是有靈性、值得教導的子民。杜博依斯在〈悲歌〉中指出：「黑人民歌——奴隸有節奏之呼喊——今天不只是獨一無二的美國音樂，也是源於渡海前人類經驗至美之表現」；在作者心目中，黑人民歌至今「仍舊是美國獨樹一幟的精神遺產，也是黑人最偉大的天賦」（155；316）。在《黑人的靈魂》的壓軸篇章，杜博依斯揚棄前一章黑人約翰對自己同胞的不屑態度，反過來擁抱靈歌所傳達的民間精神和信仰；身為有教養的黑人知識分子，他對悲歌的論述顯示自己同情黑奴所遭受的苦難。黑人靈歌自然與黑人的宗教信仰緊密相連，在第十章〈論祖先之信仰〉中，杜博依斯也提到黑人歌曲的重要性：「這種奴隸宗教的特色有三：牧師、**音樂**與激狂」（120；259）。黑奴透過靈魂詠唱的悲歌，流露些許終極正義的希望，希望「日後在某處，人們評斷他人，會依其**靈魂**而非**膚色**」（162；328）。

　　總之，針對十九世紀白人至上主義的神學與文化，杜博依斯在《黑人的靈魂》中結合歷史、社會學、自傳、小說、宗教、音樂、文化等多種不同的面向或文類，試圖翻轉十九世紀末二十世紀初美國白人對黑人的刻板印象，進而改善美國的黑白種族關係，達到種族平等與社會正義的理想。正如書名所強

調的，黑人並非白人至上主義者所謂的野獸，沒有靈魂，難以調教，注定永遠處於低下地位，而是有靈魂、有神性的人。事實上，他藉著描繪美國黑人的奮鬥、堅忍、機智、創造力和想像力等內在特質，襯托出白人的道德瑕疵與種族偏見。由此可見，貫穿全書十四個章節的首要題材乃是種族，難怪杜博依斯在〈前言〉第一段即預言種族問題的嚴重性：「二十世紀的問題乃是以膚色分界的問題」（5；91）。重建後的種族隔離體制，讓多數美國黑人生活在新奴隸制度下，由於在政治上沒有選舉權與被選舉權，在經濟上容易受到白人地主的宰制與剝削，在心理上則孕育了所謂的「雙重意識」。在《黑人的靈魂》中，杜博依斯一再引用面紗的意象和借喻，一方面揭露白人的種族歧視與黑人的艱困處境，另一方面，種族隔離或膚色界線的面紗使白人無法了解黑人的精神文化，包括宗教信仰與黑人靈歌等。不過，杜博依斯深知：膚色界線的問題不只涉及白人的種族偏見，黑人的無知、貧窮與落後，難免引發諸多社會、經濟與政治「難題」，進而加深或激化白人的種族歧視。那麼，如何解決黑人的無知、貧窮與落後呢？如何讓黑人在美國社會不再是白人的「難題」或「負擔」呢？身為哈佛大學第一位黑人博士，杜博依斯所提出方案乃是大學與通才教育，有別於布克・華盛頓「職業教育」與物質追求，杜博依斯強調高等教育、知識追求與人格培養。誠如他在〈論黑人之訓練〉收尾時所殷切期盼的，黑人大學的最終目標，乃是非裔美國人能夠跨越膚色界線，生活於面紗之上，進而與歐洲大文豪莎士比亞、巴爾札克、大仲馬或哲學家亞里斯多德、奧利略留等平起平坐，達到黑白平等與融合的理想。

黑
人
的
靈
魂

原文章節頁碼與譯文章節頁碼對照表

原文章節	頁碼	譯文章節	頁碼
The Forethought	5	前言	91
Of Our Spiritual Strivings	9	論吾等心靈之奮戰	93
Of the Dawn of Freedom	17	論自由之曙光	105
Of Mr. Booker T. Washington and Others	34	論布克・華盛頓先生等人	129
Of the Meaning of Progress	46	論進步之意義	147
Of the Wings of Atalanta	54	論亞塔蘭大之翼	161
Of the Training of Black Men	62	論黑人之訓練	173
Of the Black Belt	74	論黑色地帶	191
Of the Quest of the Golden Fleece	89	論金羊毛之追尋	215
Of the Sons of Master and Man	105	論主僕之子孫	237
Of the Faith of the Fathers	119	論祖先之信仰	257
Of the Passing of the First-Born	130	論長子之去世	273
Of Alexander Crummell	134	論亞歷山大・克倫梅爾	281
Of the Coming of John	142	論約翰之降臨	295
XIV. Of the Sorrow Songs	154	悲歌	315
The Afterthought	164	後記	331

THE

Souls of Black Folk

Essays and Sketches

BY

W. E. BURGHARDT DU BOIS

CHICAGO

A. C. McCLURG & CO.

1903

TO

BURGHARDT AND YOLANDE

THE LOST AND THE FOUND

前言

　　此中埋藏著諸多東西，如耐心加以閱讀，會顯示出身為黑人在二十世紀肇始之奇特意義。這意義對你們，敬愛的讀者，不無興趣，因為二十世紀的問題乃是以膚色分界的問題。[1]

　　那麼，請體恤寬容地領受拙著，跟著我探究書中文字，為了我內心信仰與熱情之緣故，原諒錯誤與弱點，並尋找隱藏於書中之少許真理。

　　我試圖在書中用模糊、不確定之概要，描寫一千萬美國人所經歷與所努力追求之心靈世界。首先，我在兩個章節中試圖展示解放對他們有何意義，以及解放的後果何在。在第三章我指出個人領導能力之緩慢興起，並坦白地批評今天承擔其種族重責大任的那位領袖。[2]然後，在另外二章中，我大要概述面紗內與面紗外的兩個世界，因而論及訓練人們謀生的重要問題。[3]接著我在兩個章節中大膽引用細節，研究群聚的好幾百萬黑人

1〔譯注〕杜博依斯是在1900年7月於倫敦舉行的第一屆泛非洲會議上發表演說〈致世界上之國家〉時，首次講到「二十世紀的問題乃是以膚色分界的問題」這句話。

2〔譯注〕根據本書第三章之內容，此處所指之「領袖」乃是布克·華盛頓。

3 參見〈出埃及記〉第三十四章第三十三至三十五節，摩西和上帝講完話後，蓋住他發亮的面孔；另見〈以賽亞書〉第二十五章第七節，該節預言主將摧毀「遮蓋萬民之物和遮蔽萬國蒙臉的帕子。」（Gates and Oliver, 5, n.3）

農夫的掙扎,而在另一章裡試圖釐清主僕後代的時下關係。

然後我撇下白人世界,踏入大面紗內,將它拉起來,以便你們可以隱約看到其幽深之處——其宗教意涵、其悲傷之激情,以及其偉大靈魂之掙扎。這一切我用講了又講卻很少寫出來[4]的故事作結。[5]

我的這些想法,有些以前曾以別的面貌刊載。我必須感謝下列期刊或雜誌的發行人,欣然同意將文章更改或擴充後收錄於本書中:《大西洋月刊》、《人間作品》、《日晷》、《新世界》、《美國政治與社會學學會年鑑》。

本刊行本的每一個章節前面都附上一小節黑人靈歌曲譜,那纏綿縈繞的曲調乃是唯一發源於黑暗過去的黑人靈魂所構成的美國音樂的回音。[6]最後,在此發聲的我乃是所有活在大面紗下的人們的至親骨肉,這一點應該不須再贅言吧?[7]

杜博依斯

1903年2月1日於喬治亞州亞特蘭大

---

4 美國作家霍桑(Nathaniel Hawthorne, 1804-1864)在1837年3月出版一本短篇故事集,書名為《講了又講的故事》(*Twice-Told Tales*)。霍桑引用莎士比亞的《約翰王》第三幕第四景行108-9:「生活乏味得像講了又講的故事,/在一個昏昏欲睡的人耳邊喋喋不休。」(Gates and Oliver, 5, n.4)

5 〔譯注〕在1953年藍蒼鷺版《黑人的靈魂》之〈前言〉中,杜博依斯增加了「及一章歌曲」("and a chapter of song");此增訂印證了一項事實:杜博依斯是在1903年2月1日先寫好〈前言〉後,再寫第十四章〈悲歌〉。

6 杜博依斯用 Sorrow Songs 作為 Spirituals 的同義詞。靈歌是一種表現強烈情感和深刻悲傷的宗教民歌。靈歌源自非洲歌曲與十九世紀聖歌的融合。(Gates and Oliver, 6, n6)

7 〔譯注〕在〈創世記〉第二章第二十三節中,亞當說到剛創造的夏娃:「這是我骨中的骨、肉中的肉,可以稱她為『女人』,因為她是從『男人』身上取出來的。」

第一章

論吾等心靈之奮戰

海水啊，我內心的聲音，在沙中哭喊，

帶著悲慟的吶喊徹夜哭泣，

我躺著傾聽時，卻無法了解

身邊內心的聲音或大海的聲音，

海水啊，哭求安息，那是我嗎，是我嗎？

海水徹夜對著我哭喊。

動個不停的海水，將永無安息

直到最後的月亮西下，最後的潮汐衰退，

且終結之火開始在西方燃燒；

而心將疲憊、驚嘆，像大海般吶喊，

終生徒勞地哭喊著，

隨海水徹夜對著我哭喊。

——亞瑟·西蒙士[1]

---

1 原稿〈黑人之奮戰〉（"Strivings of the Negro People"）登在 1897 年 3 月的《大西洋月刊》（頁 194-98）。詩詞摘自亞瑟·西蒙士的《海的哭叫》（Arthur Symons, *The Crying of Waters*, 1903）。樂曲引自黑人靈歌〈無人曉得我所經歷的苦難〉（Gates and Oliver, 9）。

　　在我和其他世界之間，老是存著一個沒有提出的問題；不是基於感覺棘手而沒有提出，就是因為很難問得得體。不過，大家老繞著它打轉。他們猶疑不決地接近我，好奇或同情地望著我，然後，並不直接問道：成為難題的感受如何？卻說，我認識鎮上一名出色的黑人；或者，我在米坎尼斯威爾打過仗；[2] 或者，南方這些暴行是否讓你義憤填膺呢？針對這些問題，我隨著場合需要，不是微笑以報，就是表示有興趣，或者將滿腔怒火忍住。就此實際問題——成為難題的感受如何？我難得有話可答。

　　然而，成為難題是奇怪的經驗——即使對一個自始至終都是難題者亦然，或許除了孩提時代及在歐洲外。打歡樂的少年時代伊始，可以說就在一天之內，我便突然意識到該件料想不到的事。我清楚記得那影子何時掃過腦海。那時我個子小，離開家住在新英格蘭小山上，一條暗濁的胡沙同尼河在胡薩克河與塔坎尼河之間蜿蜒流向大海。[3] 在一間小校舍裡，男孩和女孩們心血來潮要買名片來交換，一盒一毛錢。大家都興高采烈，直到一名新來的高個子女生不拿我的名片——瞥了我一眼後斷

2〔譯注〕米坎尼斯威爾（Mechanicsville）位於維吉尼亞州的漢諾佛郡（Hanover County），杜博依斯提及該地名，蓋此地於內戰期間發生過數次重大戰役，第一次為著名的七日戰役，始於 1863 年 6 月 26 日。

3〔譯注〕胡沙同尼（Housatonic）河約二百四十公里長，流經麻州與康乃狄克州西部。

然拒絕。我才猛然明白自己和別人不同；或者說，自己在心地、生活和渴望或許跟別人一模一樣，卻被巨幅面紗阻隔於其世界之外。從此之後，我無意扯下那面紗或悄悄爬過；我生活在藍天與晃蕩的大影子的境界，根本不把它放在眼裡。在考試中擊敗同學時，在賽跑中勝過他們時，或甚至打其筋骨結實的腦袋時，天空最湛藍了。唉，幾年過後，這種輕視的態度開始消失，因為我渴望的世界及其耀眼之機會都是他們的，不是我的。可是，我說，他們不該保有這些珍品；我要從他們手中奪走部分或全部珍品。至於怎麼做，我卻一直無法定奪：靠攻讀法律、治療病患、講述縈繞腦際的奇妙故事。對別的黑人男孩而言，奮戰可不是這麼燦爛了。他們的青春期萎縮成乏味的奉承，或對周遭黯淡世界感到無言的痛恨，進而嘲弄、不信任白人的一切；或是虛擲青春，辛酸地吶喊著：上帝為何讓我在自家中遭到排斥，成為外邦人呢？[4] 監獄的陰影籠罩在我們四周：[5] 對最白的人是緊密而頑強的牆壁，對黑夜之子卻是何等地狹窄、高不可攀，不得不遷就現實，暗中埋頭苦幹，或用手掌徒然拍打著石頭，或鎮靜而半帶絕望地仰望一片藍天。

　　繼埃及人與印度人、希臘人與羅馬人、條頓人與蒙古人之後，黑人在美國是一種第七兒子，天生帶著面紗，具有預知的

4〔譯注〕杜博依斯改寫〈出埃及記〉第二章第二十二節之文字，藉以諷刺美國白人之種族歧視；在該節中摩西宣稱：「我在外邦做了寄居的。」

5〔譯注〕本句之英文為 "Shades of the prison-house closed round about us all." 改寫英國浪漫時期著名詩人華滋華斯（William Wordsworth）的〈寓意永恆頌歌〉（William Wordsworth, "Ode: Intimations of Immortality from Recollections of Early Childhood"）之詩句："Shades of the prison-house begin to close/ upon the growing Boy."（ll. 68-69）

天賦；[6]美國並未賦予他真正的自我意識，只讓他透過另一世界的啟示看到自己。這個雙重意識乃是一種奇特的感覺，總是透過他人的眼光觀照自我，利用白人世界的捲尺衡量自己的靈魂，白人覺得好玩之餘，面帶輕視和憐憫的神情旁觀著。黑人總是感受到自己的雙重性——既是美國人，又是黑人；兩種靈魂、兩種思想、兩樣無法調和的奮戰；兩種交戰之理想在一黝黑的軀體裡，但憑其頑強力量才不至於被撕裂。[7]

美國黑人的歷史乃是此種奮戰的歷史——即自覺為人的渴望，渴望將雙重自我合併成為一個更美好與更真實的自我。在此合併中，他不希望失去較古老的自我。他不會將美國非洲化，因為美國有許多供世人與非洲學習者。在白人美國主義的洪流中，他不會漂白自己的黑人靈魂，因為他知道黑人血統對世人有所啟示。他只希望一個人能夠同時當黑人和美國人，不會遭到同胞詛咒與侮辱，不會讓機會之門當面粗暴地關上。

此乃其奮戰之目的：為了在文化王國中當同事，為了逃避死亡與孤立，為了善用其最佳能力與潛在天賦。過去，這些心智與體力被無端地浪費、分散或遺忘。只有透過衣索比亞的魅影和埃及的人面獅身像故事，才能看見一個宏偉的黑人過往隱約閃現。在人類歷史上，單一黑人的能力像流星般到處閃爍，有時候在世人尚未衡量其亮度前即銷聲匿跡。在美國此地，打從黑奴解放以來，黑人轉向各地，其奮戰猶豫不定，往往使其優點失去效用，猶如缺乏能力，像是缺點。然而它並非缺點，

6〔譯注〕「第七兒子」之比喻具多重意涵，在非裔美國民俗中，第七兒子據說可以看見鬼魂，且可以成為良醫；此外，據說出生時頭覆羊膜之嬰孩具有好運及特異能力，如算命、看見鬼魂及預知未來等能力。

7〔譯注〕此即著名之「雙重意識」概念，此概念在《黑人的靈魂》中極為重要。

而是雙重目標之矛盾。黑人技工之雙重目標掙扎——一方面為了不讓白人瞧不起，視之為只適合伐木與取水的民族，另一方面為了養活極度窮困的一大群而耕田、打釘、挖礦——到頭來只會使他成為可憐的工匠，因為他對兩個目的都不夠熱心。族人的貧窮與無知，誘使黑人牧師或醫生轉向煽動與庸醫行為；另一世界的批評則誘使他轉向某些理想，因而使他對自己低下的任務感到羞愧。想當學者的黑人面對的弔詭為：其族人所需之知識，對其白人鄰居而言乃是陳腐的故事；而他要教導白人世界的知識，其親骨肉卻一竅不通。天生喜好和諧與美，促使族人較未開化的靈魂唱歌跳舞，卻令黑人藝術家感到迷惑與懷疑；因為顯示在他眼前之美乃是一個種族的靈魂之美，然大多數觀眾卻蔑視該種族，他又無法說出另一民族的訊息。可是雙重目標的浪費——試著滿足兩種無法調和的理想——悽慘地破壞了上千萬人的勇氣、信心與行為，往往促使他們追求假神，求助於虛偽的拯救方式，有時候甚至讓他們自慚形穢。

　　回到奴隸的日子，他們從一種神跡中忘卻了所有懷疑與失望；很少人像美國黑人那樣，兩百年來一直堅定不移地崇拜自由。就他所想所夢而論，奴隸制度在他看來的確是萬惡的極點，一切哀傷的緣由，所有偏見的源頭；解放乃通往樂土之鑰，該樂土要比疲憊的以色列人眼前所見者還香甜。[8]在歌詞與勸世歌中一再增強的疊句即自由。在其淚水與詛咒中，他所懇求的上帝將自由置於其右手。自由終於來了——突然的、可怕的，像一場夢般。欣喜若狂之餘，出現了以哀怨節奏譜成的訊息：

---

8 以色列人在埃及被俘後，在荒野流浪了四十年，終於抵達迦南美地（Gates and Oliver, 12, n.1）。

> 喊叫，孩子們啊！
> 喊叫，你自由了，
> 因上帝贖了你的自由！[9]

從那時起，好幾年過去了——十、二十、四十；四十年的
國民生活，四十年的更新與發展，然而在國宴上，那黝黑的幽
靈坐在它習慣的位置。我們呼喊這是我們最大的社會問題，仍
是枉然：

> 除那之外，其他形狀皆可，我堅強的神經
> 將永遠不會發抖！[10]

美國依舊活在罪孽中而不得安寧；擺脫奴隸身分的黑人尚
未在自由中找到其樂土。在這些變遷的年代中，不管出現了什麼
好事，黑人依稀感到大失所望——這種失望更加辛酸，因為除了
受到低賤民族單純無知的約束外，那尚未達到的理想無限之大。

第一個十年不過是枉費追求自由的延長罷了，自由似乎是
一直難以掌握的恩賜——像是可望而不可即的虛妄目標，激怒
並誤導無知的主人。內戰的大屠殺、三K黨的恐怖、[11]北方投機

---

9 黑人自由靈歌〈喊叫，孩子們啊！〉的重疊句（Gates and Oliver, 12, n.2）。
10〔譯注〕杜博依斯引用《馬克白》第三幕第四景，再現美國白人猶如莎士比亞
　　悲劇中之主角，犯了殺人罪行。
11〔譯注〕美國南方邦聯退伍軍人於1865年設立Ku-Klux Klan之祕密團體，旨在
　　利用暴力對付非裔美國領袖，藉以保護白人清教徒的利益。它迅速發展成恐怖
　　組織，1871年，南方頻傳暴動，美國國會共和黨議員乃授權Ulysses S. Grant總
　　統動用聯邦軍加以鎮壓。三K黨成員往往身著長袍，頭戴圓錐帽和面具，在南
　　方各地恐嚇、殺害非裔美國人。

政商的謊言，[12]工業的解體以及敵友相互矛盾的勸告，讓困惑的奴隸除了舊有的自由呼喊外，別無新的口號。不過，隨著歲月飛逝，他開始領會一個新理念。要達到自由的理想需要一些強有力的手段，而第十五號修正案賦予這些手段。[13]以往，他將選票看成自由的明顯徵兆，如今他將選票視為獲得與改進自由的主要手段，畢竟內戰早已賦予他部分白由。有何不可？選票不是決定了戰爭，並解放了數百萬人嗎？選票不是讓擺脫奴隸身分者擁有投票權嗎？做了這一切的強權尚有何做不到的呢？百萬黑人重新燃起熱情開始投票，將自己選入該王國。十年光陰即如此飛逝，接踵而來的1876年革命，[14]讓半自由的奴隸感到疲憊、納悶，卻依舊受到鼓舞。接下來幾年，緩慢而穩健地，一個新的憧憬逐漸開始取代政權之夢——一個強有力的運動，此新興之理想宛如陰天過後夜間火柱要引導迷失者。此乃「正規教育」之理想，即源於強制性的無知所引發的好奇心或求知欲，[15]想要了解並測試白人神祕字母的力量。在此他們終於發現了通往迦南的山路；路途比解放與法律的公路還遙遠，而且險

---

12 〔譯注〕北方投機政商（Carpetbaggers）指重建時期從北方邊至南方的投機政客和商人，其中有六十位被選上國會議員，包括多數共和黨州長。許多南方白人擔心這些投機政商為了中飽私囊而犧牲戰敗的邦聯政府。此貶義字是指許多投機政商搬來時所攜帶之便宜氈製手提行李包（carpetbag，參見下頁圖片）。

13 第十五條修正案於 1870 年 3 月 10 日被批准；它賦予男人選舉權，不拘「種族、膚色或以前的奴役情況」。儘管該修正案是條溫和的法令，而且沒有宣布選舉人的資格測試為非法，它允許國會透過聯邦認可而實施該法律（Gates and Oliver, 13, n.7）。

14 針對1876年的總統大選結果，路易斯安那州、佛羅里達州和南卡羅萊納州提出異議，這三州支持民主黨的撒母爾·提爾登，反對共和黨的陸瑟佛·海斯。有些南方的共和黨員威脅要退出聯邦。共和黨員為了安撫民主黨員，大幅縮減他們對自由民之支持（Gates and Oliver, 13, n.8）。

15 〔譯注〕原文 "compulsory ignorance" 是指黑人在奴隸制度下沒有接受正規教育的權利。

峻、不平坦，卻很直，通往高到足以俯視人生的山莊。

　　在新徑上，前衛緩慢、笨拙而頑強地跋涉著；這些學校的黑人學生跟蹌的腳步，模糊的心智，遲鈍的理解，惟那些親眼目睹的導師明白該民族何等忠實地、何等虔誠地想學習。這是累人的工作。冷靜的統計人員寫下一點一滴的進展，也記載了哪裡一隻腳滑倒或某人跌了一跤。對疲倦的登山者而言，地平線永遠昏暗，山霧往往寒冷，迦南總是模糊而遙遠。然而，如果遠景尚未揭露任何目標、任何休息處，惟諂媚與批評，該旅程至少提供反省和自我檢視的空閒；將解放的孩子改變成具備新開啟的自我意識、自我實現和自尊的青年。在其奮勉追求

的幽暗森林中，他自己的靈魂在面前振奮起來，他看見了自己——模糊不清，彷彿隔著面紗；[16]不過，他在自己身上看到個人力量與任務的微弱啟示。他開始有了模糊的感覺，覺得要達成自己在世間的地位，就必須做自己，而不是扮演別人。生平第一次，他設法分析自己背上所承受的負擔，社會惡化的重負局部隱藏在尚待清楚稱呼的黑人問題背後。他感受到自己的貧窮；他一文不名，無家無地，無工具或積蓄，即與富有、擁有土地、有一技之長的鄰居競爭。當窮人難，而在有錢的國度中當貧窮種族則是難上加難。他感受到無知的重負——不僅不識字，而且不懂得生活、做生意，更不懂人文；數十年與數個世紀累積的怠惰、逃避與笨拙束縛其手腳。他的負擔也不全是貧窮與無知。兩個世紀有系統的法律汙辱黑人女性，給黑人印上了私生的紅漬，不只意味著古非洲貞潔的喪失，也意味著白人通姦者大幅墮落所遺留下來的重負，差點即消滅了黑人家庭。

受到如此障礙的民族不該被要求與世人競爭，而是應該被允許將全部心思與時間放在自己的社會問題上。可是，唉呀！社會學家開心地計算黑人的私生子女和妓女時，辛勤、流汗的黑人靈魂本身遭到極度失望的陰影抹黑。人們稱此陰影為偏見，煞有學問地將它解釋為文化對野蠻、學術對無知、純潔對犯罪、「上等」種族對「下等」種族的自然防衛。[17]對此，黑人喊著「阿們！」並發誓要謙卑地致意、柔順地遵從這種以尊

16　〔譯注〕參見〈哥林多前書〉第十三章第十二節：「我們如今對著鏡子觀看，模糊不清，到那時就要面對面了。我如今所知道的是局部的，到那時就全知道，如同我全被知道一樣。」

17　在啟蒙時期，像康德（Immanuel Kant）和休姆（David Hume）等哲學家相信：某些種族可以根據生理和道德特性以及身體特徵而區分高下（Gates and Oliver, 14, n.3）。

敬文明、文化、公正與進步為基礎的奇怪偏見。不過,在那無名的偏見進展到超過這一切之前,他顯得無助、驚慌而幾乎啞然;面對那切身的粗暴與嘲弄、譏笑與故意的羞辱、扭曲事實與胡思亂想、冷嘲地忽略君子,喧鬧地歡迎小人、全面灌輸人們鄙視黑色的一切,從杜桑到魔鬼——面對這一切,[18]黑人心中產生了令人厭惡的絕望,足以使任何國家氣餒並解除武裝,除了那一大群黑人外,「氣餒」對他們而言是個習慣字眼。

不過,面對如此浩大的偏見,勢必導致不可避免的自我懷疑、自我輕視及降低理想,它們總是伴隨壓抑而來,並產生輕視與憎恨的氣氛。耳語與徵兆來自四面八方:瞧!我們有病,即將去世,大群黑人叫道;我們不會寫字,投票也是徒然;既然皆須下廚與伺候,那何必接受教育呢?國人附和著並極力主張此種自我批評,說道:心甘情願當僕人吧;半人需要什麼高等文化呢?用武力或欺騙拿掉黑人選票——看一個種族的自殺呀!然而,從災禍中出現了某些善果——讓教育更謹慎地適應現實生活、更清楚了解黑人的社會責任以及冷靜領會進步的意義。

暴風雨與壓力的時代於焉肇始:今天,暴風雨與壓力在狂烈的世界之海上搖晃著我們的小船;船裡、船外傳來衝突的聲音、焚身斷魂;啟發與懷疑爭戰,信念與徒然的質疑爭戰。過去的光明理想——肉體自由、政治權力、頭腦與雙手的訓練等陸續由盛而衰,直到連最後一個理想也變得黯淡無光。它們

18〔譯注〕杜桑・盧佛迪(Toussaint L'ouverture, 1743-1803)係海地歷史上最偉大的人物,他在海地革命期間,率領黑人軍隊推翻法國統治。拿破崙騙他於1802年自願赴法後,盧佛迪遭到逮捕、審訊,結果在1803年4月病死於法國。

都不對，都是假的嗎？不，不是的，但每一理想本身太過單純而且不完整——易受騙的種族童年之夢想，或天真地想像另一個世界，該世界不了解也不想了解我們的能力。要真正合乎現實，所有這些理想必須融合為一。我們今天比以往更需要學校的訓練，手巧、眼尖、耳靈的訓練，尤其是更廣、更深、更高的天賦才智與純潔心靈的陶冶。我們需要選舉權，純粹為了自我防衛，否則，什麼能拯救我們免遭二度奴役？我們也需要自由，我們仍在追求此遠程目標——生命與肢體的自由、工作與思想的自由、愛與追求抱負的自由。工作、教化與自由——這些我們都需要，不是單一的，而是三者合一；不是陸續的，而是三者同時，彼此互助互補，均邁向浮游於黑人面前更遠大的理想，及人類皆兄弟的理想，透過大種族統一的理想；促進與發展黑人的特徵與才幹，不是輕視其他種族或與之對立，而是大致契合美利堅合眾國的大理想，俾有朝一日在美國土壤上，世上兩個種族能彼此相輔相成，給予對方所缺少的那些特性。我們黑人畢竟也不是全然空手而來：今天，美國黑人最真實代表獨立宣言的純潔人類精神；美國的童話故事與民間傳說來自印第安和非洲；一般說來，在篤信與尊崇金錢和精明的灰暗沙漠中，我們黑人似乎是唯一的綠洲。若以輕鬆愉快卻果斷的黑人謙卑取代殘酷、憂鬱的大錯，美國會更窮嗎？或以充滿愛心的愉悅心情取代粗魯而殘忍的機智？或以悲歌的靈魂取代粗俗的音樂？

　　黑人問題具體考驗著偉大共和國的根本原則，而自由民後代的心靈奮戰乃是靈魂的煎熬，幾乎超出體力的負荷，而這些黑人子孫看在史上著名種族的分上，看在這是他們祖先的土地

的分上、看在人類機會的分上——忍受下來。

　　現在我提綱挈領所概述者，容我在接下來的篇幅中再多方參照、娓娓道來，以便聆聽黑人靈魂之奮戰。

第二章

論自由之曙光

大復仇者似乎漫不經心，
歷史的教訓只是記載
黑暗中的一場生死格鬥
在舊制度和福音之間；
真理永遠在絞刑台上，
錯誤永遠在御座上；
然而絞刑台左右未來，
而在模糊的未知背後
上帝站在陰影內
在自己的寶座上監視著。

——羅威爾[1]

---

1 原稿〈自由民事務局〉（"The Freedmen's Bureau"）刊於1901年3月的《大西洋月刊》（頁354-365）。詩詞摘自詹姆士·羅素·羅威爾的《當前的危機》（James Russell Lowell, *The Present Crisis*, 1844）。樂曲引自黑人靈歌〈我的主啊，何等哀慟！〉（"My Lord, What a Mourning!"）（Gates and Oliver, 17）。

　　二十世紀的問題乃是以膚色分界的問題——亞洲與非洲、美洲與各海島的深色人種與淺色人種之間的關係。就是該問題的一個階段引發了南北戰爭；1861年在南方與北方遊行者，不管何等專注於聯邦與地方自主的技術性要點上作為共同的理念，然當時人人皆知，如吾人現今所知：黑人奴隸制度的問題才是衝突的真正原因。儘管大家極力否認，但這個深奧問題如何浮上檯面，也是令人嘖嘖稱奇。北方軍一踏上南方土壤，這個舊問題隨即換新裝從地上冒了出來——黑人該怎麼辦呢？各種強制的軍事命令都無法回答該問題；黑奴解放令似乎反而使困難擴大並加劇；而內戰相關的憲法修正案則造就了今天的黑人問題。[2]

　　本文旨在探討1861年至1872年期間的美國黑人歷史。事實上，這則自由曙光的故事記述那名為「自由民事務局」的機

2〔譯注〕原文 War Amendments 指與南北戰爭相關的三條美國憲法修正案。1865年12月6日批准的第十三條修正案廢除奴隸制度；第十四條〔1866年〕提供「所有公民法律之前的平等保護」；第十五條〔1870年2月3日〕賦予黑人男性公民投票權。

構，[3] 它是一個大國所做過最罕見而有趣的嘗試，藉以設法處理種族與社會情況等巨大問題。

　　國會、總統與國人都喊著內戰與奴隸無關；可是，東部和西部軍隊一深入維吉尼亞州和田納西州，逃難的奴隸即出現在隊伍中。夜裡閃爍不定的營火儼然天際搖曳的星光，照在黑暗的地平線上，他們來了：細瘦、頭髮灰白而叢生的老人；面帶驚恐的婦女拖著挨餓啜泣的孩童；男人和女孩，憔悴卻堅毅──一大群飢餓的流浪者，無家可歸、無依無靠，處境悽慘可憐。對待這些新來者的兩種方法，對見解對立者似乎同樣合乎邏輯。班・巴特勒在維吉尼亞州立即聲稱黑奴財產係禁運品，於是命令逃難的黑奴幹活；[4] 而佛里蒙在密蘇里州則宣布在戒嚴令下的黑奴是自由的。[5] 巴特勒的行動受到認可，佛里蒙的則火速遭到撤回，而其繼任者賀烈克則看法不同。[6]「從此以後，」他下令：「絕對不准黑奴進入部隊裡；在不知情下如有黑奴進來，那麼主人在找時，就交給主人。」這樣的政策難以

3〔譯注〕原名為「美國難民、自由民與棄地事務局」（The U.S. Bureau of Refugees, Freedmen, and Abandoned Lands），成立於1865年，主要充當聯邦代辦處提供自由民糧食、衣服、醫藥、教育等協助。其事務還包括成立法庭並協商前黑奴與南方地主之間的勞力關係。儘管缺乏經費與人力，該局興建黑人醫院、中小學和大學。由於其改善自由民權利之企圖總是引發爭議，該局在1872年遭到國會解散。

4〔譯注〕巴特勒（Benjamin F. Butler, 1818-1893）係美國律師與政客，內戰期間擔任聯邦軍隊少將，在聯邦軍隊占領紐奧良和其他地區時，巴特勒宣稱在其前線部隊內之黑奴為沒收之敵軍財產。

5〔譯注〕佛里蒙（John C. Fremont, 1813-1880）為美國軍官、探險家兼政客，內戰期間擔任聯邦軍隊由西區將領；他曾在1861年逕自發布訓令：逃至其前線之黑奴是自由的。後來，此一未經授權之訓令遭到林肯總統下令撤回。

6〔譯注〕賀烈克（Henry H. Halleck, 1815-1872）為美國軍官、學者兼律師，內戰期間曾任陸軍少將，後來接替佛里蒙繼任西區將領，1862年至1864年間升任美國陸軍總司令。

執行，有些黑人難民宣稱他們是自由民，有的證明他們已遭主
人遺棄，還有些在碉堡和農場被捕。對南方邦聯而言，黑奴顯
然是人力的來源，被用來充當勞工和生產者。「他們構成一種
軍用資源，」卡麥隆部長在 1861 年末葉寫道：[7]「準此，不該將
他們交給敵軍乃是天經地義的事。」於是陸軍首長們的語調逐
漸轉變了；國會禁止引渡逃亡的黑奴，巴特勒的「禁運品」被
充當軍用勞工而受到歡迎。這並未解決問題，反而使之更加複
雜，因為原先分散各地的難民變成源源不絕的難民潮，隨著軍
隊行進而更加快速洶湧。

　　然後，坐在白宮那位面帶愁容的精明人士看到不可避免的
事，乃於 1863 年元旦解放反叛軍的黑奴。[8] 一個月後，國會認真
徵召黑人士兵，1862 年 7 月的法案勉強允許黑人從軍。[9] 因此，
障礙消除了，效果立竿見影。難民潮如洪水般湧入，焦急的
陸軍軍官們不斷問道：「該如何處置這些幾乎天天光臨的黑奴
呢？我們要為婦女和孩童尋找食物和避難所嗎？」

　　波士頓一位名叫皮爾斯者指引了方向，[10] 因此在某種意義上
成為自由民事務局的發起人。他是柴斯部長的摯友；[11]1861 年，

---

7 〔譯注〕卡麥隆（Simon L. Cameron, 1799-1889）係美國政客，在內戰初期擔任戰
　　爭部長（Secretary of War）。
8 〔譯注〕美國林肯總統（President Abraham Lincoln, 1809-1865）於 1863 年 1 月 1
　　日頒布黑奴解放令（Emancipation Proclamation），正式廢除奴隸制度。
9 〔譯注〕1862 年 7 月 17 日的人民自衛隊法案（the Militia Act of July 17, 1862）明
　　確授權總統得徵召非裔美國人在兵役中提供勞力，俾來日可望解放其（父）母
　　妻小。
10 〔譯注〕皮爾斯（Edward L. Pierce, 1829-1897）為波士頓之奴隸制度廢除論者，
　　在內戰爭期間奉派前往南方協助自由民。參見注11。
11 〔譯注〕柴斯（Salmon P. Chase, 1808-1873）曾任美國參議員（1849-55）、俄
　　亥俄州州長（1856-60），在1861 年至1864 年間擔任財政部長，他任命皮爾斯
　　擔任南卡羅萊納州皇家港（Port Royal）的政府代表。皮爾斯的皇家港試驗從
　　1862 年至1865 年僱用解放的黑人，試圖提升棉花產量。

黑奴和棄地的管理移轉至財政官員身上時，皮爾斯特地被派遣到軍隊中仔細查看整個情況。起初，他負責處理門羅要塞的難民；接著，在謝曼將軍攻下希爾頓岬後，[12]皮爾斯奉派到那裡設立皇家港試驗，讓黑奴成為自由勞工。可是，試驗才剛開始，逃亡黑奴的問題嚴重到財政部不堪負荷的地步，不得不轉給陸軍官員處理。大批自由民中心已在多處形成：門羅要塞、華盛頓、紐奧良、維克斯堡和柯林斯、肯塔基州的哥倫布和伊利諾州的開羅以及皇家港。軍中牧師在這裡找到新的活動範圍，且成果豐碩；「逃難黑奴的監督人」成倍增加，也有人試圖條理分明地徵募壯丁從軍，並分配工作給其他人。

隨後，在皮爾斯的感人呼籲和其他這些貧困中心的懇求下，一些自由民慈善協會成立了。源自阿米斯塔號的美國傳教士協會如今發展成熟開始運作；[13]各種宗教組織、全國自由民救濟協會、美國自由民聯合會、西部自由民慈善團──一共五十幾個組織寄送衣物、金錢、教科書，並派遣教師到南方。它們所做的一切均有其必要，因為自由民的窮困時常被報導為「可怕得令人無法置信」，情況不僅未見改善，而且一天比一天糟。

而且，這絕非一般暫時救濟的事，而是全國性危機，似乎也一天比一天清楚；因為此刻出現極為嚴重的勞力問題。一大

12〔譯注〕謝曼（Thornas West Sherman, 1813-1879）係聯邦軍少將，領導皇家港遠征（Port Royal Expedition）。蓋茲和奧立佛在其注釋中將 Thomas West Sherman 誤植為另一位謝曼將軍（William Tecumseh Sherman, 1820-1891）（見 Gates and Oliver, eds., 19, n.4）。

13〔譯注〕阿米斯塔號（La Amistad）是艘奴隸船，船上遭非法逮捕的非洲人在 1839 年被遣送至非洲西海岸的太子島（Principe Island）。後來他們在古巴外海叛變，企圖返回非洲。卻被船員所騙而在康乃狄克州（Connecticut）靠岸，結果被囚禁了兩年；他們透過奴隸制度廢除論者向最高法院提出申訴，終於獲釋而被送回非洲。

批黑人閒著沒事幹，或者即使一時有工作，也不確定有酬勞；
即使偶爾有酬勞，也隨便就將這新玩意花掉。在這些和其他狀
況下，營地生活與前所未有的自由使自由民意志消沉。於是，
這種情況所清楚需求的大型經濟組織，隨著意外與當地的情境
而在各地出現。此時，皮爾斯的出租農莊與初學工人計畫適時
指出大略方向。在華盛頓，軍政府首長在監督人的迫切懇求
下，開放沒收的地產供難民耕種，黑人農村於是聚集在大廈的
陰影下。狄克斯將軍把土地交給門羅要塞及南方與西部等地的
自由民。[14]政府與慈善協會提供耕種工具，黑人緩慢地再幹起
活來。這些掌控系統一經這樣啟動，迅速在各地發展成奇怪的
小政府，像路易斯安那州班克斯將軍的政府，[15]擁有九萬黑人居
民，其中五萬初學勞工，年預算十多萬。它一年開出四千份薪
資名冊，為自由民一一登記戶口，調查其冤情並為之伸冤，擬
定與徵收稅捐，建立一套公立學校制度。同樣的，身為田納西
州和阿肯色州指揮官的伊頓上校，[16]管轄十多萬自由民，出租、
耕種七萬公畝棉花田，一年供養一萬多名貧民。在南卡羅萊納
州的薩克斯頓將軍對黑人興致高昂。[17]他繼皮爾斯和財政部官員
之後，出賣沒收的地產，出租遺棄的農莊，鼓勵辦學，在謝曼
將軍極為奇特而有趣的「前進海濱」後，從他那兒接收了好幾

14〔譯注〕狄克斯（John A. Dix, 1798-1879）曾任美國參議員、財政部長。內戰期
　　間為聯邦軍將領，掌管自由民事務。內戰後曾任美國駐法大使、紐約州州長。
15〔譯注〕班克斯（Nathaniel P. Banks, 1816-1894）係聯邦軍將領，1862年12月取
　　代班哲明・巴特勒成為墨西哥灣防衛區司令（見本章注4）。
16〔譯注〕伊頓（John Eaton, Jr., 1829-1906）為聯邦軍官，內戰期間負責掌管田納
　　西州和阿肯色州防衛區之黑人事務，包括監督七十四所學校之設立。
17〔譯注〕薩克斯頓（Rufus Saxton, Jr., 1824-1908）係聯邦軍將領，他指揮聯邦軍
　　防衛哈潑司渡口（Harper's Ferry）時英勇善戰，獲頒英勇獎章。

千名跟隨軍營的可憐軍人。[18]

　　謝曼之襲擊喬治亞州隱約彰顯出新的情勢，由此可見三項特徵：勝利者、戰敗者和黑人。有些人主張將重點放在北方毀滅者的嚴峻前線，有些則認為最重要者莫過於失敗之大業中難堪的受害者。[19]不過，在我看來，士兵與逃亡者所傳達的意義，都比不上黑壓壓的人群來得深刻，他們像悔恨一般緊跟在那些快速前進的縱隊後面，有時候增加到隊伍一半的規模，幾乎吞沒了隊伍，使之喘不過氣來。命令他們回去沒有用，把他們腳下的橋梁砍掉也沒用；他們還是繼續跋涉、蠕動、蜂擁著，直到滾進塞芬拿，成千上萬飢餓而赤裸的一大群黑人。軍隊特有的補救辦法也出爐了：「查爾斯敦以南的島嶼，從海上沿著河川三十哩之遺棄稻田，以及佛羅里達州聖約翰河毗連之鄉區，保留並隔開供戰爭法案所釋放之黑人屯墾。」著名的「戰地命令十五號」如此標明著。[20]

　　所有這些試驗、命令和制度一定會引起政府和國人的注意，讓他們感到為難。就在黑奴解放令頒布後，艾略特眾議員隨即提出一項創立黑奴解放局的法案，但該法案一直沒有見報。6月間，由陸軍部長所任命的調查委員會提出報告，支持成立一臨時局，俾「改善、保護、僱用逃難之自由民」，與後來

18〔譯注〕謝曼（William West Sherman, 1820-1891）係聯邦軍將領，曾任西部最高統帥，他在1864年指揮聯邦軍「前進海濱」，以焦土政策（"Scorched earth policy"）攻陷喬治亞州首府亞特蘭大（Atlanta），一路挺進塞芬拿（Savannah）。

19〔譯注〕失敗之大業（The Lost Cause）乃是戰後南方白人所用的感傷詞，意指退出聯邦的南方十一州。

20〔譯注〕戰地命令十五號（Field-Order Number Fifteen）為1865年1月16日由威廉・謝曼將軍所頒布之特別戰地命令，承諾同意遷至旨揭地區之自由黑奴四十英畝土地。

沿用者極為相似。著名團體與達官貴人紛紛向林肯總統請願，強烈主張擬定一套周延而統一之計畫，以處理自由民事務，該局應「負責研擬方案與執行措施，俾盡量明智而人道地協助、引導解放的與將被解放的黑人，從舊時的強迫勞役過渡至自願賣力工作的新狀態。」

　　為了達成部分任務，政府採取一些不夠認真的措施，將整件事交給財政部特別代表負責。1863年和1864年的法律指示他們負責管理與出租棄地，期限不超過十二個月，並「在這些租約或別的方式中，提供自由民就業與一般福利。」大部分陸軍軍官歡迎該項措施，咸認有助於減輕難纏的「黑人事務」，費善登部長在1864年7月29日頒布一套很好的規定，[21]郝華德將軍後來即嚴密遵照這些規定。[22]在財政部代表的監管下，密西西比河谷的大量土地都出租了，許多黑人有了工作；然而，1864年8月，基於「公共政策」的緣故，新規定被中止了，軍隊再度接管。

　　同時，國會開始注意該議題；3月，眾議院以兩票之差通過一項法案，在陸軍部設立自由民事務局。查爾斯·桑諾在參議院負責處理該法案，[23]他主張自由民與棄地應隸屬同一部門，乃提出一替代法案，將該局附屬於財政部。該項法案雖獲通過，卻來不及送眾議院議決。辯論圍繞在政府整個政策和奴隸

21〔譯注〕費善登（William Pitt Fessenden, 1806-1869）為美國眾議院和參議院議員，於1864年至1865年間擔任財政部長。

22〔譯注〕郝華德（General Oliver Otis Howard, 1830-1909）為聯邦軍將領，1865年被任命為自由民事務局局長。1869年協助創立郝華德大學，並擔任該校校長至1874年。

23〔譯注〕查爾斯·桑諾（Charles Sumner, 1811-1874）為麻州選出的美國參議員，是激進的奴隸制度廢除論者，堅決提倡黑人之公民權與選舉權。

制度的大問題上打轉，未密切論及進行中的措施有哪些明確的優點。接著，全國選舉發生了；重新獲得選民信賴的政府比較認真處理此事。參眾兩院之間的會議所同意仔細草擬的措施，包含了桑諾法案的主要條款，卻建議該組織成為獨立於陸軍與財政部官員之外。該保守法案賦予新部門「所有自由民之全面監管」。其目的乃是為他們「設立規定」、保護他們、租給他們土地、調整其工資，並在民事與軍事法庭中扮演其「訴訟代理人」。在這些權力中附帶諸多限制，而該組織則改為永久性的。然而，參議院卻廢止該法案，並任命新的協商委員會。該委員會於2月28日提出一項新法案，在會期結束前快速通過，成為1865年法案，在陸軍部成立「難民、自由民與棄地事務局」。

這項最後的妥協是個有點匆促的立法，輪廓模糊不清。在「局長提出之法條與規定並經由總統核可」下設立一個局，以便「在當前戡亂戰爭期間與戰後一年持續」賦予該局「監督與管理所有棄地之權力，及掌管難民與自由民有關之一切問題」。一名由總統與參議院任命的局長負責掌理該局，辦公室人力不超過十名辦事員。總統亦得於脫離聯邦之州任命副局長，軍官奉派得在局中任職，領固定薪俸。陸軍部長得發放糧食、衣物與燃料給貧困者，所有遺棄的財產均交給該局，俾將來以四十英畝為單位，出租或販售給前黑奴。

因此，美國政府確實負責照顧解放的黑人，視之為受國家監護者。這是相當龐大的任務。此際，鋼筆一畫隨即創設了一個管轄幾百萬人的機構，況且不是尋常百姓，而是好幾世紀以來，一直被異常完整的奴隸制度閹割的黑人；如今，在戰爭

與激情時刻，在前主人受苦受難當中，他們突然而激烈地得到
與生俱來的新權利。任何人都可能無法決定要不要負責接管這
樣的工作，蓋其責任重大，權力不明確，資源有限。大概只有
軍人會立即答應這樣的招請；的確，除了招請軍人外，別無他
法，因為國會並未撥款核發薪資與開銷。

　　疲憊的黑奴解放者才撒手人寰一個月不到，其繼任者即指
派陸軍少將奧立佛‧歐提斯‧郝華德擔任新局的局長。[24] 他出
身緬因州，當時年僅三十五歲。他曾跟謝曼行軍到海濱，在蓋梯
茨堡戰役中戰績彪炳，一年前才獲派就任田納西軍區指揮。他為
人誠實，過分篤信人性，卻不擅長處理商務與繁雜細節；他大有
機會直接了解眼前職務的諸多內涵。至於那職務，據稱確是「一
樁政治與社會進步之劃時代事件，歷來凡是大致上正確之文明
史，莫不提出自由民事務局之組織與行政作為鮮明對比。」

　　郝華德在1865年5月12日受到任命；15日隨即走馬上任，
開始實地考察。他看到一幅奇怪景象：小暴政、共產主義式的
實驗、奴隸制度、勞役償債制、投機買賣、慈善團、私人賑
濟──都是以協助自由民為藉口，都珍藏在戰爭的煙火和血
跡裡，以及憤怒人民的咒罵和沉默中。5月19日，新政府──
它確實是個政府──頒布憲法；在每個脫離聯邦的州將任命處
長，負責管理「有關難民與自由民之所有問題」，一切救濟與
糧食惟有經其同意始得發放。該局歡迎跟慈善協會繼續合作，
它宣稱：「所有處長之目標乃是引進可執行之有酬勞力制度」
以及設立各級學校。於是任命九位副處長，趕緊各就其位，俾

24〔譯注〕杜博依斯是指林肯總統遇刺身亡（1865年4月），由安德魯‧詹森
　　（Andrew Johnson, 1808-1875）繼任美國總統（1865-1869）。

逐步關閉救濟場所，讓貧民自立更生；他們在沒有法庭之處或是在黑人不被承認自由之處充當法院；在前黑奴當中設立婚姻機構，並保存紀錄；確保自由民都能夠自由選擇雇主，協助其簽訂公平契約；最後，傳單說道：「我們抱持著單純善良之信念，冀望於參與消滅奴隸制度之各方人馬，此信念會讓副處長們在完成對自由民之責任上格外放心，並會增進整體之福祉。」

　　業務一經啟動，整個體制與地方組織開始運作時，兩個嚴重的問題隨即浮現，因而大幅改變局務之原理與成果。首先是南方棄地的問題。長久以來，北方多少明確表達此理論：將黑奴安置在向主人沒收的土地上，解放的主要問題即可迎刃而解——有些人說，一種因果報應。不過，這種將詩譯成嚴肅的散文，意味著全面沒收南方的私有財產或是大量侵吞。且說國會未撥一毛錢，而大赦宣言一出現，自由民事務局手中的八十萬公畝棄地很快就發放完了。第二個難題在於健全該局的地方組織。創設一個新機構，並派遣合適官員從事偉大的社會改革絕非兒戲；只是該任務更難，因為一個新的中央組織必須適應異質而混亂的現有救濟，與管理前黑奴體制；而可請來從事該份職務的代理人——必須從仍舊忙於戰事的陸軍覓得——這些人天生不適合做細膩的社會工作，或者從跟隨入侵軍隊南下的可疑北方人中尋找。因此，雖然賣力推動著職務，但問題一年後看起來比原先更難掌握與解決。不過，那一年的工作倒是做了三件值得做的事：減輕大量的肉體受苦；將七千名難民從擁擠的中心運送回農場；開啟了新英格蘭女教師的十字軍運動。[25]

25〔譯注〕新英格蘭女教師之十字軍，主要是由中產階級白種女教師和傳教士所組成，她們善用身為教師或奴隸制度廢除論者之經驗協助前黑奴。

　　這第九個十字軍的歷史尚待書寫──就吾人之時代而言，其任務似乎遠比聖路易之追求對其時代更為浪漫而不切實際。[26]在戰火與劫掠的迷霧背後，勇婦的印花布衣服在飛揚；在野戰砲的嘶啞叫聲後面，字母的韻律響起。不論出身富有或貧窮，她們既認真又好奇。她們時而失去一名父親，時而失去一位兄弟，時而失去更多人；她們矢志畢生致力於在南方黑人和白人中間創建新英格蘭小學。她們表現得可圈可點，在第一年裡即教導了十萬多人。

　　顯然，針對這個匆促組成的局，國會很快就必須再立法，因該局迅速膨脹為舉足輕重、具有無限可能的單位。像那樣的機構要終止，幾乎和創始一樣艱難。1866年初，國會討論此事，伊利諾州參議員川布爾提出一項議案，[27]擬擴充該局並擴張其權力。該議案在國會遠比先前的法案受到更徹底的討論與矚目。戰雲已稀薄了許多，可以更清楚地思索解放的工作。支持該案的議員主張：強化自由民事務局仍需仰賴軍隊，俾妥善執行第十三條修正案，[28]這對前黑奴而言是項正義之舉，政府所費微不足道。反對該案的議員則宣稱：戰爭業已結束，不須再採取戰時措施；該局鑑於其特別權力，在承平時期明顯違憲，而且注定會激怒南方白人，使自由民成為受救濟者，最後可能花

26〔譯注〕法國國王路易九世（1215-1270）率領第七個十字軍前往聖地。諸如此類的十字軍東征前後共有八次。根據蓋慈和奧立佛，杜博依斯認定「新英格蘭女教師之改革運動」是「第九個十字軍」，和第七個十字軍一樣深具雄心壯志，因為它企圖讓孩童和九成不識字的成年黑人人口都會識字。到1869年，差不多三千所學校共十五萬名學生向自由民事務局報到（Gates and Oliver, 24, n.2）。

27〔譯注〕川布爾（Lyman Trumbull, 1813-1869）為出身伊利諾州的美國參議員，他合撰第十三條修正案（見本章注2），且率先提議擴充自由民事務局之權限並延長其期限；國會推翻詹森總統之否決而通過該法案。

28〔譯注〕參見本章注2。

掉好幾億美元。這兩種論點都沒有答案，而且確實無法解答：
一是自由民事務局的特別權力威脅到全體公民的人權；另一是
政府必須賦有權力，以執行該履行的任務，現在將自由民棄而
不顧，實際上等於讓他們再成為奴隸。最後通過的法案擴大自
由民事務局的組織，並使它成為永久性機構。[29]該法案立刻遭
到詹森總統否決，他認為這是「違憲」、「不必要」且「非關司
法」，而推翻總統之否決未獲通過。同時，國會與總統之間的
裂痕開始擴大；該法案雖未獲通過，但其改良版終於在7月16
日推翻總統的第二次否決而通過了。

　　1866年法案賦予自由民事務局最後的規模，後世將藉此規
模了解、評斷該局。該法案延長事務局的期限至1868年7月；
准許追加副處長，繼續聘用自正規役退伍的陸軍軍官，以象徵
性價位出售某些沒收的土地給自由民，出售邦聯的公共財產與
建黑人學校，以及更寬廣的司法解釋與管轄範疇。因此，尚未
重建的南方大體上交給自由民事務局治理，何況有不少軍區指
揮官也被派任為副處長。準此，自由民事務局變成有充分資格
的政府。它制定、執行與解釋法律；課稅與徵稅、界定與處罰
犯罪，維持與使用軍隊，並視情況下令採取適當措施，以達成
各種目的。當然，所有這些權力既非持續不斷，亦非全面地行
使；不過，誠如郝華德將軍所言：「在公民社會中不得不立法
的任何問題，幾乎都在某個時期訴諸於這獨一無二的局。」

　　要了解並明智地批評如此浩瀚之工作，切勿時刻忘懷六〇
年代後期情勢的變遷。李業已投降，林肯去世了，詹森與國會

29　繼林肯之後接任總統的安德魯‧詹森，針對重建政策不同意共和黨國會之見
　　解。詹森對黑人權利之抗拒與堅持各州權力引發政壇震怒，導致他於1868年遭
　　到彈劾（Gates and Oliver, 25, n.5）。

不和；第十三條修正案被採納，第十四條懸而未定，第十五條在1870年宣布生效。游擊戰——戰後遍在的搖曳火花——正以武力對抗黑人，南方各地有如噩夢初醒一般驚覺家徒四壁與社會革命。就算在昇平時期，在情願幫忙的鄰居和滾滾的財富當中，將四百萬奴隸提升到在政經體制中有保障而自給自足的境界，洵為艱巨之任務；當猜疑與殘酷事件盛行時，當令人憔悴的飢餓與痛失親人並肩哭泣時，任何社會新生的工作大都注定會失敗。該局的名稱本身代表南方的一件事，人們兩個多世紀以來連辯論都不願辯論的一件事——即自由黑人之間的生活簡直難以想像，是最狂熱之試驗。

該局所能指揮的代表不一而足，從無私的慈善家到肚量狹窄的好管閒事者和小偷都有；即使泛泛之輩真的遠勝過最差的，但偶然出現的一粒老鼠屎卻壞了一鍋粥。[30]

然則在此情此景中，被解放的黑奴畏縮著，夾在朋友和敵人之間不知所措。他雖然脫離了奴隸制度——不是世上最差勁的奴隸制度，也不是讓整個生活無法忍受的奴隸制度，而是有點親切、忠誠和快樂的奴隸制度——不過，就人類抱負與賞罰而言，該奴隸制度卻將黑人和牛歸為同等級。黑人深知南方白人拚命抗戰，為的是要讓這種奴隸制度永遠存在，拙於言辭的黑人大眾在奴隸制度下受苦而顫抖著。他們呼喊著迎接自由，卻迴避仍力圖奴使他們的主人，因而逃向解放他們的朋友，就算那些朋友隨時要將他們用作一根棍子，藉以驅使頑強抵抗的

30〔譯注〕原文 "it was the occasional fly that helped spoil the ointment" 典出西方成語 "a fly in the ointment," 原意為油膏被偶然飛來的蒼蠅給糟蹋了；引申為瑕疵或美中不足的事。

南方白人回頭效忠。因此，南方白人與黑人之間的裂痕擴大。說情況不該如此毫無用處；此種情況之無法避免，猶如其結局之堪憐。異常不協調的分子任其彼此傾軋——此地的北方白人、政府、北方的投機客與奴隸；彼方則包括所有南方白人，不論是紳士或流氓，老實人或壞蛋，無法無天的凶手或烈士。

　　由於情感如此強烈，左右並蒙蔽人們的激情如此巨大，所以要鎮靜地書寫該時期加倍困難。在這一切當中，兩種人物對新時代而言一直象徵著那個時代——一是頭髮灰白的紳士，他的祖先舉止宛如大丈夫，他的兒子躺在無名的墳墓中；他屈服於奴隸制度之惡，因為廢奴勢將帶給大家無盡的禍害；他終於在晚年懷著仇恨的眼神，形容枯槁，一副落寞模樣——另一類是暗黑的慈母般身軀，她的可怕面孔歷經幾世紀的黑色陰影，在那個白種主人的命令下曾經畏縮著，曾懷著愛心在主人兒女的搖籃上方彎著身子，在他的妻子去世時為她闔上下陷的雙眼——唉，在他的命令下，也曾委身於其色慾，並生下黃褐色兒子，結果卻看到她的黑男孩慘遭騎馬追趕「該死的黑鬼」的半夜掠奪者殺害，肢體四處飄散。這些都是那個悲慘時代最可嘆的景象；沒有人緊握著這兩種過氣人物的手；他們卻懷著仇恨而長眠地下，如今他們的第三代依然懷恨在心。

　　那麼，下面談自由民事務局的業務範圍；既然1868年法案不太情願地延續該局的期限至1869年，讓我們整體檢視它四年的工作。在1868年，九百名該局官員分散在華盛頓到德州各地，直接或間接管轄好幾百萬人。這些管理者的行為主要分為七大項：解除肉體受苦、監督自由勞工的草創期、土地買賣、興建學校、償付獎勵金、執行法律，以及處理所有這些活動的

金融業務。

　　截至1869年6月，該局的醫生與外科醫師治療了五十萬以上的病人，共六十家醫院與精神病院在運作。在五十個月裡，一共發出二千一百萬份免費的口糧，費用超過四百萬美元。接下來是勞工的難題。首先，三萬名黑人從難民與救濟站被運送回農場，嘗試一種關鍵性的、新的工作方式。從華盛頓發出清楚的指令：勞工必須擁有選擇雇主的自由。到目前為止，情況良好；不過，地方代表在能力與個性上有天壤之別者，人員不斷更迭者，成果必然有別。成功最大的要素，在於大多數自由民都願意、甚至渴望工作。於是簽訂勞工契約——光是一個州就有五萬份——該局指導勞工、保障其工資並提供雇主。事實上，該組織成為龐大的勞工局——並非完美無瑕，確實到處都有明顯缺陷，不過大致上是成功的，超乎深思熟慮者的夢想。官員所遭遇到的二大障礙乃是暴君與懶惰蟲——決心以別的名義讓奴隸制度永遠存在的蓄奴者；以及將自由視為永久休息的自由民——魔鬼與深海。[31]

　　在安置黑人成為自耕農的業務上，該局一開始即處於不利地位，最後則全然受阻。但該局已做了一點事，且計畫處理一些更大的事務；凡是在該局掌控下的棄地都出租了，將近五十萬的稅收出自黑人佃農。國家所取得的一些其他土地以寬厚的條件出售，公用土地則開放給極少數擁有謀生器具與資本的自由民。但「四十英畝配一頭騾子」的憧憬，[32]在大部分情況下注

31〔譯注〕原文 "the Devil and the Deep Sea" 典出 "between the Devil and the deep sea," 意為面臨進退兩難之困境或兩種危險之抉擇。

32〔譯注〕「四十英畝配一頭騾子」乃是從「戰地命令十五號」所引起的片語（見本章注20）。威廉・謝曼將軍於1865年所頒布的命令，計畫將棄地分割成四十

定會令人感到極端失望，蓋此種成為土地所有者的正當抱負與合理志向，國家幾乎已明確地答應了自由民。當自由民事務局局長不得不前往南卡羅萊納州告訴哭哭啼啼的自由民，說他們辛苦了幾年之後，土地不是他們的，說什麼地方弄錯了；那些後見之明者很清楚，或應知道，今天要設法說服黑人心甘情願地回到當前的耕田償債制的機會，已在局長出面那天失去了。即使在1874年之前，光是喬治亞州的黑人即擁有三十五萬公畝田地，那是拜其節儉之賜，而不是靠政府的恩惠。

自由民事務局最偉大的成就，當推在黑人當中興辦免費學校，及向南方各階級灌輸免費基礎教育的理念。該局不但透過慈善機構徵召女校長，並為之建造校舍，而且協助發掘與支援改革人類文化的熱心人士，如愛德蒙・威爾、[33]撒母爾・阿姆斯壯、[34]伊瑞斯塔斯・克瑞維士。[35]南方白人起初極端反對黑人接受教育，而以灰燼、侮辱與流血等方式表達其反對立場；因為南方白人認為受過教育的黑人是危險的。其實南方並非完全錯了，因為各種人一起接受教育向來都有，而且總是會有危險與革命、不安與不平的成分。然而，人們努力想求知。或許甚至在該局動盪不安的日子裡，這個弔詭的蛛絲馬跡協助槍尖上的

英畝區塊分配給每個前奴隸家庭，不料該命令於同年秋天遭詹森總統撤回。

33〔譯注〕愛德蒙・威爾（Edmund A. Ware, 1837-1885）為亞特蘭大大學創辦人兼首任校長（1869-1885）。1867年被郝華德將軍（局長）任命為喬治亞州教育主管。

34〔譯注〕撒母爾・阿姆斯壯（Samuel C. Armstrong, 1839-1893）係聯邦軍官，在南北戰爭期間指揮一黑人團，於1868年在維吉尼亞州創辦漢普頓學院（Hampton Institute）並兼任校長。他後來成為布克・華盛頓（Booker T. Washington）的指導老師。

35〔譯注〕伊瑞斯塔斯・克瑞維士（Erastus M. Cravath, 1833-1900）係牧師兼教育家，他在1866年於田納西州的納許維爾（Nashville）協助設立費斯克（Fisk）大學，並擔任該校校長二十餘年之久。

刺刀緩和了反對人類訓練的聲浪，這種反抗在今天的南方依舊處於悶燒的狀態，但不是熊熊烈焰。費斯克、亞特蘭大、郝華德與漢普頓等學府創立於這些日子，[36] 600 萬美元花在教育工作上，其中貧困的自由民本身捐出了 75 萬美元。

這樣的捐助連同購買土地與其他各種企業顯示：前黑奴已經在處理某些投資用的資金。其初期之主要來源乃是軍中勞務及當士兵之工資與獎勵金。付款給黑人士兵的問題起初由於收受者的無知而變得複雜；再者，來自北方各州的黑人團配額大半靠著從南方招募的黑人新兵補足，此一事實真相，新兵的同僚卻不知情。結果，欺詐行為伴隨著付款而來，國會乃於 1867年之兩院聯席決議中，將整件事交由自由民事務局處理。因此，在兩年內，600 萬美元分發給五千名申請者，最後總數超過800 萬美元。即使在此制度下，詐欺仍屢見不鮮；儘管如此，該項工作將有需要的資金交給幾乎是一貧如洗的人，而且至少有些資金花得恰到好處。

該局業務最雜亂、最不成功的部分在於其司法職責之執行。一般的局法庭包含一名雇主代表、一名黑人代表與一名局代表。要是該局能夠維持完全公正的態度，那麼這種安排就很理想，有朝一日勢必贏得民心；可是，該局其他活動的本質與人員的特性使之偏袒黑人訴訟當事人，因此必然造成許多不公與困擾。另一方面則不可能將黑人交由南方法庭處理。在奴隸制度尚未完全消除的混亂地帶，防止強者蠻橫凌辱弱者，或弱

36〔譯注〕黑奴解放後在美國設立的黑人學院與大學。費斯克大學坐落於田納西州的納許維爾，1866 年成立；亞特蘭大大學創始於 1865 年；郝華德大學在1867 年創立於美國首府華盛頓；漢普頓學院於 1868 年成立，位在維吉尼亞州的漢普頓。

者幸災樂禍且無禮地盯著強者被修理，是件吃力不討好、希望
渺茫的任務。南方前主人一再遭到陸軍軍官不客氣地、不容反
抗地驅使、逮捕、囚禁與處罰。前黑奴遭到憤怒與挾怨報復
的白人恐嚇、毆打、強暴與屠殺。局法庭往往變成純粹為了處
罰白人的中心，而一般的民事法庭則容易變成只是為了讓黑
奴制度永遠存在的機構。南方州議會幾乎用盡人類才智所想得
出來的法律與方法要讓黑人淪為農奴──即使不是個別主人的
奴隸，也要使他們成為州的奴隸；局官員則時常力圖將「底層
柵欄擺至上層」，賦予自由民一種他們尚無法運用的權力與自
主。我們另一世代的旁觀者自然可以向那些身負重擔的當局者
提出明智的勸告。現在很容易了解：奴隸制度的消失真的有利
於一舉失去家園、財產與親人及看到自己的田地由「騾子和黑
鬼」管理的南方白人。被騙與挨打的年輕自由民看見父親的頭
給痛打一頓，看見親生母親慘遭不齒地強暴，現在我們不難跟
他說：溫柔的人必承受地土。[37]最簡便不過者莫過於將那個邪惡
時代的所有弊病都堆在自由民事務局身上，然後為每一項過失
與大錯斷然責難該局。

　　這一切批評毫不費力，卻既不通情達理亦有失公平。雖
然某人犯了大錯，但那是早在奧利佛・郝華德尚未出生以前的
事；雖然有犯法的攻擊與輕率的疏忽，不過要是沒有某種管理
體制，情況只會更糟。要是那管理來自南方內部，黑人實際上
會再被奴役。管理既然來自外面，那麼理想的人員與方法會改

37〔譯注〕原文為 "the meek shall inherit the earth," 典出《新約聖經》〈馬太福音〉
　　第五章第五節："Blessed are the meek, for they shall inherit the earth."（「溫柔的
　　人有福了，因為他們必須承受地土。」）

善一切；就算有些代表不甚理想加上方法有問題，但該局所完成的工作不無值得稱讚之處。

這就是自由之曙光；這就是自由民事務局的工作，簡要言之，可以如此概括：和1865年以前所花的數目相比，該局憑著1,500萬美元左右的經費與慈善團的賑濟，啟動了一種自由人的勞力制度，開創農夫所有權制，使黑人自由民在法庭之前准許發言，以及在南方創辦免費的公立小學。另一方面，該局卻無法在前主人與自由民之間開始建立親善關係，無法完全避免使用家長式的方式，這種作風妨礙自力更生，也無法大幅實踐它要供給自由民田地的諾言。其成就乃是勤勉的結果，佐以慈善家的援助與黑人的奮發向上。其敗筆則歸因於差勁的地方代表、該業務先天的困難與國人的疏忽。

這樣一個機構由於權力廣泛、責任重大、掌控龐大資金且職位顯赫，自然容易受到不斷而劇烈的攻擊。1870年，應佛南多·伍德之請求，[38] 該局遭受國會仔細調查。1872年，在陸軍部長貝爾克納之建議下，[39] 其檔案與剩下之少數職責，趁郝華德請假期間，不留情面地被轉出局長的管轄，改由陸軍部長監督。最後，由於部長及其屬下嚴肅暗示其不法，結果郝華德將軍在1874年遭受軍法審判。在這兩次審判中，自由民事務局局長都被正式平反，證明並無故意犯罪之情事，其表現還受到讚賞。儘管如此，許多不愉快的事被揭露——該局的交易方法有過

38〔譯注〕佛南多·伍德（Fernando Wood, 1812-1881）為美國國會議員及七十三與七十五任紐約市長，政治立場親南方。

39〔譯注〕貝爾克納（William W. Belknap, 1829-1890）曾任美國陸軍少將，為尤力西斯·葛蘭（Ulysses S. Grant）就任總統期間的陸軍部長；1876年因收受賄賂而遭到眾議院彈劾。

失；幾件挪用公款的案子被證實確有其事，人們強烈懷疑還有其他舞弊案件；有些交易即使不是不誠實，至少帶有危險投機的意味；而自由民銀行的汙點則是這一切的中心。[40]

道德上與實際上，自由民銀行是自由民事務局之一環，雖然兩者並無法律上的關聯。這間銀行靠著政府聲望與相當高尚、名聲卓著的理事會支撐，在發揚黑人的節儉上，有了顯眼的起步，因為奴隸制度使黑人不曉得省吃儉用。隨後，銀行在一個悲傷的日子裡宣告破產——自由民辛苦賺來的錢財全部不見了；不過，那是損失中最小者——儲蓄的信心隨之喪失，對人的信任也失去了大半；那是今天嘲笑黑人懶惰的國民仍無法修補的損失。就算再多十年的奴隸制度，也不至於像一連串儲蓄銀行的管理不當破產那樣大幅壓制自由民的節約習慣，那些銀行乃國家特許專門要協助自由民者。很難說應該責備誰；自由民事務局與自由民銀行的終止，究竟主要是由於其白私朋友的打擊，或是由於其敵人的祕密策畫，或許連時間也永遠揭穿不了，因為這是一段空白的歷史。

在局外的敵人當中，最尖酸者倒不是抨擊該局在法律約束下的行為或政策，而是那些堅稱根本沒有必要設立此等機構者。抨擊主要來自南方與邊界各州；[41]肯塔基州參議員戴維斯所言足堪概括之，[42]他提議將1866年的法案稱呼為「准許運用違憲

40〔譯注〕自由民銀行（The Freedman's Bank）是指自由民儲蓄與信託公司（The Freedman's Savings and Trust Company），1865年由國會成立，1874年由於財務破產而關閉。

41〔譯注〕邊界各州（Border States）包括肯塔基、密蘇里、西維吉尼亞與馬里蘭等州，這四州在地理位置上與北方各州相連，在內戰期間亦未脫離聯邦政府，然不少州民同情南方。

42〔譯注〕戴維斯（Garrett Davis, 1801-1872）係出身肯塔基州的民主黨參議員，他極力反對聯邦政府介入自由民事務。

之權力，助長黑白種族之紛爭與衝突……」法案。這種議論雖然在南方和北方都頗具說服力，然其長處亦為短處。蓋國人之普遍常識證明：倘若國家保護無助的被監護人違憲、不切實際且無用，那麼只剩一種選擇──賦予那些被監護人投票權，使他們成為自己的監護人。再者，現實政客亦抱持同樣的見解，因為該機會主義者辯道：倘若我們用白人選票無法和平地重建南方，那麼用黑人選票一定可以辦到。於是司法與軍隊攜手合作。

　　國人所面臨的抉擇並非在全面開放與有限的黑人選舉權之間擇一；否則每位明理者，包括黑人與白人，很可能都會選擇後者。在流了無數的血、花了無數的財富掃除人類枷鎖後，其實那應該是選舉權和奴隸制度的抉擇。南方沒有一個州議會願意准許黑人在任何條件下進入投票所；若無一套限制體系剝奪黑人的所有自由，沒有一個州議會相信自由的黑人勞力行得通；南方白人幾乎個個都將解放黑奴視為罪過，都將實際取消解放視為責任。在這樣的情況下，賦予黑人投票權乃是迫不得已，那是一個內疚的國人起碼所能賦予受虐待的種族者，也是逼迫南方接受戰爭結果的唯一方法。結果黑人選舉權結束了一場內戰，卻開啟了種族宿仇。對於在國家統一的祭壇上，仍在襁褓中就這樣被犧牲的種族，有些人心存感激，有些人則一味地心存冷漠與輕視。

　　倘若政治緊急狀態較不迫切，對政府保護黑人的反抗較不劇烈，對奴隸的依戀較不強烈，社會先知即可適當地想出更好的政策──一永久性的自由民事務局，配以國有制的黑人學府；受到詳細監督的就業與勞工部；在正式法庭前的公平保護制度；像儲蓄銀行、土地與建築協會及社會福利事業之類的社

會改良機構。這一切龐大的開支與腦力運用可能製造出一群偉大公民，進而在某種程度上解決了我們尚未解決的最複雜且持久的黑人問題。

這樣的機構在1870年難以想像，部分原因出在自由民事務局本身的一些作為。該局認為其工作只是暫時性的，認為黑人選舉權乃是當前一切困惑的決定性答案。許多代表與黨羽的政治野心導引該局遠離常軌，讓某些活動出了問題，直到南方懷著極深的偏見，以至於輕易地忽略該局的所有善行，並對其名稱恨之入骨。自由民事務局因而陣亡，其結果乃是第十五條修正案。[43]

一個偉大的人間機構在任務未了即告終止，宛如一個人英年早逝一般，卻留下為他人作嫁的遺產。自由民事務局的遺產乃是本世代的重大繼承。今天，當更大的新問題注定要繃緊國人心靈的每根神經時，是不是該誠實而謹慎地將此遺產列入考量呢？因為眾人皆知：雖經妥協、戰爭與奮鬥，黑人並未真正獲得自由。瀕墨西哥灣諸州的偏遠地區，[44]綿延數十哩遠，黑人不願離開出生的農場；幾乎在整個南方鄉下，黑人都是被迫勞役以償債的農夫，受到法律與習俗的雙重約束，給綁在經濟奴隸制度中，唯一的解脫乃是死亡或監獄。在最有教養的南方區域和城市中，黑人為被隔離的奴役階層，僅擁有局限的權利和優惠。在法律和習俗上，黑人在法庭前都站在不同而獨特的基礎上。納稅而無代表乃是其政治生命法則。這一切的結果是，

43〔譯注〕參見本章注2。

44〔譯注〕瀕墨西哥灣諸州（Gulf States）包括佛羅里達、阿拉巴馬、密西西比、路易斯安那和德克薩斯等五州。

本質上也必然是，無法無天與犯罪。那是自由民事務局的大量
遺產，即其未竟之業，因為該局無能為力。

　　我見過一片隨著陽光而充滿歡笑的土地，孩童在那兒歌
唱，起伏的山脈像熱情洋溢的女人展現繁茂的枝葉。彼處，在
國王的公路上，[45]坐著一具模糊、弓形的人影，旅者經過時隨即
加快腳步。受玷汙的空氣中籠罩著恐懼。三世紀之思潮皆是那
被屈服的人心的提升與揭露，而如今，看著另一世紀的責任與
行動於焉開始。二十世紀的問題乃是以膚色分界的問題。

45〔譯注〕「國王的公路」（"the King's Highway"）出自《希伯來聖經》〈民數記〉
　　（Numbers）第二十章十七節和第二十一章二十二節。根據蓋慈與奧立佛的注
　　釋，在這些段落中，以色列人被拒絕使用這條公路，因而在沙漠中流浪較長的
　　時日方抵達應許之地。文中模糊的黑人身影同樣被拒絕前進。

第三章

論布克・華盛頓先生等人

從生至死受奴役；言語上，行為上，被閹割！

……

世襲的奴隸！難道你們不懂

本身想要自由的人非要攻擊不可嗎？

——拜倫[1]

---

1 原稿〈黑人領袖之演化〉（"The Evolution of Negro Leadership"）刊載於1901年7月16日的《日晷》（ The Dial ）（頁 53-55）。三行詩摘自拜倫長詩《哈羅德公子巡遊記》（Childe Harold's Pilgrimage, 1812）的第二篇（Canto 2）。音樂引自黑人靈歌〈應許之地的盛大營會〉（"A Great Camp Meeting in the Promised Land"）（Gates and Oliver, 34）。

1876年以來，[2]美國黑人史上最引人注目之事，無疑是布克·華盛頓先生權勢日隆。[3]事發時正值戰爭記憶與理想快速消退；工商業開始出現驚人的發展；從奴隸身分解放的黑人子弟感到懷疑與猶豫——華盛頓先生的領導於焉肇始，他提出一簡單而明確的方案，在心理上，正值國人因投注太多感情在黑人身上而感到有點慚愧，於是全神貫注於發展經濟，技藝教育、南方和解、對公民權和政治權利保持沉默和屈服等方案，並非全然獨創；從1830年至內戰期間的自由黑人即曾戮力創辦技藝學校，美國傳教士協會一開始即教導各種手藝；普萊斯等人曾找尋與南方優秀人才榮譽結盟的方式。[4]不過，華盛頓先生最先將這些緊密連結在一起；他全心全力投入該方案，對之信心十足，將它從偏僻小徑變成名副其實的生活方式。他執行該法案

2〔譯注〕1876年在美國黑人歷史上至為關鍵，蓋重建時期於焉結束，聯邦軍隊從此撤出南方，翌年，黑人喪失了解放後所得到的政治權力。

3〔譯注〕布克·塔里亞法羅·華盛頓（Booker Taliaferro Washington, 1856-1915）為著名美國黑人領袖、教育家兼民權積極分子。畢業於漢普頓學院（Hampton Institute），1881年於阿拉巴馬州創立塔斯奇基學院（Tuskegee Institute）。1901年出版《力爭上游：自傳》（*Up from Slavery: An Autobiography*）記錄其個人生涯及創辦塔斯奇基學院之來龍去脈。

4〔譯注〕約瑟夫·普萊斯（Joseph C. Price, 1854-1893）為非洲美以美聖公會錫安教會（African Methodist Episcopal Zion Church）牧師。他是位著名演說家，1882年為錫安·衛斯理學院（Zion Wesley Institute）校長，三年後該學院改制為李文斯頓學院（Livingston College），由普萊斯續任校長，他一向提倡黑人高等教育。

的方法紀事，乃是研究人生的迷人題材。

　　國人經歷好幾十年的痛苦與抱怨後，耳聞一名黑人提倡這樣的方案都大吃一驚；該方案讓南方吃驚之餘，隨之鼓掌叫好，亦引起北方之興趣，繼而讚美有加；黑人本身在一陣不明就裡之低語抗議後，就算不贊成，也都默然以對。

　　華盛頓先生的首要仟務，乃是取得南方白人各界的同情與合作；在塔斯奇基成立之際，對一名黑人而言，這似乎幾乎不可能。然而十年後卻在亞特蘭大的演說中辦到了：「舉凡純粹社交之事務，我們可以像五隻手指般隔離開來；然舉凡對雙方進步是必要之事，則有如一隻手合而為一。」此一「亞特蘭大妥協方案」在華盛頓先生的志業中，肯定是最顯赫的事蹟。[5] 南方的看法不一：激進分子認為那是完全捨棄公民與政治平等的訴求；保守人士則視之為有雅量的構想，可作為相互諒解的基礎。結果雙方都同意此案，今天，其創始人無疑是自傑佛遜‧戴維斯以來最傑出的南方人，[6] 也是擁有最多信徒者。

　　華盛頓先生的次一成就乃是在北方贏得地位與尊敬。從前，一些不如其精明、圓滑的黑人，曾試圖要坐這兩張凳子，卻都兩頭落空；[7] 可是，華盛頓先生憑著出身與訓練而通曉南方

5〔譯注〕華盛頓於 1895 年 9 月 19 日在亞特蘭大的棉花州展覽會上發表其最著名演說，在這場引發爭議的演說中，華盛頓一方面強調黑人的經濟改善，另一方面則鼓勵黑人接受黑白種族隔離。起初，許多非裔美國人，包括杜博依斯，對此演說持正面看法；可是，經過一段時日後，越來越多非裔美國人認為該演說限制了黑人發展與向上提升之機會。

6〔譯注〕傑佛遜‧戴維斯（Jefferson Davis, 1808-1889），曾任美國眾議員、參議員、第十三任戰爭部長，南北戰爭期間擔任南方邦聯總統。杜博依斯於 1890 年自哈佛大學畢業時，即以傑佛遜‧戴維斯為其畢業演說辭題目。

7〔譯注〕原文為 “had fallen between them [two stools]”；而「這兩張凳子」是指「地位和尊敬」。

的本質，藉著卓越的洞見，遂本能地領會出北方的主要時代精
神。在得意揚揚的重商主義下，他對其用詞、想法和物質繁榮
的理想學得如此透徹，以至於一名黑男孩獨自在一間被疏忽的
家中雜草和髒東西堆裡閱讀法文文法之景象，對他而言似乎荒
謬至極。[8]不曉得蘇格拉底和亞西濟的聖方濟會怎麼說。[9]

　　可是，此種單一眼光及徹底與時代結合正是這位成功人
士的標記。彷彿大自然為了賦予人力量，勢必令其眼界狹窄一
般。對華盛頓先生的崇拜於是為他贏來一群盲目的追隨者，其
事業輝煌騰達，友朋不計其數，敵人都該死。今天，他是千萬
黑人同胞公認的代言人，為全國七千萬人當中最鼎鼎有名的人
物之一。對一位出身如此低微而貢獻卻如此卓著者，人們自然
不願加以批評。然而，此時此刻，該是用非常誠懇和謙卑的態
度，指出華盛頓先生志業的錯誤和缺點的時候了，以及他的成
就，以免被視為吹毛求疵或嫉妒，而且別忘了在世上做惡比行
善容易得多。

　　華盛頓先生迄今所受到的批評，不盡然如此寬大為懷。
尤其是在南方，他一直不得不謹慎行事，以免招致最嚴厲的責
難——當然是如此，因為他所處理的問題，對那個地區而言至
為敏感。有二次，南方的批評激烈到足以嚴重威脅其聲望：一
次是在芝加哥慶祝美西戰爭時，他提及膚色偏見正在「蠶食南

8〔譯注〕華盛頓在其著名的自傳《力爭上游》第八章中，有一段論及非實用知
　識之荒謬：事實上，在我所描述的一個月旅遊期間，我所見到的最令人傷心的
　事，乃是一名上高中的年輕人，坐在一間獨房的小木屋裡，衣服沾滿油脂，周
　遭髒兮兮，院子和花園裡雜草叢生，聚精會神地學習法文文法。
9〔譯注〕St. Francis of Assisi（1182-1226）係中世紀天主教聖徒與修道士，1208
　年創立聖方濟會：聖方濟以生活簡樸、喜愛動物聞名。聖方濟的出生地亞西濟
　（Assisi）為義大利中部一市鎮。

方的命脈」；另一次是他和羅斯福總統一起用餐。[10]在北方，有幾次人民的情感訴諸言語，說華盛頓先生的屈服忠告忽略了男子氣概的某些要素，又說他的教育方案太過狹窄。不過，這樣的批評通常沒有公開發表，雖然廢奴主義者的神聖子孫還沒準備要承認，說在塔斯奇基之前，懷有遠大理想和自我犧牲精神者所創辦的學校都完全失敗或可笑到家。雖然批評一直跟著華盛頓先生，但是舉國上下，輿論普遍樂意將一個厭煩的問題交由他解決，並說道：「如果那（方案）就是你和你的族人所訴求的一切，那就拿去吧。」

然而，在自己人當中，華盛頓先生卻遭到最強烈、最長久的反對，有時形同痛恨，甚至在今天依舊強烈、持續不斷，即使表面上皆遭到全國輿論的消音。當然，有些反對只不過是嫉妒，是去職煽動家失望和胸襟褊狹者的壞心眼。但是，除此之外，在全國各地的一些黑人知識分子和思想家心中，對於華盛頓先生某些理論的廣為流傳和優勢都深感遺憾、悲傷與恐懼。這些人士佩服他用意公正，願意寬恕他的誠實作為，做值得做的事。只要良心上容許，他們盡量和華盛頓先生合作；的確，置身於這麼多不同利益和意見之間，他大致上還受到所有人的尊敬，說明此君之手腕和權勢非比尋常。

不過，壓下公正的反對者的批評是件危險的事。有些卓越批評家因而噤聲不語且意興闌珊，令人遺憾；其他卓越批評家則說詞太過激昂且無所節制，以至於喪失了聽眾。利益攸關

---

10 〔譯注〕羅斯福（Theodore Roosevelt, 1858-1919）係美國第二十六任總統（1901-09）。羅斯福總統剛搬入白宮不久，即邀請華盛頓於1901年10月16日一起用餐，頓時引起南方媒體與政治人物之批評風暴。

人士提出公正而誠摯的評論——如讀者批評作家、人民批評政府、被領導者批評領導者——此乃民主政治之精髓，現代社會之保鑣。如果美國的黑人菁英由於外在壓力而接納一位他們之前未公認的領袖，表面上這是某種明顯的收穫。不過也有無法彌補的損失——即失去寶貴的教育機會，蓋一群體透過搜尋與批評而覓得其領袖並加以聘任，可獲得彌足珍貴的教育。循此方式產生領袖，乃是社會成長最好也是最基本的問題。歷史不過是這種群體領導的記錄罷了；可是群體領導的類型與特性何其變化無窮！在所有類型與種類當中，何種類型會比群中群的領導更具啟發性？——那種奇妙的雙重運作，真正的進步可能是負面的，而實際的前進可能是相對的倒退。這一切乃是社會研究者的啟示和絕望。

　　以往美國黑人在選擇群體領袖方面，有過發人省思的經驗，因而建立了一個獨特的朝代，證諸當前情境，值得研究。一個民族的環境僅由棍棒、石頭與野獸構成時，其態度泰半為決心對抗並征服自然力量。但是，地球與野獸增添了人與思想的環境後，被囚禁團體的態度以三種主要形式出現——造反與復仇的情緒；試圖調整所有想法與行動，以合乎大團體的心意；最後，不顧周遭的意見，決意要自我實現與自我發展。在美國黑人史上及其歷屆領袖的發展中，這些態度在不同時期的影響在在有跡可循。

　　1750 年以前，非洲自由之火依舊在奴隸的血管中燃燒時，所有領導或企圖領導都只有造反與復仇的動機——典型的例子有可怕的馬倫人、[11] 丹屬黑人 [12] 與史東諾的卡陀，[13] 整個美洲都籠罩在暴動的恐懼中。十八世紀後半的自由化傾向，帶來終極

適應與同化思潮，及較溫和的黑白關係。這樣的渴望在菲莉絲誠摯的歌曲、[14]亞塔克斯的殉難、[15]賽南與普爾的善戰、[16]班內克與德罕[17]的學識成就，以及卡菲家族的政治訴求中表露無遺。[18]

內戰後，嚴苛的經濟與社會壓力冷卻了諸多先前的人道熱中。黑人對於奴隸與農奴制度的持續存在感到失望與不耐，表露於外者有兩股運動。南方奴隸顯然受到海地叛變的謠言鼓舞，而如火如荼地發動了三次起義——1800年由維吉尼亞州的加百利帶頭、[19]1822年由卡羅萊納州的維西率領，[20]和1831年又在維吉尼亞州，由可怕的內特·特諾帶領。[21]另一方面，在自由州

11〔譯注〕馬倫人（Maroons）指十七、十八世紀受壓迫而從西印度群島和圭亞那逃亡的黑奴或其後代。

12〔譯注〕丹屬西印度群島的許多黑奴由於食物短缺而在1733年起義。

13〔譯注〕史東諾的卡陀（Cato of Stono）是指1739年9月9日南卡羅萊納州史東諾河岸的黑人叛變領袖，他率領數百名黑奴聚集在史東諾河兩岸攻擊白人，導致二十五名白人罹難。

14〔譯注〕菲莉絲·費特利（Phyllis [or Phillis] Wheatley, 1753?-84）於1761年從非洲被劫持到波士頓當黑奴；在女主人蘇珊娜的教導下，她學會閱讀、寫字，後來成為第一位非裔美國女詩人。

15〔譯注〕亞塔克斯（Crispus Attucks, 1723?-1770）於1770年3月5日的「波斯頓大屠殺」中喪生，係美國革命中第一位黑人殉難者。

16〔譯注〕賽南（Peter Salem, 1750?-1816）和普爾（Salem Poor, 1747-1802）於美國革命中表現英勇善戰，兩者均參與龐克山戰役（Battle of Bunker Hill）。

17〔譯注〕班內克（Benjamin Banneker, 1731-1806）係黑人天文學家、測量員、博物學家、年鑑作家兼農夫。他協助測量、勾勒華盛頓特區地圖。德罕（James Derham, 1757?-1802?）為美國第一位公認的黑人醫生，早年跟醫生主人習醫，後來透過醫學知識贖回自由，終於成為紐奧良數一數二的醫生。

18〔譯注〕卡菲（Paul Cuffee, 1759-1817）為富有的麻州自由黑人，支持非裔美國人返非定居；他熱心擁護麻薩諸塞州自由黑人的民權，1815年曾出資帶領三十八位黑人到非洲。

19〔譯注〕加百利（Gabriel Prosser, 1755-1800）和一千名黑奴密謀於1800年8月30日攻擊維吉尼亞州首府里奇蒙（Richmond），不料一場暴風雨迫使該任務延期，後來二名黑奴洩漏該陰謀；結果，加百利和二十五名黑奴在10月10日慘遭吊死。

20〔譯注〕維西（Denmark Vesey, 1767?-1822）是名混血黑奴，1800年贖回自由；他在1822年率領一批黑人起義，起義失敗後遭吊死。

21〔譯注〕內特·特諾（Nat Turner, 1800-1831）是名黑奴，1831年南安普敦（Southampton）起義之領袖，六十一名白人和一百多名黑人在該起義中喪生或被處死。

中，黑人開始嘗試自我發展。在費城和紐約，膚色法規導致黑人領聖餐者退出白人教會，在黑人中間成立一種獨特的社會宗教機構，即眾所周知的非洲教會——該組織的各個分支目前仍在運作，掌控了上百萬黑人。

　　華克之猛烈控訴時代趨勢，[22]顯示軋棉機出現後世界正在改變。及至1830年，奴隸制度在南方似乎完全牢不可破；奴隸嚇得徹底屈服了。北方的自由黑人受到西印度群島混血移民的啟發，開始改變其訴求基礎；他們認可奴隸制度，卻堅持自己是自由人，追求同化以及在同等條件下與國人混種。因此，費城的佛屯[23]和波維斯、[24]威明頓的夏德、[25]紐哈芬的杜博依斯、[26]波士頓的巴貝多斯等等，[27]單槍匹馬或集體力求，主張他們是人，而不是奴隸；是「有色人種」，而不是「黑人」。然而，時代趨勢卻不願加以承認，除了一些個案和特例外，依舊將他們和被藐視的黑人等同視之；不久他們發現自己還得費力去保有以前擁有的投票權、工作權與自由遷徙權。雖然其中有人提出移民與殖民計畫，他們卻不願接受，遂著手於廢奴運動作為最後的手段。

22〔譯注〕華克（David Walker, 1785-1830）係非裔美國廢奴主義者，他在1829年出版《向全世界黑人公民懇求》（*An Appeal to the Colored Citizens of the World*），呼籲美國黑奴起而反叛其主人。
23〔譯注〕佛屯（James Forten, 1766-1842）黑人革命分子，美國反奴隸制度學會之創立者。
24〔譯注〕波維斯（Robert Pervis, 1810-1898）是奴隸制度廢除論者，於1833年協助佛屯創立美國反奴隸制度學會，是祕密鐵路（Underground Railway）的主席。
25〔譯注〕夏德（Abraham Shad, 1801-1882）也是奴隸制度廢除論者，美國反奴隸制度學會之第一屆理事，1830年第一屆全國黑人大會的德拉瓦州代表，第三屆大會的主席。
26〔譯注〕杜博依斯（Alexander Du Bois, 1803-1888）係 W. E. B. Du Bois 的祖父，1847年協助設立黑人聖路加聖公會教區，是資深的教會委員。
27〔譯注〕巴貝多斯（James G. Barbadoes, 1796-1841）跟佛屯、波維斯、夏德等人出席第一屆全國黑人大會。

　　這時，在雷蒙、[28]內爾、[29]威爾斯‧布朗[30]與道格拉斯的領導下，[31]自我肯定與自我發展時期於焉誕生。誠然，終極自由與同化乃是尚待領袖們完成的理想，但黑人主要得仰賴自己去肯定其男性權利，而約翰‧布朗的突擊則是該邏輯的極端事例。[32]內戰與黑奴解放後，偉大的佛瑞德烈‧道格拉斯——美國黑人領袖中最偉大者——依舊冠蓋群倫。自我肯定為主要方案，尤其是在政治方面；在道格拉斯之後出現了艾略特、[33]布魯斯[34]和藍斯頓，[35]加上重建時期的政治人物，以及較不顯眼卻更具社會意義的亞歷山大‧克倫梅爾[36]和丹尼爾‧潘恩主教。[37]

28〔譯注〕雷蒙（Charles Lenox Remond, 1810-1873），為波上頓地區黑人演說家、奴隸制度廢除論者兼民權運動領袖。

29〔譯注〕內爾（William Cooper Nell, 1816-1874）為非裔美國歷史學家、奴隸制度廢除論者、作家，是美國政府中第一位擔任公職的非裔美國人（郵局辦事員）；透過他的努力，波士頓的黑人學童在學校獲得同等對待。

30〔譯注〕威爾斯‧布朗（William Wells Brown, 1814-1884）為黑人作家兼歷史學家，1853年出版美國黑人第一部小說《克羅帖》（*Clotel*），1858年出版《逃亡》（*The Escape*）。

31〔譯注〕道格拉斯（Frederick Douglas, 1817-1895）係奴隸出身之著名演說家、奴隸制度廢除論者，曾任美國駐海地大使及哥倫比亞特區警察局長。其自傳《美國奴隸佛瑞德烈‧道格拉斯之生命敘事》（*Narrative of the Life of Frederick Douglas, an American Slave*, 1845）為十九世紀最膾炙人口的奴隸故事。

32〔譯注〕約翰‧布朗（John Brown, 1800-1859）係白人廢奴主義者，他主張武裝起義乃是推翻美國奴隸制度之唯一方式，1859年10月他領導一群人突擊維吉尼亞州哈潑司渡船（Harper's Ferry，現歸屬西維吉尼亞州）之軍械庫，藉以武裝黑奴起義。不料他遭到逮捕，11月慘遭吊死。歷史學家認為其企圖雖然失敗，但所引發之效應導致了南北戰爭。

33〔譯注〕艾略特（Robert Brown Elliott, 1841-1884）為重建時期南卡羅萊納州選出的美國眾議院黑人眾議員（1871-1874）。杜博依斯在文中將"Elliott"拼為"Elliot"（少了一個t）。

34〔譯注〕布魯斯（Blanche K. Bruce, 1841-1898），奴隸出身，第一位在美國參議院做到任滿的黑人參議員（1875-81）。

35〔譯注〕藍斯頓（John Mercer Langston, 1829-1897）係國會議員、律師、外交家和教育家，第一位選上公職的黑人。

36〔譯注〕克倫梅爾（Alexander Crummell, 1819-1898），新教聖公會的牧師，在賴比瑞亞（Liberia）傳教長達二十年，之後在華府擔任傳教士，美國黑人專校（American Negro Academy）創辦人之一。詳見本書第十二章。

37〔譯注〕丹尼爾‧潘恩（Daniel Alexander Payne, 1811-1893）係非洲美以美聖公

　　隨後發生了1876年革命、禁止黑人投票、理想的更迭、在大黑暗中尋找新亮光。道格拉斯在年邁時依舊勇敢地為年輕時的理想而奮鬥——透過自我肯定達到最後的同化，絕不接受其他條件。普萊斯一度躍升為新領袖，似乎注定不放棄，而是改用另一種方式重述舊理想，比較不會引起南方白人的反感。不料他英年早逝。接著新領袖出現了。以往的領袖幾乎都是在黑人同胞的默認下成為領袖，都試著單獨領導族人，在黑人族群外通常沒沒無聞，除道格拉斯外。布克・華盛頓不只躍升為基本上不只是一個種族的領袖，而是兩個——他是南方、北方與黑人之間倡議妥協的人。當然，黑人起初對於放棄公民與政治權利的妥協徵象深感不滿，即使是為了換取更重要的機會發展經濟。然而，有錢有勢的北方不但對種族問題感到厭煩，而且大舉投資南方的企業，因而歡迎和平合作的任何方法。於是，黑人在全國輿論下開始體認到華盛頓先生的領導能力；批評聲浪於焉平息。

　　在黑人思潮中，華盛頓先生代表過去的適應與屈服態度；但在這特殊的時代採取適應的辦法，反讓他的方案顯得獨特。此乃經濟突飛猛進的時代，華盛頓先生自然採取經濟導向的方案，變成了工作與金錢至上，程度大到顯然幾乎完全模糊了更崇高的人生目標。況且，這正是進步種族與待發展種族間較緊密接觸的時代，因此種族情緒更加強烈；華盛頓先生的方案實際上接受所謂黑種人低劣的觀念。在我們自己的國土上，內戰時期的情緒反應又激起反黑人的種族偏見，而華盛頓先生撤回

會（Methodist Episcopal church）的主教，1863年至1876年期間擔任威柏佛斯（Wilberforce）大學校長。

了許多黑人身為人與美國公民的高度要求。在偏見加劇的其他時期裡，黑人自我肯定的所有傾向都給激發出來；這時期則提倡屈服政策。在幾乎所有其他種族與民族的歷史上，危機之際所鼓吹的信條都是：土地與房屋誠可貴，大丈夫的自尊價更高；自動放棄或不再努力追求此種自尊之民族不值得教化。

針對此點，有人宣稱黑人惟有屈服方可自保。華盛頓先生顯然要求黑人至少在目前應放棄三樣東西：

一、政治權力，
二、對民權之堅持，
三、黑人青年之高等教育。

然後全力投入技藝教育，累積財富與安撫南方。他勇敢而堅持地主張該政策長達十五年之久，也被採用了十年。這種地上棕櫚枝的談和立場得到甚麼結果呢？[38] 這些年來發生了：

一、褫奪黑人之選舉權；
二、法律上新訂黑人明顯屬於次等公民之地位；
三、各機關陸續取消對黑人接受高等訓練之援助。

這些變動固然不是華盛頓先生學說的直接後果；不過，其宣傳毫無疑問促使這些變動更快達成。那麼問題來了：九百萬

---

[38]〔譯注〕杜博依斯使用「棕櫚枝」象徵華盛頓之妥協，企圖和緩黑白種族之緊張關係。根據蓋慈跟奧立佛，杜博依斯在論及讓步時，似乎是指橄欖枝──傳統的求和象徵，而不是棕櫚枝，棕櫚枝象徵勝利（Gates and Oliver, 40, n.3）。

人要是被剝奪了政治權力、變成奴隸階層、僅容許一點點機會培養自己的優異人才，還有可能在經濟行業上飛黃騰達嗎？如果歷史與理性提供任何明顯答案，那麼答案鐵定是沒有。華盛頓先生因而面臨其事業之三重弔詭：

一、他高尚地致力於栽培工匠成為商人與財產主人；然而，在現代的競爭秩序下，工人與財產主人絕對不可能沒有投票權而生存，並維護自身權利。

二、他雖然堅持節儉與自尊，卻同時主張沉默地屈服於公民的低劣地位，長此以往勢必會削弱任何種族的男子氣概。

三、他提倡公立小學與技藝訓練，藐視高等學府；然而，要不是在黑人大學受訓的教師，或黑人大學畢業生所訓練的教師，則黑人公立小學或塔斯奇基本身連一天的課程都開不成。

以華盛頓先生的地位，這三重弔詭乃是兩類美國黑人批評的對象。一類在精神上系出黑人救星屠桑，歷經加百利、維西與特諾，他們代表反抗與復仇的態度；他們盲目地痛恨南方白人，通常不信任白種人，鑑於他們同意明確的行動，認為黑人的唯一希望在於移出美國邊界。然而，由於命運的諷刺，美國近來對待西印度群島、夏威夷和菲律賓弱勢民族與黑人的方針，比什麼都有效地促使該計畫顯得毫無希望——我們究竟能夠移居何處，而不用擔心受騙與暴力威脅呢？[39]

39〔譯注〕隨著1898年的美西戰爭之勝利，美國將夏威夷和菲律賓納為其屬地後，逐漸躍為殖民強權。

　　另一類無法同意華盛頓先生的黑人迄今甚少出聲。他們不喜歡看到分散的意見或內部不合；他們尤其討厭自己對一位能幹且熱心人士的公正批評，被心胸狹窄的對手拿來作為發洩怨恨的藉口。但是，由於所牽涉的問題非常根本而且嚴重，所以難以理解像葛仁奇兄弟、[40]凱利・米勒、[41]約翰・衛斯里・愛德華・鮑溫與該團體的其他代表，[42]怎能再繼續默不吭聲下去。這些人士在良心上覺得一定要質問國人三件事：

　　一、投票權；
　　二、公民平等；
　　三、因材施教之青年教育。

　　他們感謝華盛頓先生在勸導耐心與謙恭上的寶貴貢獻；他們並非要求無知的白人不得投票的同時，無知的黑人得以投票，或者投票權不該施以合理的限制；他們曉得許多歧視導因於黑人大眾的低社會層次，不過他們和國人都知道殘酷的膚色歧視往往是黑人墮落的原因而非結果；他們尋求中止這種野蠻的遺緒，而不是從美聯社到基督教科學派等社會權力機構的有

40〔譯注〕阿基柏・葛仁奇（Archibald H. Grimke, 1849-1930）非裔美籍律師、外交官以及知識分子，全國黑人促進協會（NAACP）於1909年成立後，曾擔任該協會副主席及華盛頓分會會長；其弟弟法蘭西斯・葛仁奇（Francis J. Grimke, 1850-1937）亦協助創立全國黑人促進協會，是華盛頓特區頗具影響力的長老會牧師。

41〔譯注〕凱利・米勒（Kelly Miller, 1863-1939）為非裔美籍數學家、社會學家，任教於郝華德（Howard）大學。

42〔譯注〕約翰・衛斯里・愛德華・鮑溫（John Wesley Edward Bowen, 1855-1933）於1887年榮獲波士頓大學博士學位，為第一位取得該大學博士學位之非裔美籍人士；擔任衛理教牧師兼教育家。

意鼓勵與縱容。他們和華盛頓先生一起提倡廣泛的公立小學制，輔以徹底的技藝訓練；不過，像華盛頓先生如此有眼光者卻無法領悟：教育制度非得仰賴設備良好的學院與大學不可，令他們感到意外；他們堅持南方各地都需要一些這樣的大學，俾訓練最優秀之黑人青年成為教師、專業人士與領導者。

這一群人士對華盛頓先生與南方白人和解的態度表示尊敬；他們接受「亞特蘭大妥協」的大方針；他們和他一樣，察覺到該區域有許多充滿希望的跡象，有諸多目標高尚、判斷公正人士；他們曉得在沉重負擔下業已呈現不穩的地區，其任務絕非輕而易舉。然而，他們堅持真理與正義之道在於直截了當的誠實，而非皂白不分的諂媚；在於稱讚表現良好的南方人並堅定地批判做惡者；在於善用眼前機會敦促同胞亦如法炮製，同時還要記住惟有堅守更高的理想與抱負，方能實現那些理想。他們並不預期自由投票權、享有公民權與受教權一蹴可幾；他們並不預期多年的偏見與歧視吹聲喇叭即消失無蹤；[43]他們十分確信一個民族要獲得合理權利，其途徑絕非堅持不要那些權利並自動加以拋棄；一個民族要得到尊敬，其途徑絕非不斷地藐視與嘲笑自己；相反的，黑人必須時時刻刻不斷地堅持：投票對現代的男子氣概有其必要，膚色歧視係野蠻行為，黑男孩和白男孩一樣需要教育。

美國黑人的意見領袖若無法坦白而率直地陳述族人的合法要求，即使以反對一名受尊敬的領袖為代價，將是逃避一項

43〔譯注〕典出《聖經》〈約書亞記〉（Joshua）第六章第十五節至二十一節，上帝命令以色列人遵照上帝的指示，靠著吹喇叭和呼喊，結果奇蹟似地導致耶律哥（Jericho）的城牆倒塌。

重責大任——對自己的責任，對掙扎大眾的責任，對黑人族群的責任，其未來主要仰賴此美國試驗，特別是對此國家之責任——此共同祖國。鼓勵一個人或一個民族做壞事是不對的；光是因為不那樣做就不受歡迎，而去教唆一椿全國性罪行是不對的。在一個世代前的可怕差異後，北方和南方逐漸增長的親切與和解精神，對所有人而言應該值得廣為慶賀，尤其是對遭受虐待而導致戰爭的那些人而言；不過，倘若那種和解的特色是讓同樣那些黑人成為技藝奴隸並喪失公民資格，被永久立法為低劣地位，那麼，如果那些黑人真的是男子漢，就會受到愛國心與忠誠的號召，用盡一切文明方法反對這種做法，即使這樣的反對涉及跟布克・華盛頓先生意見相左。我們沒有權利沉默地坐視對方播撒那些不可避免的種子，讓我們的黑人與白人子孫一塊收割災難。[44]

　　首先，懷著辨別的眼光鑑定南方乃是黑人的責任。現在這一代的南方人不用為往事負責，不該受到盲目地痛恨或指責。而且，不分好壞即認可南方最近對待黑人的做法，最讓南方意見領袖感到惡心。南方並非「固態的」；此塊土地處於社會變化的騷動中，裡頭各種力量爭相占上風；而稱讚南方今天所做的壞事，跟責備她所做的善事一樣都不對。南方需要的是明辨是非、毫無偏見的批評，為了她自己的白人子女，也為了確保強壯、健全的心靈與道德發展。

　　今天，甚至南方白人對待黑人的態度並非如許多人所假定

44〔譯注〕參見〈何西阿書〉（Hosea）第八章第七節：「他們所種的是風，所收的是暴風。」原文為 "For they sow the wind and they shall reap the whirlwind." 引申之意思為「他們作惡終必遭受重大之惡報」。

的，所有狀況都一模一樣；無知的南方人痛恨黑人，工人害怕
黑人跟他們競爭，孜孜求利者想利用他當勞工，有些知識分子
對他的奮發向上感受到威脅，而其他人——通常是奴隸主的後
代——則想幫助他提升。輿論促使這個末代階級能夠維持黑人
公立小學，在某種程度上保護黑人的財產、性命與肢體。在孜
孜求利者的施壓下，黑人有淪為半奴隸之危險，尤其是在鄉村
地區；工人與那些害怕黑人的知識分子聯合起來褫奪黑人的選
舉權，有些人極力主張將他遣送出境；無知的白人容易被激發
憤怒而虐待任何黑人，並處以私刑。稱讚這種複雜想法與偏見
的紛擾毫無意義；皂白不分即痛詆「南方」亦不公平；不過，
用同樣氣力稱讚艾一柯州長、[45]揭發摩根參議員、[46]與湯瑪士·尼
爾森·佩基先生[47]辯論，以及公開指責班·提爾曼參議員，不
僅明智，也是黑人思想家的迫切責任。[48]

　　華盛頓先生在數個實例中反對一些對黑人不公平的南方
運動，不承認這點對他不公平；他遞送請願書到路易斯安那州
和阿拉巴馬州的制憲大會，表達反對私刑的立場，以其他方式
公開或默默地運用其影響力制止陰險計謀與不幸事件。儘管如
此，下列的宣稱一樣屬實：大體上，華盛頓先生的宣傳所留下
的明顯印象：一、由於黑人的墮落，所以南方目前對待黑人的

45〔譯注〕艾一柯（Charles Aycock, 1859-1912）為北卡羅萊納州第五十任州長
　　（1901-05），期間致力於教育改革。
46〔譯注〕摩根（John Tyler Morgan, 1824-1907）主張白人至上，為出身阿拉巴馬
　　州的參議員，當了六任之久。
47〔譯注〕湯瑪士·尼爾森·佩基（Thomas Nelson Page, 1853-1922）是名律師、
　　小說家與小品文家，主張白人至上，在威爾森（Woodrow Wilson）擔任總統期
　　間曾任美國駐義大利大使。
48〔譯注〕提爾曼（Benjamin R. Tillman, 1847-1919），主張白人至上的南卡羅萊
　　納州州長、美國參議員。

態度是正當的；二、黑人無法更快爬升的根本原因乃過去的錯誤教育；三、黑人未來的爬升主要仰賴自己努力。這些陳述每一項都是危險的局部真實。補充的真相絕對不能被忽略：首先，奴隸制度與種族歧視雖然可能不是黑人地位的充分原因，卻是強有力的原因；其次，技藝與公立小學訓練必然設置緩慢，因為必須等待高等機構訓練出來的黑人教師——即使什何基本上不同的發展是可能的，這種做法也十分可疑，塔斯奇基在1880年以前確實絕不可能實現；第三，說黑人必須努力且十分努力以自助固然是偉大的真理，不過，除非其努力不僅受到周遭更富有且更明智的團體主動贊成，而且受到其刺激與鼓舞，否則無法期望偉大的成就，這一樣也是事實。

華盛頓先生特別要受到批評者，乃是他無法了解並讓人銘記上面最後一點。其學說往往讓北方和南方白人將黑人問題的重擔轉移至黑人的肩膀上，然後在一旁吹毛求疵或悲觀地冷眼坐視；事實上，該負擔屬於全國人民，倘若我們不致力於矯正這些大冤屈，那麼我們的手沒有一雙是乾淨的。

我們應藉由開誠布公的批評誘導南方堅持其良知，並善盡它對自己曾殘忍虐待過而且還在虐待的種族的責任。北方——其共犯——不能用黃金掩飾罪行以安慰良心。透過外交和巴結手腕或單靠「政策」無法解決問題。要是發生最壞之情況，九百萬人被緩慢掐死與謀害，這個國家的道德力量承擔得起嗎？

美國黑人有個責任要履行，這個責任既嚴肅又棘手——為了進步，他們必須反對其偉大領袖所完成的部分成就。就華盛頓先生向大家鼓吹節儉、耐心與技藝教育而論，我們必須高舉其雙手與之一起努力，為其聲譽感到歡欣鼓舞，為此位約書亞

的力量感到高興，[49]他受到上帝與人類的感召而領導無知的群
眾。不過，就華盛頓先生為北方或南方的不公道歉，未公正地
重視選舉的基本權利與責任，藐視階層差別的去勢效應，反對
黑人有才華者的高等訓練與抱負而論——我們必須不斷地堅決
反對。我們必須運用一切文明與和平的方法，努力爭取宇宙所
賜予人們的權利，毅然決然地堅守那些偉大話語，建國之父的
子孫們會欣然忘記的偉大話語：「我等之見解為，下述真理不
辯自明：凡人生而平等，皆受造物者之賜，擁諸無可轉讓之權
力，包含生命權、自由權、與追尋幸福之權。」[50]

49〔譯注〕約書亞在摩西死後帶領以色列人進入應許之地。
50〔譯注〕此段引文出自1776年〈美國獨立宣言〉之前文。

第四章

論進步之意義

如果你想宣稱你的權力，

那麼挑選那些沒有犯罪的人，

在你不朽的皇室！

派出你的天使！

不朽的、純潔的人們，

他們不感情用事，也不哭泣！

別挑選嬌弱的少女，

也不要牧羊女的溫柔氣質！

——席勒[1]

1　原稿〈新南方的一名黑人教師〉（"A Negro Schoolmaster in the New South"）登載 於1899年元月號的《大西洋月刊》（頁99-104）。德文詩句摘自席勒《聖女貞德》 （Friedrich von Schiller, *The Maid of Orleans*, 1801）第四章第一節。樂曲摘自黑人 靈歌〈我路朦朧〉（"My Way's Cloudy"）（Gates and Oliver, 46）。

　　從前我曾在田納西州的丘陵地帶執教，彼處密西西比河流域幽暗而廣褒的谷地開始蜿蜒伸展，直到阿利根尼山脈映入眼簾。當時我就讀費斯克大學，所有費斯克學子皆認為田納西──在大面紗之外──為他們獨自享有；暑假期間，他們繫上鮮豔領帶趕去會見郡府督學。當時我既年輕又快活，也去了；如今我難以忘懷十七年前那個夏天。[2]

　　首先，郡府所在地有間師範學院；校長請來貴賓教導教師們算分數、拼字與其他奧祕──早上教白人教師，夜間教黑人。偶爾舉辦野餐和晚宴，這艱辛世界隨著笑聲與歌聲而變得柔和。往事雖歷歷在目，我卻胡思亂想。

　　結業的日子終於到來，所有準教師皆離開學院，開始獵尋學校任教。我雖然聽說（因為家母極害怕獵槍）獵鴨子、熊和人都很有趣，但是我確信只有那些從未在鄉下學校求職者，才會從那種逐獵的樂趣當中獲益。我看到熾熱的白色道路在發燙的七月豔陽下，慵懶地在眼前起起伏伏並蜿蜒著。隨著十、八、六哩路無情地綿亙在前，我感到身心俱疲；尤其一再聽到「找到老師了沒？找到了」時，頓覺自己的心沮喪地下沉。遂繼續徒步前行──馬匹太貴了──直到偏離了鐵道和驛馬車線，步入「毒蟲猛獸」與響尾蛇的地域，在當地，陌生人的蒞臨是件大事，人們在一座青山的陰影下出生入死。

　　在丘陵與山谷間點綴著零星的小木屋與農舍，由於森林和朝東綿延的山丘而與世隔絕。我在那裡終於找到一所迷你學

2〔譯注〕1886年與1887年的夏天，杜博依斯在田納西州亞歷山大（Alexandria）任教。

校，是卓喜告訴我的；[3] 她是位細瘦、親切的二十歲姑娘，有副暗褐色面孔，頭髮濃密而硬直。我跨越了水鎮（Watertown）的小溪，在大垂柳樹叢下休息；然後走到一塊空地上的一間小屋，卓喜在前往鎮上的途中，停在空地上歇息。有位瘦削的農夫歡迎我，而卓喜聽到我的任務時，便熱心告訴我說他們要在山上建所學校；又說內戰後當地曾有位教師；她本身很想念書——說完就趕路去了，講得既快速又大聲，口吻既認真又帶勁。

　　隔天早上，我越過了高聳的圓形山岳，在山上逗留一會兒，眺望那青黃色山丘朝向南、北卡羅萊納州綿延伸展，[4] 繼而邁進森林中，然後走出森林抵達卓喜家。那是間陰暗的木造平房，有四個房間，坐落在丘陵頂的下緣，四周是桃樹。卓喜的父親個性安靜、單純，愚昧而沉著，卻一點也不粗俗。母親就不同了——強壯、忙碌、精力充沛，口齒伶俐、不安、熱望過著「像別人」那樣。有許多小孩：兩個男孩已離開家。留在家的有兩個正在發育的女孩，一個害羞的八歲侏儒；約翰，十八歲，高個子，笨手笨腳；吉姆，年紀較小，卻比較敏捷，比較英俊；兩名年齡不確定的嬰孩。接下來還有卓喜本人。她似乎是家庭的中心；總是忙著做家事、替人服務、採草莓；她有點緊張、容易嘮叨，這點像母親，卻很忠實，這像父親。她散發著某種優雅的氣質，類似一種無意識的道德忠烈，為了讓自己和家人的生命更開闊、更深刻，願意犧牲性命。我後來常常遇

3〔譯注〕卓喜（Josie）為杜博依斯在田納西州丘陵地帶試教期間最用功的學生。在本章中，卓喜之英年早逝一方面反映出種族歧視之殘酷，另一方面也點出進步之弔詭與杜博依斯對黑人（尤其是女性）教育的重視。

4〔譯注〕這是阿帕拉契山系（the Appalachian Chain）較矮的山麓地帶。

見這一家人，並逐漸喜歡他們，基於他們知道自己無知，以及為求過得去和舒適而規規矩矩努力。他們絕不裝模作樣，母親會責罵父親太「悠哉悠哉」；卓喜會露骨地嚴責男孩們粗心大意；大家都明白：在多岩石的山邊拚命謀生是件艱辛的事。

　　我獲准在那所學校任教。猶記得當天情景：我跟一位要教白人學校的可愛年輕白人騎馬去局長家。馬路沿著溪床而下；太陽露出燦爛笑容，溪水潺潺作響，我們繼續向前騎。「請進，」局長說道：「請進來坐。是的，那張證書就行。留下來用午餐吧。你一個月想要多少薪水？」「哦，」我心想：「我真走運」；不過，甚至連當時，大面紗的可怕陰影也降臨了，因為他們先吃，再輪到我——單獨吃。

　　校舍是間圓木小屋，昔日惠勒上校（Colonel Wheeler）用來存放玉米。它坐落於鐵道圍籬與帶刺灌木叢後方的空地上，毗鄰最甘甜的泉水。入口處原來有扇門，屋內有座搖搖晃晃大壁爐；圓木間的大裂縫充當窗戶。家具稀少。一塊微暗黑板蹲在角落。我的書桌由三塊木板製成，在關鍵點加厚補強；我的椅子是向女房東借的，每天晚上必須歸還。學童的座椅令我頗感為難。新英格蘭整潔的小課桌椅情景時常縈繞腦際；可是，唉呀！這兒的實況是無靠背的木板長椅，有時還缺了椅腳。這種椅子的長處乃是讓打盹變得險象環生——可能致命，因為地板也靠不住。

　　學校在7月下旬一個炎熱的上午開學。當我聽到輕快的腳步聲朝塵灰色的馬路傳來時，不禁顫抖著，隨即看到一大排暗黑的嚴肅面孔與明亮、渴望的眼神面對著我。卓喜和她的弟妹們最先到。她很用功，在其工作與憂慮之餘，求知欲、渴望成

為納許維爾名校學生，[5]宛若一顆星星般在此名少女頭上徘徊。尚有遠從亞歷山大附近農場來的寶威爾家人（the Dowells）：芳妮（Fanny），光滑的黑面孔與困惑的眼神；瑪莎（Martha），棕色皮膚、反應遲鈍；一名兄弟的漂亮少婦與一群較年少者。

還有柏克家人（the Burks）——兩名棕黃皮膚少年和一名身材瘦小、眼神高傲的姑娘。胖魯班（Fat Reuben）那圓嘟嘟的小姑娘也來了，金黃臉龐與不發亮的金色頭髮，忠實而嚴肅。珊妮（'Thenie）提早到——是位快活、心地善良的醜姑娘，偷偷地吸著鼻菸，並照料弓形腿弟弟。提兒娣（'Tildy）只要她媽媽忙得過來就會來上課——是位黑美女，眼睛明亮，四肢玲瓏有致；她弟弟也一樣樸實。接下來是大男生們——人高馬大的勞倫斯（Lawrence）兄弟；懶惰的尼爾（Neill）兄弟是沒有爹的兒孫輩；肩膀彎曲的希克曼（Hickman）等等。

他們都坐在粗糙的長椅上，共約三十名，膚色從淺黃逐漸到深褐都有，打著赤腳，充滿企盼的眼神，偶爾閃爍著頑皮目光，雙手捧著韋氏（Webster）藍色封底的拼字教科書。吾愛吾生，孩子們對老師智慧所展現的充分信任的確很棒。我們一起閱讀與拼字、寫點作文、摘花、唱歌、聆聽山外世界的故事。有時候學生愈來愈少，我就會出訪；我會去拜訪孟・艾汀斯（Mun Eddings），他住在兩個很邊邊的房間，問他為什麼小陸晉（Lugene）上週都曠課，陸晉閃亮的臉龐似乎永遠隨著未梳的暗紅頭髮而發光，或者詢問為何時常沒看到穿著獨特破衣裳的梅克（Mack）和艾德（Ed）。這時，父親會告訴我農作物多

5〔譯注〕納許維爾（Nashville）係田納西州之城市兼首府，位居該州中部。

麼需要男孩們幫忙，他以分攤利潤方式在惠勒上校的農場上耕種；[6]瘦削而邋遢的母親有張漂亮面孔，要是洗乾淨會很好看，她很有把握地告訴我，陸晉必須照顧嬰兒。「我們下禮拜就會讓他們再去上課。」當勞倫斯兄弟缺課時，我曉得老人家對正規教育的懷疑又戰勝了，我就跋涉上山，然後盡可能走進去小木屋裡面，用最簡單的英文把西塞羅〈為詩人阿奇雅士辯護〉融入當地用語，[7]通常會說服他們——一週左右。

　　週五晚上我常和一些學生一起回家 —— 有時候去董柏克（Doc Burke）農場。他是個了不起的大嗓子瘦黑人，經常工作，設法買下住處附近的七十五英畝丘陵與山谷；人們卻說他鐵定會失敗，因為「白人會把它全部奪走。」他太太是個壯碩的健美婦人，[8]橘黃面孔，閃亮的頭髮，未著緊身上衣，打著赤腳；小孩個個體健貌美。他們住在農地的山谷裡，臨近泉水，小木屋只有一個半房間。前房擠滿了大張大張的厚白床，乾淨得一塵不染；牆壁上掛著有瑕疵的彩色石印圖畫，中間擺張老舊桌子。在後面的小廚房裡，他們常邀請我自個兒「取用」炸雞和小麥麵包、「肉」和玉米麵包、青豆和漿果。起初，臨近就寢時刻我獨自在小臥房有些忐忑不安，但他們很靈巧地解除了尷尬。首先，孩子們打盹睡著了，被放進大堆鵝毛被中；其

6〔譯注〕艾汀斯家是以「佃農」（sharecroppers）的身分耕種。在此制度下，地主預借種子、工具和雜貨，佃農則以未來農作收成的「部分」（share）償付，以取代租金。此種制度在後重建時期（即1876、1877年以後）的美國南方頗為盛行，蓋絕大多數黑人既無土地，又無法支付現金承租農地；而且，該制度常被地主濫用，導致貧窮的黑人淪為農奴或終身以勞役償債者（peons）。

7〔譯注〕"pro Archia Poeta"為西塞羅（Cicero）的一篇演說辭，西塞羅在演說辭中替詩人阿奇雅士（Archias）辯護，引申為替藝術對社會的貢獻辯護。

8〔譯注〕Amazon為希臘神話中的女戰士，此處引申為健美女子。

次，我就寢時，母親和父親會周到地溜進廚房；接著，吹熄朦朧的燈光，在黑暗中就寢。早上我想到要醒來前，大夥兒早已起床離去。胖魯班住在馬路的另一邊，因為他們沒有廚房，所以老師休息時，他們全家人即出去外面。

我喜歡待在賣威爾家，因為他們有四個房間和許多鄉下佳肴。博德叔叔（Uncle Bird）有座崎嶇的小農場，全是森林和丘陵地，離大馬路數哩之遙；不過他倒有許多故事——他偶爾傳教——他對自己擁有小孩、漿果、馬匹和小麥而感到快樂和富裕。為了維持和諧，我往往不得不去生活較不美好的家庭過夜；譬如，提兒娣的母親髒得很卻積習難改，魯班貯藏的食物非常有限，而成群的野昆蟲在艾汀斯家床上徘徊。我最喜歡去卓喜家，坐在門廊上吃著桃子，而她母親邊忙邊談道：卓喜如何買了裁縫機；卓喜冬天如何打工，但一個月4美元的酬勞「太少了」；卓喜多麼渴望離開家去就學，可是「看起來」他們在經濟上永遠也無法進展到足夠讓她去的地步；農作物如何歉收，並尚未鑿成；最後，有些白人多麼「卑鄙」。

我在這個小天地中度過兩個夏天；日子無聊而單調。女生懷著愁悶的思慕望著山丘，男生則煩躁不安並常去亞歷山大。亞歷山大是個「鎮」——房宅、教堂和商店零落出現的懶散村莊，由鎮上的鄉紳與軍警治理。[9] 蜷伏於北邊丘陵地帶者乃黑人村莊，他們住在未上漆的小平房裡，有三至四個房間，有的平房整潔舒適，有的骯髒。住宅雖然漫無規畫地散落著，卻集中

9〔譯注〕原文為 "an aristocracy of Toms, Dicks, and Captains," 其中 "Toms, Dicks" 出自俚語（every）Tom, Dick, and Harry，意謂一般人，張三李四。

在村落的兩座聖殿周圍：衛理公會與死硬派浸信會教堂。[10] 這些反過來小心翼翼地仰賴一間色彩黯淡的校舍。此地，我的小天地在週日蜿蜒前去和其他世界、閒言閒語及驚嘆交會，每週一次在「舊式宗教」[11]的祭壇上與狂熱的牧師一起奉獻。然後，黑人歌曲的柔軟旋律與有力節奏如雷貫耳般傳來。

　　我將這個小團體稱為一個天地，乃是它與外界隔離使然；不過，在我們之間倒有半覺醒的共同意識，源自喪禮、生產或婚禮時的共同哀傷或喜悅；起源於貧窮、瘠地與廉工的共同困境；尤有甚者，起源於懸在我們和大機會之間的大面紗情景。這一切促使我們一起思索一些觀念；不過，表達這些觀念的時機成熟時，卻用各種不同的語言說出。二十五年或更久以前目睹「主來臨的榮耀」[12]者，卻在現今的每道障礙或扶持中看到黑暗的宿命論，注定要在祂的良辰吉日撥亂反正。對內戰前出生的眾多黑人而言，奴隸制度係孩提時代的模糊往事，他們如今覺得此世界令人困惑：它難得有求於他們，他們也難得予以回應，然而它卻嘲笑其付出。他們無法理解這樣的弔詭，遂陷入無精打采的冷漠、懶惰或不顧一切的蠻勇。然而，有一些人——像卓喜、吉姆或班——對他們而言，戰爭、地獄與奴隸制度不過是孩提時代的故事罷了，教育、傳聞與半覺醒念頭已然將其年輕的欲望增強到敏銳的境界。由於生下來即為世界所棄，孤絕隔離，因而難以滿足於現狀。其脆弱翅膀於是撲擊著

10〔譯注〕「死硬派」（Hard-Shell）浸信會強調基本教義與保守之宗教要素。
11〔譯注〕「舊式宗教」（"Old-time religion"）是一首流行的聖歌，白人教堂也使用，涵蓋下列副歌：「賜給我那舊式宗教，它對我而言夠好了。」
12 出自茱莉雅・華德・郝（Julia Ward Howe）的〈共和國之戰爭頌〉（"Battle Hymn of the Republic," 1861）開頭（Gates and Oliver, 50, n.2）。

各種障礙——階層制度、青春、生命的障礙；最後，在危險時
刻甚至撲擊對抗突發奇想的一切。

　　青春時期之後那十年，首先領悟到人生引領到某處的歲
月——這是我離開那間小學校後所經歷的歲月。經過了這些
年，我偶然再到費斯克大學，到音樂禮拜堂的大廳。[13] 當我陶醉
在碰見老校友的甘苦中時，心中突然湧起一股欲望，想再度越
過青翠的丘陵，去探望昔日的家園和學校，去了解我那群學童
的近況；於是就去了。

　　卓喜死了，灰髮的母親只說道：「自從你離開以後，我們
的麻煩一籮筐。」我一直為吉姆擔心。他要是出身有教養的家
庭並有社會地位支撐，就可能成為大膽的商人或西點軍校的學
員。然而，他卻困在這裡，對人生感到忿怒，而且不顧後果；
達仁農夫（Farmer Durham）指控他偷小麥時，這位老人不得
不快馬加鞭，以躲開那個盛怒的笨蛋朝他丟擲石頭。他們叫吉
姆逃走；他卻不肯，結果那天下午警察來了。卓喜傷心不已，
高大而笨拙的約翰每天步行九哩路去黎巴嫩監獄，隔著鐵窗探
視弟弟。最後，兩個人一道自暗夜歸來。母親做晚飯，卓喜倒
出錢包裡的錢，然後兄弟倆偷偷逃走。卓喜瘦了，變得沉默寡
言，卻更賣力工作。山丘對安靜的老父親來說變得陡峭，男孩
們走了以後，山谷裡沒什麼活可幹。卓喜幫他們賣掉舊農地，
舉家遷至鄰鎮。木匠丹尼斯弟兄（Brother Dennis）蓋了一間新
屋，有六個房間。卓喜在納許維爾打拼了一整年，帶回90美元

---

13 即歡欣館（Jubilee Hall）。著名的費斯克合唱團從音樂會籌得足夠經費蓋歡欣
　　館（Gates and Oliver, 51, n.3）。

購置家具，讓新屋變成一個家。

　　春天來臨時，鳥鳴吱喳，溪流滿漲，小妹莉姬（Lizzie）大膽輕率，綻放著青春的熱情，委身於引誘她的男人，結果帶著一名私生子回家。卓喜顫抖著，卻繼續打拚，學生時代的憧憬已然消失殆盡，臉色蒼白、倦容滿面──工作到某個夏日有人娶了別人；然後卓喜像個受傷的小孩爬到母親懷裡睡覺──進而長眠。

　　進入山谷時，我停下來聞一聞清風的氣息。勞倫斯家人走了──父親和一個兒子永遠走了──另一個兒子懶洋洋地掘土維生。一名新來的年輕寡婦將她的小木屋租給胖魯班。魯班如今是浸信會牧師，但我猜想他懶惰如昔，雖然小木屋有三個房間；小艾拉（Ella）已長成健美婦人，在炎熱的山腰犁耕玉米。嬰孩倒不少，尚有一弱智女孩。在山谷另一邊有間我前所未見的房子，在那兒我發現了我的一個女學生，博德‧寶威爾叔叔的女兒，搖著一名嬰兒，肚子裡懷著另一個。她看起來對初任母職有點焦慮，不過，一談起整潔的小木屋、節儉的丈夫、馬和母牛以及夫妻計畫購買的農地，迅即得意揚揚。

　　我的圓木校舍不見了。取而代之者乃進步；進步在我看來必然醜陋。傾斜的基石依舊標記著我那可憐小木屋的舊址，而不遠處，一間整潔漂亮的木板屋矗立在六塊老舊的大鵝卵石上，大約二十乘三十呎，有三道窗戶和一扇鎖著的門。有些窗戶玻璃破了，一具老舊鐵爐斷片悽慘地躺在木板屋下。我半恭半敬地從窗戶窺去，看到一些比較熟悉的東西。黑板成長了大約二呎，座椅依然沒有靠背。聽說這塊地現在歸屬於郡，每年上一期的課。我坐在泉水旁觀望著新的和舊的事物，感到高

興、非常高興,然而——

喝了兩大口水之後,我繼續向前走。角落有一大間雙層圓木屋。我想起昔日住在那兒的那個破碎、毀掉的家庭。眼前浮現那位母親強壯、冷峻的面孔、頭髮雜亂的模樣。她把丈夫趕走了,我在教書期間,有一個個頭高大但樂天的陌生男子住在那裡,人們閒言閒語。我確信班和提兒娣出身這樣的家庭將不會成功。但這是個奇怪的世界;因為班如今在史密斯郡是個忙碌的農夫,據說「還混得不錯」,他一直照顧著小提兒娣,直到去年春天她和情人終成眷屬。這位少年過著艱苦生活,為三餐打拚,而且由於駝背、難看而遭人嘲笑。有位名叫山姆・卡隆(Sam Carlon)的老人,是個厚臉皮的小氣鬼,對「黑鬼」有些成見,他僱用了班一個夏天,卻不願付給他工資。這個飢餓的男孩於是收拾睡袋,在大白天走進卡隆的玉米田;當吝嗇的農夫攻擊他時,憤怒的男孩像野獸般撲了過去。那天董柏克避免了一樁謀殺和一件私刑。

這則故事又讓我想起柏克家人,我急著想知道那場競賽誰贏了,董或七十五英畝地產。因為從一無所有中開墾出一塊農地是件艱難的事,就算花上十五年。因此我加快腳步,心中惦念著柏克家人。他們過去時常流露出某種我所喜歡的絕頂粗獷。他們絕不粗俗、絕不放蕩,反而是不加修飾而原始,從捧腹大笑、拍打背部(表示鼓勵或讚許)及在角落打盹等行為,流露出一種不落俗套。我快速走近私生的尼爾兄弟的小平房。屋內空無一人,他們長成了肥胖、懶惰的農場工人。我看到希克曼家人的住所,但駝背的艾伯特(Albert)已撒手人寰。然後我來到柏克家的圍籬門,探頭望去;圍籬看起來粗糙、未加

修剪，不過舊農地周圍的籬笆猶在，惟左邊多出二十五英畝。瞧！山谷中的小木屋已爬上了丘陵，擴充成六個房間的平房，已蓋好了一半。

　　柏克家人雖然擁有一百英畝農地，卻仍舉債。的確，憔悴的父親日夜不停地拚命，對負債已司空見慣，要是無債恐怕也不會快樂。他有朝一日總得中止，因為堅實的身軀已露出衰容老態。母親穿著鞋子，但往日那獅子般的體格碎了。兒女已長大成年。羅伯（Rob）跟父親一模一樣，笑起來音量大而難聽。我的六歲學童博娣（Birdie）已長成楚楚動人的美少女，黃褐色皮膚，身材高䠒。「艾德格（Edgar）走了，」母親半低著頭說道：「去納許維爾工作；他和他父親意見不合。」

　　隔天早上，小董——我教書期間出生的男孩——騎馬載我下小溪前往寶威爾農夫家。馬路和溪流爭道，溪流占了上風。我們濺著水，涉溪而行，心情愉快的男孩坐在我後頭有說有笑。他秀給我看賽門・湯普森（Simon Thompson）所購買的一小塊地和家園；不過他女兒藍娜（Lana）卻不在那裡，藍娜是個身材豐滿、褐色皮膚、動作緩慢的姑娘。她出嫁了，丈夫的農莊在二十哩外，我們蜿蜒騎下小溪，終於來到一道我認不得的大門，男孩卻堅稱那是「博德叔叔的家」。農場上盡是正在成長的莊稼。我騎上那小山谷時，裡頭出奇的寧靜，原來死亡與婚姻偷走了青春，留下老年與童年。那天晚上做完雜事後，我們坐下來聊天。博德叔叔的頭髮更加灰白，視力也模糊了，卻依舊快活。我們聊到購買的田產——一百二十五英畝，聊到新增的客房，聊到瑪莎的出嫁。接著聊到死亡：芳妮和佛瑞德走了；另一個女兒被陰影籠罩著，陰影消散後，她要去納許

維爾就學。最後我們談到鄰居的事。夜幕降臨時，博德叔叔告訴我，像那樣的一個夜晚，珊妮為了逃避丈夫的拳打腳踢，如何流亡至遠在那邊的家。隔天早上死在她的弓形腿弟弟——打拚、節儉——買給他們寡母住的家裡。

　　我的旅程結束了，在我背後伸展著山丘與谷地、生命與死亡。淺黑色臉孔的卓喜躺在那裡，人們該如何衡量當地的進步呢？多少辛酸可以和一蒲式耳（bushel）小麥相抵？對卑微的人而言，生活是件多麼艱困的事，卻又多麼真實而富有人情味！而這一切生命、愛情、競爭和失敗——究竟是黃昏的餘暉呢，抑或某種曙光的初照？

　　我如此傷心地沉思著，搭火車時坐在黑人專屬的車廂前往納許維爾。[14]

14〔譯注〕Jim Crow car 是指美國種族隔離時期黑人專屬（Colored Only）的車廂。Jim Crow 一詞起源於 1832 年，當時有位白人演員湯瑪士‧萊斯（Thomas D. Rice）擅長扮演黑人表演一首歌舞秀，稱為〈吉姆烏鴉跳〉（"Jump Jim Crow"），萊斯成名後，"Jim Crow" 一詞到 1838 年後遂成為家喻戶曉的貶義詞，泛指黑人。參見下頁圖片。

第五章

論亞塔蘭大之翼

亞特蘭大的黑男孩啊！

僅一半給述說；

奴隸的鎖鏈和主人的

一樣被掙脫；

種族的那個詛咒

將兩者圈住，

他們在反抗——大家都在反抗——

黑人和白人一起。

——惠蒂爾[1]

---

1 詩行出自惠蒂爾（John Greenleaf Whittier）《郝華德在亞特蘭大》（*Howard at Atlanta*, 1869）的第六節。樂曲出自黑人靈歌〈岩與山〉（"Rocks and Mountains"）（Gates and Oliver, 54）。

　　百丘城位於北方之南、[2]南方之北，從過去的影子中向外展望著未來的願景。清晨曙光初照時，我看到她半醒的模樣，灰濛濛而靜悄悄地躺在喬治亞州的深紅色土壤上；然後青煙從她的煙囪冉冉上升，叮噹的鈴聲與尖銳的汽笛聲打破了沉寂，忙碌生活的嘈雜聲慢慢增強，直至她的熙熙攘攘在沉睡的土地上顯得非比尋常。

　　據說連亞塔蘭大也曾經在阿利根尼山脈的丘陵地帶睡得昏昏沉沉，直到戰爭的嚴酷洗禮用遲緩的海水喚醒了她，激勵並激怒了她，讓她傾聽著大海的聲音。大海對著山岳呼喊，山岳回應大海，直到城市像寡婦般挺身而起，拋棄雜草，為生計付出；穩健而精明地付出——或許有點辛苦，有點自我宣傳——卻是一本正經、汗流浹背地付出。

　　這些都是千辛萬苦的事：被虛假夢想的鬼魂糾纏著；看到帝國的廣大憧憬逐漸消失在現實的灰燼與塵埃中；感受身為被征服者的劇痛，卻在一黑暗日子降臨的所有厄運中明白，某件值得存留的事物被打敗了，某件在司法上一直不敢犧牲的事物遭扼殺了；曉得隨著正義的勝利，某種不義、自私、卑鄙占了上風，某些不是最寬大為懷也不是最優秀的分子洋洋得意。這一切都艱辛無比；許多人民、城市和種族在這當中找到發脾氣、憂思與無精打采地等待的藉口。

　　德性較堅強者不會這樣；亞特蘭大居民堅定地邁向未來；而未來高懸著紫色和金色的遠景：亞特蘭大，棉花王國之后；亞特蘭大，陽光大地的門戶；亞特蘭大，新拉奇西絲，[3]為世人

2〔譯注〕此一別具詩意與神話色彩之名稱（the City of a Hundred Hills）是指喬治亞州首府亞特蘭大。
3〔譯注〕拉奇西絲（Lachesis）為希臘神話中司命運三女神之一，她掌握生命線

紡織羊毛與織物的城市。因此她在百丘頂上蓋了工廠，在商店裡儲藏精巧的手工品，並延伸漫長的鐵道，以迎接忙碌的麥丘里蒞臨。[4]於是國人都在談論她的努力。

　　或許亞特蘭大不是以遲鈍的比歐西亞帶翼少女命名的；[5]你曉得這故事──黝黑的亞塔蘭大，個子高大而粗野，只願嫁給賽跑贏過她的男子；狡猾的希波孟尼斯在途中放置三粒金蘋果。[6]她像影子般飛馳而過，停了下來，被第一顆蘋果嚇了跳，但是當他伸出手時，她又跑掉了；她在第二顆上空盤旋，然後從他熱切的手中溜走，飛越河川、溪谷和丘陵；但是，當她在第三顆上空徘徊之際，他的雙臂將她抱住，兩人面對面，小愛的烈焰玷汙了大愛的聖殿，因而遭到天譴。倘若亞特蘭大現在不是以亞塔蘭大命名，以前應該是。

　　亞塔蘭大並非首位或末位少女因貪圖黃金而玷汙了大愛的廟堂；且不僅少女們如此，在人生的競賽中，人們也從高尚、慷慨之青年理想中墮落至賭徒的交易所法則；在我們國人的奮鬥中，工作信條不就被薪餉信條玷汙了嗎？這種事太過司空見慣，以至於半數人都認為正常；太過不加置疑，以至於幾乎不敢質疑賽跑的目的是否不在於黃金，人類的目標是否不正是致富。如果這是美國的過錯，那麼多麼可怕的危險展現在一塊新

之長短。

4〔譯注〕麥丘里（Mercury）為羅馬神話中司商業、旅遊與偷竊的神，也是眾神之使者。

5〔譯注〕比歐西亞（Bœotia）為古希臘之城邦，底比斯城（Thebes）之所在地。

6〔譯注〕在希臘神話中，亞塔蘭大（Atalanta）是名捷足善跑之少女，她同意嫁給能夠跑贏她的男子。希波孟尼斯（Hippomenes）在賽跑途中丟下三顆金蘋果，她停下來撿時速度慢了下來，結果被他擊敗。

地與一座新城眼前，惟恐亞特蘭大在委身撿取純金時，會發現那塊黃金已遭天譴！

　　引發這場艱苦賽跑的，絕非少女一時的心血來潮；內戰後，那座城市的腳下是片可怕的荒野——封建制度、貧窮、平民的興起、[7]農奴制度、社會安寧的更生，以及最重要的，種族的面紗。在雙腳疲憊的情況下，這是多麼艱辛的旅程啊！亞塔蘭大必須擁有什麼樣的翅膀，才能飛越這山谷和丘陵，穿過潮濕的森林和遲緩的河水，飛過被太陽曬乾的紅土荒原！亞塔蘭大非得火速飛馳，才不至於被黃金誘惑而玷汙了聖殿！

　　我們祖先的聖殿中確實神靈稀少——有些人譏笑道：「少得可憐。」只有新英格蘭節儉的麥丘里、北方的冥王普魯多、西部希瑞絲，以及幾乎被遺忘的南方阿波羅。[8]那少女就是在阿波羅的保護下賽跑的——在賽跑之際卻忘了他，即使在比歐西亞那裡，也將維納斯忘得一乾二淨。[9]她忘了南方紳士的舊有理想——那新世界的後嗣本應繼承望族、騎士與貴族的優雅和謙恭；隨著他的弱點而忘了他的榮耀，隨著他的粗心而忘了他的親切，結果委身屈就金蘋果——屈從於更忙碌和更精明的人，更節儉和更無恥的人。金蘋果鮮豔美觀——我記得少年時無法無天的日子，金色鮮紅的果園引誘我越過圍籬和田野——[10]同

7　〔譯注〕the Third Estate（第三階層）在封建制度下是指農夫或平民。第一階層為僧侶或牧師，第二階層是貴族。

8　杜博依斯將眾神與美國各區聯想在一起。阿波羅（Apollo）乃希臘之神，司太陽、預言、音樂、醫藥與詩歌，祂「幾乎被遺忘」，因為舊南方的理想遭到奴隸制度和內戰破壞。司貿易的麥丘里被視為新英格蘭之神。普魯多（Pluto）乃司地府與鍛鐵之神，代表北方的工業利益。希瑞絲（Ceres）乃羅馬神話中之穀類女神（猶希臘神話中之Demeter），與西部的農業優勢相關。（Gates and Oliver, 56, n.1）。

9　〔譯注〕維納斯（Venus）乃是羅馬神話中司愛與美之女神。

10　在《自傳》中，杜博依斯談到跟中學朋友一起偷摘葡萄，園主是名有頭有臉的

樣的，趕走農場主人的商人絕非卑鄙的暴發戶。工作和財富是提升這片古老新地的強有力手段；節儉、苦幹與儲蓄為邁向新希望與新可能的途徑；不過，警告有其必要，惟恐狡猾的希波孟尼斯引誘亞塔蘭大，讓她誤以為金蘋果是競賽的目標，而不只是途中的事件。

亞特蘭大切不可誤導南方以物質繁榮為一切成就的標竿；這個念頭的致命力量已開始擴散；它正以粗俗的發財者取代更優質的南方人；它正將南方生活的甜美優點埋藏在浮誇和炫耀底下。針對每種社會病症，都極力主張採用財富的萬靈藥——用財富推翻奴隸封建制度的遺緒；用財富提升第三階層的「窮苦白人」，用財富僱用黑農奴，利用致富的希望促使他們不斷工作；以財富作為政治目的，作為治安的法幣；最後則以財富作為公立學校的理想，而不是真、善、美。

這不僅在亞特蘭大所代表的社會中是真的，在那個社會之下與之外的社會也有可能成為事實——大面紗之外的黑人社會。今天，黑人所思、所夢或所求，對亞特蘭大或南方的差別微不足道。在這片土地的心靈生活中，黑人在今天是幾乎被遺忘的一群，未來很長一段時間必然也是如此；不過，當黑人確實開始為自己著想、渴求或行動時——別以為那一天絕不會到來——他所扮演的角色，不會是突如其來的學問，而是他在種族孩提時代牙牙學語學到的字眼和思想。今天，他力求自我實現的酵母，對白人社會的競爭而言，好比輪中輪：在大面紗之外乃是較小卻相同的理想問題，領導者與被領導者的問題，農

公民。雖然杜威法官提議將杜博依斯送到少年感化院，但園主拒絕提出控告（Gates and Oliver, 56, n.3）。

奴的問題，貧窮的問題，命令與服從的問題，尤其是種族的面
紗問題。很少人知道這些問題的存在，知道的人也難得加以理
會；但這些問題確實存在，亟待學者、藝術家與先知有朝一日
能夠發現。希波孟尼斯的誘惑已然滲透；在這小世界中，已經
逐漸養成用金錢詮釋世事的習慣，如今間接，不久勢必直接影
響大世界，影響有好有壞。在擁有黑人社會意識的小圈圈裡，
新的黑人意見領袖正在取代舊的；黑人牧師或教師不像二十年
前那樣具有領導地位。正在取而代之的是農莊主人、園藝家、
收入不錯的服務生和工匠、商人──那些有錢有地的人。隨著
這一切的改變，理想也必然產生變化，說來奇怪，這情況倒和
另一世界的改變類似。今天，南方哀嘆某種黑人典型正不斷、
緩慢消失，即昔日忠心耿耿、彬彬有禮的奴隸，既正直誠實又
莊重親切。他確實正在凋零，正如傳統的南方紳士那樣，且凋
零的原因類似──自由的純潔、遙遠的理想突然轉變成謀生的
殘酷現實，進而將金錢奉若神明。

在黑人世界中，牧師與教師曾具體表現該種族的理想──
爭取另一種更公平的社會、公正的模糊夢想、知識的奧祕；可
是，今天的危險乃是這些具有純真優點與玄妙啟迪的理想，突
然淪為現金與貪求黃金的問題。此地站著這位黝黑年輕的亞塔
蘭大，為了這場不得不跑的競賽整裝就緒；如果她的眼睛一如
往昔望著丘陵與天空，我們就可以期待高尚的賽跑。不過，要
是某位殘酷或狡猾或甚至輕率的希波孟尼斯在她面前放置金蘋
果，怎麼辦？要是黑人從爭取正義、愛好知識中受到引誘，轉
而視金錢為人生的最高目標，怎麼辦？要是將重生南方新興的
拜金主義添加到美國的拜金主義，而南方的拜金主義受到半覺

醒的黑人大眾萌芽的拜金主義加持，怎麼辦？那麼，新世界真、善、美的追求會往何處逐漸消失微光呢？這與那自由的美麗花朵——儘管受到現代年輕小伙子的譏笑，卻從我們祖先的血統中綻放——也非得墮落成塵灰滿布的黃金追尋、非得淪為與希波孟尼斯的放情縱慾不可乎？

　　亞特蘭大的百丘頂上並非全然工廠林立。朝西邊的某一區，在夕陽的映襯下，三棟建築的輪廓極為明顯。此批建築之美在於純然協調一致：一座廣闊的翠綠草坪從紅色街道上斜斜上升，草坪上玫瑰和桃樹混成一片；北邊和南邊各一棟未裝飾的雄偉大廳；在兩棟大廳中間是棟更大的建築，半藏於常春藤中，醒目優雅，鮮加修飾，頂端有座矮尖塔。這批建築令人有寧靜之感，別無他求；一應俱全，清清楚楚。我就住在那裡，日復一日，聆聽平靜生活的低鳴。冬日黃昏，火紅的太陽閃爍著光芒時，我看到黝黑的身軀隨著夜間的音樂鈴聲穿過大廳中間。早上，當陽光燦爛時，晨間鈴響的叮噹聲將三百名年輕人從走廊與街道的匆忙與笑聲中，從山下的熱鬧城市中聚集在一起——全是皮膚黝黑、頭髮濃密的學童——在晨禱音樂中合唱清晰、年輕的歌聲。然後他們聚集在半打教室中，時而傾聽黛朵的情歌，[11] 時而傾聽特洛伊神城的故事；[12] 時而在群星中漫遊，時而在人群與諸國中流連——不然就用別的老舊方式去了解這個奇

11〔譯注〕在羅馬神話中，黛朵（Dido）係北非迦太基（Carthage）建國者及女王。其情歌在《伊涅伊德》（*The Aeneid*）有記載。
12〔譯注〕在特洛伊戰爭中，希臘人將兵卒藏於木馬內，誘使特洛伊人將木馬拖入特洛伊城（Troy）；夜間伏兵跳出，裡應外合，一舉攻下該城。詳見《伊利亞德》（*The Iliad*）。

特的世界。既無新方，亦無省時花樣——只是一些歷史悠久的古法，藉以鑽研真理、探尋隱藏的人生之美，並學習生活之善。生存之謎乃是擺在法老王面前的大學課程，[13]乃是柏拉圖在樹叢下傳授的大學課程，[14]乃是構成中世紀三學科與四門高級學科的大學課程，[15]即亞特蘭大大學今天呈現在自由人子弟面前的大學課程。[16]這學程不會改變，它的教法會更靈巧有效，它的內容憑著學者的費勁與先知的眼光會更加豐富；不過，真正的大學總是會有一個目標——不是掙得食物，而是了解食物所滋養的那種生活目標。

在這些黑眼睛前面所浮現的人生景象裡，絕無卑鄙或自私成分。就算在牛津或萊比錫，就算在耶魯或哥倫比亞，[17]也沒有如此強烈的決心，或如此無拘無束的奮鬥；決心為人類——包括黑人和白人——實現生命的最大極限，追求盡善盡美，獨力散播犧牲的福音，這一切乃是他們聊天和夢想的負擔。這塊綠洲位於一大片階層與褫奪人權的沙漠中間，位於種族仇恨所引發的傷心的輕蔑、衝突與不可捉摸中間，狂怒在此地冷卻，失望的苦澀由於巴納瑟斯山的泉水與清風而得到紓解；[18]人們可以徜徉於此地傾聽，得知比過去更豐富的未來，並聽到時間的聲音：

13〔譯注〕法老王（Pharaoh）係古埃及王之尊稱。

14〔譯注〕柏拉圖（Plato）為雅典哲學家（西元前427－347年），蘇格拉底的學生，創立柏拉圖學園和學派。

15〔譯注〕三學科（*trivium*）包括文法、邏輯和修辭；四學科（*quadrivium*）包含算術、音樂、幾何和天文。此七學科乃中世紀之七門文理科。

16〔譯注〕1865年，自由民事務局的成員創設了亞特蘭大大學。

17〔譯注〕這四所極為出色的歐美大學分別位於英國的牛津（Oxford）、德國的萊比錫（Leipzig）、美國康乃狄克州（Connecticut）的紐哈芬（New Haven）和美國的紐約市（New York City）。

18〔譯注〕巴納瑟斯（Parnassus）乃希臘之山名，靠近古阿波羅神諭所在地德耳菲（Delphi）。

你要安貧守分，你要守分安貧。[19]

在戰爭煙火消散之前創立費斯克、郝華德和亞特蘭大大學等人士犯了錯；他們雖然犯了錯，但那些錯誤並不是我們最近放聲嘲笑的對象。他們設法以大學作為新教育體系的根據正確無誤：若非以最廣博與最深奧的知識為根基，我們真的該將知識奠基於何處呢？樹的生命來源為樹根，而不是樹葉；打從歷史的開端，從阿科迪摩斯到劍橋，[20]大學文化一直是主要的基石，幼稚園的入門知識即建立在這基石上。

不過，這些創辦人確實犯了錯，錯在輕視眼前問題的嚴重性；錯在以為它是幾年與幾十年的事；因此快速建造，根基打得粗心大意，降低知識的標準，直到他們在南方散亂地設立約一打設備簡陋的高中，並誤稱之為大學。他們也忘了不均等法則，正如他們的繼承者正在遺忘此法則：在百萬黑人青年當中，有的適合拿筆，有的適合拿鋤頭；有的具備大學生天分和才能，有的具備鐵匠天分和才能；真正的訓練並非意味著人人上大學，或人人當工匠，而是意味著一類應該被訓練成文化宣傳者，教導未受教育的民族，另一類應該被訓練成農奴當中的自由勞工。而設法使鐵匠成為學者，和晚近將學者訓練成鐵匠的計畫幾乎一樣愚蠢；幾乎但不盡然。

19〔譯注〕典故出自哥德（Johann Wolfgang von Goethe）著名詩劇《浮士德》（*Faust*, 1808），劇中主人翁浮士德宣稱："Entbehren sollst du, sollst entbehren"（"Renounce shalt thou, thou shalt renounce"）。

20〔譯注〕英國的劍橋大學大約創立於1209年，是世上最著名、最古老的大學之一。阿科迪摩斯（Academus）係位於雅典西北之聖地，柏拉圖在那裡創設哲學講堂，成為爾後大學制度之濫觴。

　　大學的功能不僅是教導謀生技藝，或提供公立學校師資，或成為上流社會的中心；最重要的功能是成為適切融合現實生活與增進人生知識的機構，此一融合乃是文明的祕訣。今日南方亟需這樣的機構。南方擁有宗教，熱心而固執：在大面紗的兩邊往往忽略了第六、第七和第八誡，[21] 卻用一打補充誡律取代。正如亞特蘭大所顯示的，她擁有不斷成長的勤奮和節儉；但是，她缺乏世人今昔所了解有關人類生活和行為的廣博知識，她可將此等知識運用在今天所面臨的成千上萬的現實生活問題。南方急需知識和文化——不是像內戰前那樣精挑細選一點點，而是在勞動界大量充裕的知識和文化。在她擁有這之前，海絲蓓瑞蒂絲的所有蘋果，[22] 即使是金的並綴了珠寶，也無法拯救她免受比歐西亞情人的詛咒。[23]

　　亞塔蘭大之翼乃是南方大學的來臨。唯有大學能夠背負少女通過黃金水果的誘惑。這些大學不會引導她飛離棉花和黃金；因為——噯，思慮周到的希波孟尼斯！——人生的旅途上不就放著蘋果嗎？但這些大學會引導她飛越它們，讓她跪在真理、自由和博愛的殿堂裡，純潔且未遭玷汙。舊南方在人的教育上犯了嚴重錯誤，輕視大眾教育，吝於資助大學。在奴隸制度的惡劣氣息下，她的舊式大學根基萎縮了；甚至打從內戰以來，它們在社會不安與功利自私的腐敗風氣下力求生存而不可得，由於沒有批評而妨礙發展，嚴重缺乏有教養的飽學之士。

21〔譯注〕出自《聖經》十誡（〈申命記〉第五章第十七節至十九節）。第六誡禁止殺人，第七誡禁止通姦，第八誡禁止偷竊。

22〔譯注〕海絲蓓瑞蒂絲（Hesperides）係希臘神話中看守金蘋果園之姊妹，果園歸大地女神赫拉（Hera）所有。

23〔譯注〕比歐西亞情人指亞塔蘭大和希波孟尼斯。參見本章注5和注6。

如果這是南方白人的需求和危險，那麼自由民子弟們的危險和
需求更為嚴厲！廣博理想與誠實教養的需求多麼迫切！多麼需
要保護心靈不受自私目的與卑下情慾的汙染！讓我們建造適合
長存的南方大學——威廉瑪麗、三一、喬治亞、德州、杜連、
范德比爾特等等大學；[24] 讓我們也建造黑人大學——費斯克，
它的根基廣闊極了；郝華德，位處美國心臟；在亞特蘭大的亞
特蘭大，它的學術成就的理想一直被視為高於數字的誘惑。何
不在此以及或許其他地方斷然深植學識與生活中心的根基，這
些大學每年造就一些飽學、寬宏大量之白人和黑人投入南方生
活，和其他人攜手合作，為這種族紛爭提供適當而有尊嚴的和
平？

　　耐心、謙虛、禮貌和品味，公立小學和幼稚園、技藝和技
術學校，文學和容忍——這些全然源自知識與教養，此即大學
之產物。人類社會與國家均須如此創立，而不是用其他方式，
也不是反其道而行。

　　教導工人工作——一則睿智的格言；應用於德國男孩與
美國女孩時是睿智的；就黑男孩而言則更為睿智，因為他們比
較缺乏工作知識，又沒人教。教導思想家思考——在不嚴謹又
不準確的邏輯時代中是必備的知識；而命運最悲慘者不得不接
受最徹底的訓練，以便正確思考。果真如此，那麼問到什麼是
一百萬或七百萬或六千萬人的最好教育是多麼愚蠢！我們該教

24〔譯注〕威廉瑪麗（William and Mary）、三一（Trinity）、喬治亞（Georgia）、
　　德州（Texas）、杜連（Tulane）、范德比爾特（Vanderbilt）都是著名的南方大
　　學。其中，北卡羅萊納州的三一學院日後更名為杜克（Duke）大學。

他們手藝，或培養其通才學科呢？兩者皆非，兩者皆是：教導工人工作及思想家思考；使具木匠天分者成為木匠，具哲學家天分者成為哲學家，使笨蛋成為紈袴子弟。我們也不能就此打住。我們不是在訓練孤立的個體，而是有生命的群體——不，應該說群體中的群體。訓練的最終成果既不該是心理學家，也不該是磚瓦匠，應該是男子漢。為了培養男子漢，我們必須持有理想，持有廣大、純潔和啟發人心的生活目標，而不是貪婪的賺錢，不是金蘋果。工人必須為其手藝之光榮而幹活，不光是為了工資；思想家必須為真理而思考，而不是名氣。要達成這一切，端賴人類奮鬥與渴望；端賴不停的訓練和教育；端賴將正義奠基於正直上，將真理奠基於不受阻礙的追求真理上；端賴以大學作為公立小學的基礎，以公立小學作為技藝學校的基礎；於是組成一套體系而不是一種扭曲，帶來新生而不是流產。

　　夜幕降臨百丘城時，海風逐漸增強，沙沙朝西作響。在海風的吩咐下，懶洋洋的工廠煙霧吹向這座大城，像層陰影照著城市，而在遠方的大學，繁星在史東館（Stone Hall）上空閃爍著。據說那裡的灰霧乃是亞塔蘭大停在金蘋果上方的長袍外衣。飛呀，我的少女，飛呀，因為希波孟尼斯從那邊來了！

第六章

論黑人之訓練

嗨，如果靈魂能拋開軀殼，

然後赤裸裸地在天國遨遊，

以往貪圖住在皮囊中趑趄

豈不可羞——對他豈不可羞？

——歐瑪·海亞姆（費茲傑羅）[1]

---

1 同名之原稿刊載於 1902 年 9 月號之《大西洋月刊》（頁 287-297）。詩詞摘自愛德華·費茲傑羅（Edward Fitzgerald）所譯的《魯拜集》（*The Rubaiyat of Omar Khayyam*, 1859）。Khayyam 為古波斯詩人（興盛期西元 1000 年）。樂曲出自黑人靈歌〈繼續前進〉（"March on"）（Gates and Oliver 62）。

　　在許多、許多的思潮以前，販奴船隻從閃閃發光的海水漩渦首度看到詹姆士鎮的方形高塔，[2]三條思想潮流從此流傳至今：一條漲自此地與海外的大世界，說道文化地產的人力需求加劇，亟需世界性的人類合作加以滿足。新的人類團結於焉興起，拉近了天涯海角的距離，以及黑、黃、白所有人種。活躍國家與沉睡部落在這樣的接觸下，更多人努力從中感受世間新生命的刺激，叫道：「如果生命與睡眠的接觸是死亡，那麼這樣的生命可真丟臉。」當然啦，該思潮背後潛藏著軍力與控制的後見——利用珠子與紅印花布引誘褐色人種，迫使他們屈服。[3]

　　從死亡之船與彎曲河川流傳而來的第二條思潮，乃是古南方的思潮[4]——誠摯而熱切地相信：在人與畜生之間，上帝創造了第三種生物，[5]稱之為黑人——滑稽、單純的動物，在能力受到局限下有時倒還可愛，卻苦於命中注定在面紗內行走。當然啦，該思潮背後潛藏著這樣的後見——他們之中有些人若時來運轉則可能成為人；然而，我們為了自保卻不敢容許，於是在他們周圍豎起高牆，在他們與燈光之間懸掛著厚布幔，他們連想都甭想越過。

　　最後，那第三條更黑暗的思潮滴流下來——事物本身的思潮，白化的黑人困惑地、半意識地呢喃著，叫道：「自由、自

---

2 〔譯注〕詹姆士鎮（Jamestown）位於維吉尼亞州，是北美洲之第一個英國殖民地，創立於1607年，十二年後第一艘販奴船抵達此地，此為北美洲最早之黑人。
3 杜博依斯在描述白人透過珠串和布料引誘原住民甘受隸屬，珠串和布料係傳統上用來和土著民族交易的消費貨品。在美國，民眾普遍相信：曼哈頓（Manhattan）島是以類似的便宜貨向原住民購買的（Gates and Oliver, 62, n.3）。
4 〔譯注〕死亡之船是指販奴船隻。
5 〔譯注〕原文 *tertium quid* 係拉丁文，意指模糊狀態或第三者。

主、機會──自誇的世人啊，賜予我們活著的人機會！」當然啦，該思潮背後潛藏著這樣的後見──假定世人終究是對的，我們絕對不是人？假定這瘋狂的內在衝動全都錯了，原是來自虛假世界的某種模擬幻象？

　　因此，當下我們處於人類團結一致的思潮中，即使是透過征服與奴役；處於黑人下等的思潮中，即使是為詐欺所逼；夜裡尖聲呼求自由，他們還沒把握自己有權力要求。這是思潮與回想的糾纏，在此我們受命解決訓練黑人生活的問題。

　　這問題同樣吸引賢能者和外行人的好奇，好奇背後卻存有種種模糊的危險，在我們面前投射著既古怪又可怕的陰影。我們都明白：世人穿越沙漠與荒野所尋求的，我們每一戶都有──適合亞熱帶的堅實勞力；如果我們不理時代思潮的聲音，拒絕運用並發展這些人，就要冒貧窮與損失的危險。另一方面，要是我們受到無情的後見所支配，讓掌控在我們手中的種族墮落下去，自私地像過去那樣，在未來吸取他們的血和智力，那麼，有什麼能使我們免受國家腐化的影響？惟有教育所教導的那種更明智的利己主義，能夠在工作的快速變遷中找到所有人的權利。

　　再者，我們固然可以公開譴責南方的膚色歧視，但膚色歧視依舊是沉重的事實。此般古怪的偏執心態確實存在，必須冷靜處理，不能一笑置之，也不能老是猛烈攻擊而獲致成效，且不易透過立法加以廢除。不過，絕對不能置之不理而助長其勢。此等偏執心態必須被認清為事實，卻是不愉快的事實，妨礙文明、宗教與通俗禮儀。這些事只能用一種方式對付──藉由人類理性的寬大與擴展，藉由品味與教養的寬容。因此，

即使是落後且不雅的黑人，他們的天賦雄心與大志也不得輕率
處理。刺激野蠻且未經陶冶的心靈等於玩弄大火；懶惰地嘲笑
他們的努力，無異歡喜地迎接吾人膝下的殘酷罪行與無恥的昏
睡。思想的指引與行為的靈巧協調，既是榮耀也是人道之路。

　　因此，在調和三條浩瀚且部分互相矛盾思潮的大問題上，
人人口中都提到教育的萬靈藥——善用全民勞力而不加以奴役
或施暴的人力訓練；可讓我們沉著的訓練，以鼓舞保護社會的
種種偏見，以隱藏那些偏見，致使我們慘無人道地充耳不聞面
紗內囚禁靈魂的哀號，視而不見戴手銬者的盛怒。

　　然而，當吾人含糊地說道教育將矯正糾纏時，除了老生常
談外，還表達了什麼？終身訓練固然教導生存之道，但什麼訓
練可讓黑人和白人共處而互蒙其利？一百五十年以前，我們的
任務似乎簡單得多。當時，詹森博士殷勤地使我們相信教育只
是為了裝飾人生而設，[6]對一般歹徒毫無用處。今天，我們已爬
至高處，至少可以打開知識的外庭供全民共享，展示其寶藏給
許多人，並挑選少數人向他們揭露真理的奧祕，不是全靠血統
或證券市場的運氣，至少有部分是根據靈巧與目標、才華與人
格。然而，在受到奴隸制度打擊最嚴厲的地區，以及我們處理
兩個落後民族的地區，我們在執行該方案時非常為難。此地在
人的教育上，需要結合永久性與偶發性、理想性與實用性，以
達到切實可行的平衡，一直是件無盡的嘗試與時常犯錯的事，
在每一時代和地點也勢必如此。

6〔譯注〕詹森博士（Samuel Johnson, 1709-1784）係英國名嘴、辭典編纂者、詩
　人、小品文家兼批評家，其《英語辭典》（*Dictionary of the English Language*,
　1755）為第一部重要的英語字典。

　　南方教育自從內戰以來，粗估可指出四個不同十年的工作。從內戰結束至 1876 年為不確定的摸索與暫時解脫的時期。當時有陸軍學校、教會學校和自由民事務局的學校，在雜亂無章的情況下尋求制度與合作。接下來的十年則積極、明確地嘗試在南方建立完整的學校體系。為自由民創立師範學校與學院，從那兒訓練出來的教師分配至公立中、小學。戰爭不可避免地趨向於低估主人的偏見與奴隸的無知，一切似乎駛離了暴風雨的摧殘。同時，從這十年起，尤其是從 1885 年至 1895 年，開啟了南方的工業革命，地方瞥見了新命運與新理想的鼓舞。力求圓滿的教育體制看到新的挫折，與越來越廣、越深的工作範疇。倉促成立的黑人大學設備不全、分配不合理，效率與等級參差不齊；師範學校與中學所做的，簡直和公立小學不相上下，而公立小學所訓練的學童，僅達理想數目的三分之一，而且往往訓練得很差。同時，南方白人由於從奴隸制度理想突然轉變，更加固執、強化其種族偏見，並化為具體的嚴厲法律與更嚴厲的習俗，而窮苦白人神奇地向前推展，大有奪走自由民的重殘子弟的生路之虞。由此可見，在黑人教育的大問題中迸發出更現實的就業問題，一個民族從奴役過渡到自由難免面臨經濟窘境，尤其是在憎恨與歧視、無法無天與殘酷競爭中促成那種轉變的族人。

　　在這十年間引發注意、卻是從 1895 年起十年才受到充分承認的技藝學校，提供了教育與經濟聯合危機的解答，適時而極具智慧的解答。從一開始，幾乎所有學校都注重手工藝訓練，不過，這種訓練現在提升到顯著的地位，與南方輝煌的工業發展直接相關，而這種訓練旨在提醒黑人：在知識的殿堂前懸掛

著扇扇辛勞之門。

　　然而，它們終究不過是大門罷了，我們將眼光從黑人問題的暫時與偶發事件，轉向更廣泛的美國黑人的永久提升與文明等問題時，有權利問道：隨著物質進步達到高峰，技藝學校究竟是否為訓練黑種人的最終與充分解答？我們溫和而極為誠懇地提出這世世代代反覆出現的問題：生命不勝於食物，身體不勝於衣裳乎？[7]鑑於晚近教育運動的不祥跡象，人們今天更加焦急地問這問題。此地之趨勢乃是將人類視為南方物質資源之一環，純粹著眼於未來利潤而加以訓練，此趨勢源於奴隸制度，受到當今瘋狂的帝國主義鼓舞而更加明顯。將褐色和黑色人種限定其「所」的種族偏見，我們開始以一種理論視之為有用的同盟，不管這些偏見會麻木掙扎求生者的雄心到什麼程度，使其內心厭惡到什麼程度。最重要者，我們天天聽到鼓勵志向、立下最崇高的理想，及追求教養與人格作為目標而不是謀生的教育，乃是白人的特權、黑人的危險與幻想。

　　該批評特別指向以前援助黑人的教育工作。在我所提到的四個時期中，我們首先發現漫無目標的無盡熱心與犧牲；接著為廣大的公立中小學體系儲備教師；繼而在日益困難中開辦、擴充此中小學體系；最後為新興與成長中的技藝訓練勞工。此一發展遭到嚴厲的譏笑，認為是合理的異例，完全顛倒自然。事實上，我們被告知：首先，技藝和手工訓練應該教會黑人工作；接著簡單的課業應該教會他讀寫；最後，幾年後，中學和師範學校即可健全該體系，如才智與財富所要求者。

7〔譯注〕參閱〈馬太福音〉第六章第二十五節。

只須動點腦筋即可證明：邏輯上如此完整的體系在歷史上是不可能的。人間事的進展與其說是推行，往往不如說是拉拔，優秀人才向前衝，然後緩慢而痛苦地提升其遲鈍的弟兄至有利地位。因此，大學誕生於公立小學前幾個世紀，美麗的哈佛成為荒野中的第一朵花兒，[8]絕非偶然。因此在南方：內戰後的自由民大眾缺乏現代工人所需要的智力。他們必須先有公立小學教他們讀、寫、算；他們必須有高級學校訓練公立小學師資。湧向南方的白人教師著手建立這樣的公立小學體系。很少人主張創立大學；他們大部分人起初勢必會嘲笑這主意。然而他們卻和隨後所有白人一樣，都面臨南方的主要弔詭：黑白種族的社會隔離。當時，在工作、政府與家庭生活上，黑白之間幾乎所有關係突然間猛烈決裂。打從那時以來，在經濟與政治事物上一種新關係的調適逐漸形成——棘手而難以掌握的調適，卻獨具巧思，使那膚色界線的可怕罅隙依舊存在，人們越過那界線得自冒其險。由此可見，當時與現今，南方有兩個隔離的世界；而且不光是在更高領域的社交方面隔離，在教會與學校，在火車與電車上，在旅館與戲院，在街上與市區，在書籍與報紙，在精神病院與監獄，在醫院與墓地，都一一隔離。為了大規模的經濟與團體合作，雖然仍有足夠的接觸，但隔離得如此徹底與深入，目前黑白兩種族根本不可能彼此從事和諧而有效的團體訓練或接受領導，然為求有效的進步，美國黑人和所有落後民族都必須接受這樣的訓練。

---

8 杜博依斯是第一位獲得哈佛大學博士學位的黑人。哈佛學院創立於1636年（譯注：原注誤植為1630年），是美國最古老的學院。杜博依斯稱呼哈佛「美麗」（"fair"），因為「美麗的哈佛」是校歌（Gates and Oliver, 66, n.2）。

　　1868年的傳教士很快就了解這點；[9]如果在建立公立小學以前無法有效辦理工商學校，同樣的，在沒有教師可任教以前，必然無法建立適當的公立小學。南方白人不願意教；又無法找到足夠的北方白人。黑人如果要學，就必須自己教，而可以給黑人的最有效協助，乃是設立學校訓練黑人教師。凡是研究此一狀況者勢必慢慢地得到這個結論，最後，自相距遙遠的一些地區，未經商量或有系統的規畫，同時興建了一連串機構，旨在為未受教育的黑人供應師資。評論者在冷嘲熱諷該程序的明顯缺失時，它的壓倒性反駁卻總是處於上風：在一個世代中，他們為南方訓練出三萬名教師；消除了大多數的黑人文盲，讓塔斯奇基行得通。

　　這樣的高級職業學校自然有助於深化更廣泛的發展：最初這些學校是小學和文法學校，然後有些變成中學。最後，在1900年以前，大約三十四所學校提供一年或一年以上的大專程度學業。各校達成此一發展結果的速率有別：漢普頓仍然是一所中學，[10]而費斯克大學於1871年創立學院，[11]史貝爾曼神學院約於1896年。[12]總之，其目標並無二致——提供教師與領導者最好的實用訓練，以維持下層訓練的水準；最重要者，賦予黑人適當之人文素養與崇高的人生理想。用技術的正規方法訓練師

9〔譯注〕指自由民事務局之成員。

10〔譯注〕漢普頓（Hampton）師範與農業學校，位於維吉尼亞州的漢普頓，1868年由紐約的美國傳教士協會創立，藉以提供自由民教育機會。從1878年起，該校亦接收美國原住民。截至1900年，該校之非裔與原住民學生增至近千名。

11〔譯注〕費斯克（Fisk）大學原名費斯克黑人學校，1866年創立於田納西州首府納許維爾。翌年8月，該校校長約翰·歐萬登（John Ogden）將其更名為費斯克大學。

12〔譯注〕史貝爾曼神學院（Spelman Seminary）位於亞特蘭大，係美國第一所黑人女子學院，創立於1881年，現稱為史貝爾曼學院。

範學校教師是不夠的；他們也必須盡量是胸襟開闊、有教養的男女，以便在黑人中間散播文明，因為黑人不僅在學問方面愚昧，對人生本身也無知。

由此可見，南方的教育工作從高等訓練機構著手，進而產出公立小學作為葉子，接著是職業學校，同時努力朝著學院與大學訓練扎下愈來愈深的根。這遲早都是不可避免且必要的發展，自不待言；不過，自以往迄今，許多人心中一直存著一個疑問：其自然成長是否被迫，而高等訓練是否操之過當，或方法庸俗且不健全。在南方白人當中，這種感覺普及而明確。一份有名的《南方日報》在最近的社論中表明這觀點：

為了給予黑人學生古典訓練所做的嘗試並不令人滿意。即使不少學生跟得上課程進度，大部分學生只是盲目地重複，學課堂上教的，卻似乎無法運用學問的真理與涵義，畢業時對未來則無明智的目標或有用的職業。整個計畫證明是浪費時間、心力與公帑。

雖然大部分的公正人士會認為這種說法極端且過分，但毫無疑問的，仍有許多人在問：準備好接受大學訓練的黑人數量是否多到值得從事該任務？不是太多學生過早被迫入學嗎？不是會造成年輕黑人對環境感到不滿嗎？這些畢業生在現實生活中有成就嗎？這些自然的問題無法逃避，另一方面，天性懷疑黑人能力的國人，也不該未經仔細調查或耐心傾聽道理即採用不利的答案。我們切勿忘記大部分美國人根據假設回答有關黑人的所有問題，人類禮貌最起碼所能做的，乃是聆聽證據。

　　提倡黑人的高等教育者絕不會否認現有制度的不全與顯著缺點：太多機構試圖承辦大學教育，有些大學的教育做得不徹底，有時重量而不重質。不過，全國各地的高等教育都有同樣的問題；那是教育成長中幾乎不可避免的枝節，卻略過較深奧的問題，即合法要求黑人的高級訓練。而該問題只能用一種方式解決——直接檢討事實。有些機構即使被稱為學院，但學生念到畢業所修的課實際上沒有一門超過新英格蘭的中學程度；如果我們不考慮這些機構，只考慮剩下的三十四所，就可以藉由仔細查問而將許多誤會釐清：它們是什麼樣的機構？教些什麼？准予畢業的是什麼樣的人？

　　首先，我們可以說這類型的大學很特殊，幾乎獨樹一幟，包括亞特蘭大、費斯克和郝華德、[13]威柏佛斯[14]和林肯、[15]比德、[16]蕭等等。[17]我在書寫時，穿過低鳴的閃亮樹木，瞥見了一大塊新英格蘭花崗岩鵝卵石，覆蓋在一座墳墓上，是亞特蘭大畢業生置放的，上面刻著：

　　　為了感懷他們的
　　　先師兼朋友

13〔譯注〕有關費斯克大學、亞特蘭大大學和郝華德大學，參閱第二章注35。

14〔譯注〕威柏佛斯（Wilberforce）大學創立於1856年，位於俄亥俄州（Ohio）的威柏佛斯，是美國第一所由非裔美國人所經營的高等教育學府。

15〔譯注〕林肯（Lincoln）大學成立於1854年，位於賓夕法尼亞州的牛津（Oxford）。

16〔譯注〕比德（Biddle）大學於1867年由基督教長老會所創立，位於北卡羅萊納州的夏洛特（Charlotte），主要提供非裔美國人宗教教育；1921年更名為詹森・史密斯（Johnson C. Smith）大學。

17〔譯注〕蕭（Shaw）大學成立於1865年，位於北卡羅萊納州的洛利（Raleigh），是美國南方最古老的黑人醫學院。

　　並紀念他無私的一生

　　以及崇高的事蹟

　　至盼他們，他們的

　　子女和他們子女

　　的子女都能夠享福[18]

　　這是新英格蘭致贈自由黑人的禮物：不是救濟金，而是朋友；不是現鈔，而是人格。從以往至今，這些如火如荼的數百萬黑人所要的，並不是金錢，而是愛與同情，隨著鮮血跳動的心臟脈搏。今天，只有他們的親戚和族人能將這禮物帶給大眾，但是從前，在六〇年代的聖戰中，品德高尚的人士將這禮物帶給自己喜愛的後代，那是美國史上最美好的東西，未受自私的貪婪與低級的虛榮玷汙的少數上品之一。這些機構的教師不是來讓黑人停留在原來的地位，而是將他們從受汙辱的境地——奴隸制度使他們沉溺之處——向上提升。他們所創辦的大學都是文教小社區，在這些家園中，自由民的優秀子弟跟新英格蘭最優良的傳統保持緊密而和諧的聯繫。他們一起生活與用餐，一起念書與工作，在黎明的曙光下期待與傾聽。在實際的正式內容上，他們的課程確實是保守的，但教育效力卻無與倫比，因為那是活生生的心靈接觸。

　　大約兩千名黑人從這樣的學校取得學士學位。這數字本身即足以平息那爭論，說黑人接受高等訓練的比例過高。倘若對比全國接受大學和中等學校訓練的黑人學生人口總數，教育行

---

18 紀念亞特蘭大大學的創辦人愛德蒙・威爾（Edmund A. Ware）的碑文（Gates and Oliver, 69, n.6），參見第二章注33。

政長官哈里斯很有把握地告訴我們，[19]要達到全國的平均數，
「則不得不增加現有的平均數五倍之多。」

　　五十年前，任何顯著數目的黑人學生精通一門現代大學課
程的能力，諒必難以證明。今天，事實證明四百名黑人分別從
哈佛、耶魯、歐博林及其他七十所第一流大學榮獲學士學位，[20]
其中不少人據報導是傑出學生。那麼，此際我們有將近兩千五
百名黑人畢業生，就此必須提出的關鍵問題為：其訓練使之適
應生活至何等程度？針對此點，要收集令人滿意的資料當然極
為困難──不易聯絡到那些人，不易獲取可靠的證詞，也不易
用眾人均能接受的成功標準評量該證詞。1900年在亞特蘭大
大學召開的會議著手研究這些畢業生，並將結果加以出版。[21]
首先，他們試圖了解這些畢業生在做什麼，並成功獲得在世者
約三分之二的回音。直接證詞十之八九均受到其母校紀錄的證
實，可見那些紀錄大體上值得信賴。這些畢業生有53％是教
師──學校校長、師範學校主管、市立學校體系首長等等。
17％為牧師；另外17％在專業界，主要當醫生。超過6％的畢
業生經商、務農或從事工藝，4％在政府部門任公務員。就算沒
有回音的3％畢業生大多失敗了，這紀錄仍有用處。這些畢業生
中，我個人認識好幾百人，曾經跟一千多位通過信，我透過其
他人密切注意好幾十位的終生事業；我教過其中一些和他們所
教過的一些小學生，住過他們所蓋的家園，並透過他們的眼光

19〔譯注〕哈里斯（William Torrey Harris, 1835-1909）係美國教育家兼哲學家。
20〔譯注〕歐博林（Oberlin）學院位於俄亥俄州的歐博林。創立於1833年，是第
　　一所實施男女合校的文理學院，也是最早允許黑人入學的私立院校之一。
21　此乃《接受大學教育之黑人》（*The College-Bred Negro*），由亞特蘭大大學出版
　　社於1900年發行。杜博依斯在亞特蘭大大學任教時主辦過四次會議。

觀看人生。將他們整體與我在新英格蘭和歐洲的學生相比，我可以直截了當地說：我從未碰過比黑人大學所培養的男女更專注於終生事業，具更寬大的助人精神，或在面對千辛萬苦時具有更神聖的決心要成功。他們之中當然也有無用的人、賣弄學問的人和識字的傻瓜，但比例出乎意料的少；他們沒有我們本能地和大學生聯想在一起的那種舉止陶冶，別忘了事實上那是來自有教養家庭的傳統，而且和奴隸制度隔了一世代的民族，雖然訓練得很好，仍舊不可能脫離某些殺風景的生硬與笨拙舉止。

這些人士具有更廣大的洞察力與更深刻的敏感性，通常是保守、謹慎的領導者。他們鮮為煽動者，克制充當暴民首領的誘惑，踏實而忠誠地任職於南方一千個社區中。身為教師，他們賜予南方一個值得稱許的市立學校體系，以及大量的私立師範學校與專科院校。在漢普頓，大學培養的黑人跟白人大學畢業生並肩工作；幾乎從一開始，塔斯奇基的師資主幹一直是由費斯克和亞特蘭大畢業生組成的。今天，該學院到處都是大學畢業生，從精力充沛的校長夫人到農藝教師，[22] 包括行政委員會將近一半的成員和大多數的系主任。在專業界中，大學畢業生正在緩慢而穩定地潛移默化黑人教會，正在治癒與預防疾病的蹂躪，並開始為勞苦大眾的自由與財產提供法律保障。這一切都是必須做的工作。如果黑人不做，那誰會做呢？黑人要是沒有接受徹底的訓練，怎麼能夠做？如果白人需要大學供應教師、牧師、律師和醫生，黑人難道就不需要嗎？

22〔譯注〕校長夫人是指瑪格瑞特（瑪姬）‧穆瑞‧華盛頓（Margaret [Maggie] Murray Washington, 1865?-1925），她是杜博依斯在費斯克大學時的同班同學，後來成為布克‧華盛頓的第三任妻子，當時布克‧華盛頓為塔斯奇基校長。

倘若此事千真萬確：美國有顯著數量的黑人青年在性格與才幹上足堪接受那種高等訓練，其目的乃是教養；倘若以往受過一些此種訓練的二千五百位大體上已證明對其種族和世代有益，那麼接下來的問題是：黑人大學與大學培養的人士在南方的未來發展上應該占何等地位？顯而易見的，隨著南方變成文明地區，目前的社會隔離與尖銳的種族敏感終究勢必受到教養的影響。不過，上述的轉變需要非凡的智慧與耐性。此一巨大傷口正在癒合之際，倘若黑白種族要在一起生活許多歲月，經濟上同心協力，服從一個共同的政府，對彼此的想法與感受保持敏感，卻在許多更深入的人情親密事務上微妙而默默地隔離——若此種危險而不尋常的動向在昇平、相互尊重與理智增長時繼續推展，即必須進行現代史上既是最棘手又是最細膩的社會手術。這需要胸襟開闊、正直的人士，包括白人與黑人，而到頭來手術完成時，美國文明將會得勝。就白人而言，這項事實今天正在南方受到承認，而大學教育的幸運復興似乎近在眼前。可是，說來奇怪，呼喊「向此一善舉致敬」的那些聲音，卻對黑人的高等教育大半默不作聲或加以反對。

說來奇怪！因為黑人若成為無知、騷動的無產階級，南方絕不可能建立安全的文明，這點毫無疑問。假定我們試圖補救卻只是讓黑人成為勞工：他們並非傻瓜，品嘗過生命之樹，不會停止思索，會繼續試圖解開世界之謎。你們奪走他們訓練卓越的教師和領導者，當著他們較勇敢與較聰明人士的面關上機會之門，這樣會讓他們對自己的命運感到滿意嗎？或者你們寧可將黑人的領導從學會思考的人手中轉移到未受訓練的煽動者手裡？我們不該忘記：任憑貧窮的壓力，任憑朋友的主動勸

阻，甚至嘲笑，黑人青年對高等教育訓練的需求穩定增加：從1875年到1880年，共有二十二名黑人自北方的大學畢業；從1885年到1890年則有四十三名，從1895年到1900年將近一百名。在相同的三個時期中，南方黑人大學則分別有一百四十三、四百一十三和五百多名畢業生。此乃對訓練的明顯渴望。拒絕給予這批十分之一幹才知識之鑰，[23]任何一位頭腦清楚的人均可料想：他們會淡然擱下個人的渴望，而心甘情願成為劈柴挑水的人嗎？

不會。當日漸增加的財富與更複雜的社會組織阻止南方成為只是恐嚇黑人的武裝營而已，猶如今日大多情境，屆時關於黑人地位異常清晰的邏輯將越來越響亮地表現。南方若要趕上文明，這樣的精力消耗不能吝惜。美國三分之一的黑人隨著技術的成長與愈來愈節儉，除非有技巧地用更廣泛的哲學加以引導，否則勢必越來越沉思於赤色的過去與令人毛骨悚然、欺詐的現在，直到它掌握一種反叛與報復的信條，然後將新發現的精力投向反對進步的潮流。甚至今天，黑人大眾很清楚地看出其地位的反常與你們地位的道德歪曲。你們雖可以整理出強烈理由控訴他們，但是他們的大聲反駁，就算缺少正式邏輯，卻含有你們不可完全忽略的真相啊，南方紳士們！倘若你們對他們留在此地感到痛心疾首，他們問道：誰帶我們來的？當你們叫喊，將我們從異種通婚的幻想中解救出來吧，他們答道合法

23〔譯注〕十分之一幹才（Talented Tenth）為杜博依斯堅信之重要概念，意指接受高等教育的十分之一黑人和知識菁英，他們有責任領導、啟發黑人同胞。詳見 W. E. B. Du Bois, "The Talented Tenth," in *The Negro Problem: A Series of Articles by Representative American Negro of Today.* Contributions by Booker T. Washington, W.E. Burghardt Du Bois, Paul Laurence Dunbar, Charles W. Chesnutt and Others (New York: James Pott, 1903): 33-75.

婚姻比有計畫之姘居和賣淫好太多了。倘若你們在義憤填膺下
控告他們的遊民強暴婦女，他們也可以同樣義憤填膺地答覆：
你們的紳士無視自己的法律對無助黑人婦女所幹的壞事，寫在
兩百萬混血兒的前額上，且是用抹不掉的血緣寫下的。最後，
當你們將罪行歸於這個種族，視之為其獨特特性，他們答道奴
隸制度係滔天大罪，而私刑與無法無天為其孿生畸形；他們答
道膚色和種族不是罪行，但在這國度裡，膚色和種族卻最常遭
到來自四面八方的不斷譴責。

　　我不會說上述的論點完全有憑有據，我不會堅持問題沒有
另一面；不過，我倒要說，在美國的九百萬黑人中，幾乎人人
自嬰兒時期即天天面對這些論點假恐怖真相之名展現。我堅持
未來的問題，乃是怎樣最能防止這數百萬黑人為過去的冤屈與
現在的困難陷入沉思，以便將全心全力貫注於愉快的奮鬥，並
與白人鄰居合作，邁向更廣大、更公正與更豐富的未來。處理
此事的明智方法在於將黑人與南方的重大工業潛能緊密結合，
此乃重要真理。而公立小學與手藝訓練及職業學校正在努力
實現此事。然僅此尚且不足。如果我們要建立穩固、永久的結
構，那麼這個種族的知識根基，正如其他種族一般，必須深植
於學院與大學。社會進展的內在問題勢所難免──勞資問題、
子女與家庭問題、倫理與人生事務的真正價值問題；黑人勢
必遭遇和其他文明中不可避免的問題，而且由於孤立的關係，
大半必須自己加以解決。除了藉由學習與思索及訴諸過去的豐
富經驗外，還有什麼可能的解方嗎？對這樣的團體，在這樣的
危機下，半吊子的訓練與膚淺的思考不是比過度教育與精益求
精更加危險、更令人擔憂嗎？的確，我們有足夠的機智創立黑

人大學，其人員與設備皆足以順利行駛於業餘藝術家與傻瓜之間。我們不會誘導黑人相信：胃若飽矣，腦筋即無關緊要。他們已隱約注意到，和平之路蜿蜒於誠實的苦工與有尊嚴的男子氣概之間，亟需熟練的思想引導，在黑人低下階層與受過訓練與教化的黑人間，亟需有愛心、恭敬的同袍之誼。

因此，黑人大學的功能甚明顯：必須維持普及教育的水準，必須尋求黑人的社會更新，必須協助解決種族接觸與合作的問題。最後，除了這一切之外，黑人大學必須培育人。各文化中心所保護的那種更高尚的個人主義，必須置於現代社會主義之上，並從群眾崇拜當中持續進化；對於人類至高無上的靈魂，必須抱持更崇高的尊重；人類靈魂設法認識它本身與周遭世界；追求擴充與自我發展之自由；人類靈魂會以其方式愛、恨、苦惱，同樣不受新舊之拘束。這樣的靈魂早先曾啟發、引導世人，倘若我們不完全受到自己的萊茵河黃金迷惑，[24]那麼它們會再啟發、引導我們。在此，黑人的渴望必須受到尊重：其經驗之豐富與難受、內心生活的未知寶藏與所目睹的自然奇異景象，在在提供世人嶄新的觀點，使其愛戀、生活與作為對所有人心皆彌足珍貴。而對他們本身，考驗他們靈魂的日子，翱翔在煙霧上方的朦朧藍天中，就其更優秀的精神而言，乃是對他們身為黑人而在人間所失去者的恩賜與回報。

我和莎士比亞坐在一起，[25]而他並未畏縮。我越過膚色界

24〔譯注〕萊茵河黃金（Rhine-gold）乃是德國神話中由萊茵河少女守護之黃金寶藏。德國作曲家理查‧華格納（Richard Wagner）著名歌劇之曲目即以Das Rheingold為名。

25〔譯注〕莎士比亞（William Shakespeare, 1564-1616）為舉世聞名之英國劇作家兼詩人。

線挽著巴爾札克[26]和大仲馬的手臂，[27]微笑的男子和笑臉迎人的女士在鍍金的大廳中悄悄走著。從黃昏的洞穴外，洞穴懸吊在枝幹強壯的大地與星星的細紋構圖中間，我召喚亞里斯多德[28]和奧利略留，以及隨心所欲召喚的靈魂，[29]他們都和藹地一一出現，既不蔑視也不俯就。於是我與真理結合而住在面紗的上方。狹義的美國啊，這正是你們不願讓我們過的生活嗎？這正是你們渴望加以改變的生活嗎？改變成喬治亞州枯燥乏味不忍卒睹的赤色生活嗎？你們何等恐懼，惟恐我們從高聳於非利士人與亞瑪力人[30]間的那座毗斯迦高山眺望，[31]會看到應許之地，是嗎？

26〔譯注〕巴爾札克（Honore de Balzac, 1799-1850）係法國小說家。

27〔譯注〕大仲馬（Alexandre Dumas, 1802-1870）為法國劇作家兼小說家。

28〔譯注〕亞里斯多德（Aristotle, 384-322 B.C.）為古代希臘大哲學家。

29〔譯注〕奧利略留（Marcus Aurelius, 121-180）係羅馬國王兼哲學家。

30 非利士人（Philistine）和亞瑪力人（Amalekite）均為以色列之仇敵。前者居住在巴勒斯坦西南岸的 菲力士提亞（Philistia），曾攻擊以色列多次；後者居住在西奈半島（Sinai）和迦南（Canaan）之間的沙漠地帶，屬於《舊約聖經》中一游牧部落，為以掃（Esau）之後代。

31〔譯注〕毗斯迦（Pisgah）為約旦山峰，摩西在此山頂眺望上帝應許之迦南福地。

第七章

論黑色地帶

耶路撒冷的眾女子啊，我雖黑，卻是秀美，

如同基達的帳篷，好像所羅門的幔子。

不要因日頭把我曬黑了

就輕看我。

我同母的弟兄向我發怒，

他們使我看守葡萄園；

我自己的葡萄園，卻沒有看守。

——《雅歌》[1]

---

1 第七、八章係從〈黑人之真正面目〉（"The Negro As He Really Is"）修訂而成，
原載於1901年6月號的《人間作品》（*The World's Work*）（頁848-66）。題詩摘自
《聖經・雅歌》第一章第五至六節。樂句出自黑人靈歌〈墓地光亮耀眼〉（"Bright
Sparkles in the Churchyard"）（Gates and Oliver, 74, n.1）。〔譯注〕當時《人間作
品》雜誌還附了十九幅照片作為例證；原來，《人間作品》僱用英國攝影師道摩
爾（A. Radcliffe Dugmore）為本文拍攝照片。道摩爾於1901年3月赴歐伯尼拍
照時，杜博依斯曾返回當地加以引導；馮瓦特在〈杜博依斯的喬治亞州西南黑
色地帶觀點〉（"W. E. B. Du Bois's View of the Southwest Georgia Black Belt"）一
文中選附了十三幀照片（詳見Formwalt 11-25）。

　　打北方駛來的火車如雷般轟隆作響，我們醒來時，但見喬治亞州的深紅色土壤從左右兩邊不斷延伸，顯得空曠而單調。各處可見零散、醜陋的村莊，瘦削的男子悠閒地在車站遊蕩；然後又是一大片松林和泥土。不過，我們並未打盹，也不會厭煩這種景象，因為這是歷史性場所。三百六十年前，何南多·狄索托曾率領一隊人馬在我們的鐵道對面徘徊，[2]尋找黃金與大海；他和腳痛的俘虜們消失在西邊陰森的森林裡。此地坐落著亞特蘭大，百丘之城，其熱鬧繁忙帶有西方情調、南部底蘊及獨具之風味。過了亞特蘭大，在其西南方不遠處，乃是查洛基族的領土，[3]那兒，距山姆·荷西殉命之處不遠，[4]你會站在當今黑人問題的中心——九百萬人的中心，那些黑人是美國承襲奴

2〔譯注〕何南多·狄索托（Hernando de Soto, 1496?-1542）乃西班牙征服者兼探險家，他率領最早的歐洲人遠征北美洲，包括現在的佛羅里達州、喬治亞州、阿拉巴馬州和阿肯色州，也是發現密西西比河者。

3〔譯注〕查洛基人（Cherokees）為美國原住民部落，屬於伊洛郭依族（Iroquois nation）之一支，在歐洲人開始進入北美洲時，查洛基人之領土涵蓋當今美國東南部大半地區。

4〔譯注〕山姆·荷西（Sam Hose）是名喬治亞州帕梅托（Palmetto）的黑人農工。他在1899年謀殺雇主後逃離家園。被捕後又被控強暴雇主的妻子。荷西承認謀殺雇主，卻否認強暴。約二千名群眾將他活活燒死，屍體慘遭支解，他的指關節被放在亞特蘭大一家商店的櫥窗展示。

隸制度與奴隸販賣的遺產。

　　因此，喬治亞州不僅是我們黑人人口的地理焦點，且在許多其他方面，當今和昨日的黑人問題似乎一直聚焦在這個州。美國其他州，沒有一個州擁有一百萬黑人公民──相當於1800年全美的奴隸人口；沒有一個州為了聚集這一大群非洲人而如此艱辛、長期奮戰。歐格紹普認為奴隸制度違法且違反福音；[5]然而，喬治亞州早期居民所處的環境，並不打算讓公民對酒和奴隸的想法過分挑剔。儘管受託人明令禁止，但是這些喬治亞州居民，就像他們的一些後代，開始私刑治罪；而法官們如此軟弱，走私如此惡名昭彰，懷特菲爾德的祈禱如此誠摯，[6]以至於到了十八世紀中葉，所有限制都給掃除一空，販賣奴隸愉快地施行了五十多年。

　　在南邊的大瑞安，數年前曾發生過戴利葛暴動（Delegal riots），[7]蘇格蘭高地人曾經強烈抗議奴隸制度；[8]伊本尼基亞的摩拉維亞教徒也不喜歡該制度。[9]可是，連海地的杜桑恐怖也沒有嚇阻人口販賣；[10]1808年的國家法規也終止不了。[11]於是非洲人

5　〔譯注〕歐格紹普（James Edward Oglethorpe, 1696-1785）係英國將軍、國會議員兼社會改革者。1733年建立喬治亞為英國殖民地，並擔任總督一職。
6　〔譯注〕懷特菲爾德（George Whitefield, 1714-1770）係主張維護奴隸制度之英國牧師，在喬治亞殖民地執行傳教士工作，呼籲寬容對待奴隸。
7　〔譯注〕戴利葛暴動（Delegal riots）發生於1899年8月23日，數百名黑人在聽到私刑的謠言後，阻止喬治亞州大瑞安（Darien）監獄的一名黑人囚犯移出該監獄。二十五名抗議者遭到逮捕，後來被宣判犯了叛亂罪而坐牢。
8　〔譯注〕蘇格蘭高地人（Scotch Highlanders）乃是十八世紀定居喬治亞殖民地的蘇格蘭移民，是該殖民地最顯要的殖民者之一。
9　〔譯注〕摩拉維亞教徒（the Moravians）為1497年以來的新教徒宗派，在歐洲遭受迫害。在美國，他們以傳教成果和反奴隸制度立場而聞名。有些教徒定居在塞芬拿附近的伊本尼基亞（Ebenezea）。
10　〔譯注〕海地的杜桑恐怖（the Haytian Terror of Toussaint）參見第一章注18。
11　〔譯注〕1807年3月2日湯瑪士・傑佛遜總統（President Thomas Jefferson）簽署一項國會通過之法案禁止進口奴隸，1808年1月1日生效。

蜂擁而入！1790年至1810年之間就有五萬人，接著，好多年來，每年從維吉尼亞州和走私者進了兩千人。因此，1790年喬治亞州的三萬名黑人在十年內增加了一倍，到1810年則超過十萬，1820年高達二十萬，在內戰時增至五十萬。因此，黑人人口像蛇一般往上盤繞。

　　不過，我們得趕快上路。我們離開亞特蘭大時所經之處，乃是查洛基族的古老土地──那勇敢的印第安民族長期力圖建立祖國，直到命運和美國政府將他們趕出密西西比河流域。若你要跟我一起搭乘，則必須進入「種族隔離車廂」。[12]不會有人反對──車廂內已經有四名白人男子、一名白人小女孩和保母。種族隔離車廂裡通常黑人和白人都有，白人車廂內則全是白人。這車廂當然不如另一個車廂那麼好，不過相當乾淨舒適。不舒服主要留在那裡的四名黑人的心中──以及我的心中。

　　我們一副公事公辦模樣，**轟隆轟隆**往南奔馳。北喬治亞州的松林和不毛的紅土開始消失，取而代之的是綿延起伏的肥沃土地，富饒且各處耕作良好。這是克里克族印第安人的領土，[13]喬治亞州人為了占有這領土而吃盡苦頭。城鎮比較常見，比較醒目，全新的棉花工廠此起彼落。梅肯以南的群眾顯得比較黝黑，[14]因為我們現在接近黑色地帶──[15]那片陰影幢幢

12〔譯注〕參見第四章注14。
13〔譯注〕克里克族印第安人（Creek Indians）係美國原住民之一支，早期喬治亞歷史主要是克里克族印第安人之歷史。其部落領土在喬治亞州、阿拉巴馬州和佛羅里達州北部。
14〔譯注〕梅肯（Macon）位於喬治亞州首府亞特蘭大東南約八十哩處，是該州第五大城。
15〔譯注〕黑色地帶（the Black Belt）是指黑人人口特別稠密的南方部分地區，尤其是指喬治亞州和阿拉巴馬州。根據蓋慈和奧立佛，該詞亦表示肥沃的黑色土壤；如此眾多之黑人人口聚集在這些區域，原因即利用黑奴為此片有利可圖之

的奇怪土地，即使昔日奴隸的陰影亦相形失色，如今從那裡朝外界傳出微弱、模糊不清的抱怨聲。「種族隔離車廂」變得比較大，而且好一點；三個笨重幹農活的黑人和二三位白人無業遊民陪伴著我們，報童還在車廂一頭分發報紙。太陽雖然正在西下，但是火車駛進廣闊的棉花鄉時，景象依然清晰可見——土壤一下子暗而肥，一下子淺而灰，沿途有果樹和荒廢的建築——然後一路駛至歐伯尼。[16]

　　歐伯尼是黑色地帶的心臟，我們在此停歇。在亞特蘭大以南二百哩，大西洋以西二百哩，大海灣以北一百哩處是竇俄提郡，有一萬名黑人，二千名白人。佛林特河（the Flint River）從安德生村（Andersonville）蜿蜒而下，在郡府所在地歐伯尼突然轉向，迅速流入查塔胡其河（the Chattahoochee）後與大海會合。安德魯・傑克遜熟悉佛林特河，[17]曾行軍跋涉該河，報復印第安人在密姆斯要塞的大屠殺。時值1814年，[18]離紐奧良戰役之前不久；根據該戰役結束後所簽訂的條約，整個竇俄提郡和其他許多肥沃土地都割讓給喬治亞州。不過，殖民者避開這片土地，周遭都是印第安人，當時是討人厭的鄰居。1837年，傑克遜留給范伯倫的經濟恐慌，[19]迫使農場主人離開維吉尼亞州、

土地賣命（Gates and Oliver, 76, n.4）。

16〔譯注〕歐伯尼（Albany）位於喬治亞州西南部，是該州第八大城市，竇俄提郡（Dougherty County）郡府所在地。

17〔譯注〕安德魯・傑克遜（Andrew Jackson, 1767-1845）為美國第七任總統（1829-1837）。1813年至1814年間，他擔任義勇軍少將，領導美國軍隊打敗克里克族印第安人。

18〔譯注〕1813年8月30日，克里克族印第安人發動叛亂，在阿拉巴馬州的密姆斯要塞（Fort Mims）屠殺白人和黑人，共四百名殖民者罹難。

19〔譯注〕在傑克遜總統任內，由於大舉投資土地與鐵路，導致1837年由於銀行倒閉而引爆經濟危機，美國經濟蕭條、失業率大幅提升、棉花價格大跌。此等財政問題持續至馬丁・范伯倫（Martin Van Buren）總統任內（1837-1841）。

卡羅萊納州以及喬治亞州東部，朝西部而去。印第安人已被遷移至印第安保留區，殖民者為了挽回喪失的財產，紛紛湧入這些覬覦的土地。歐伯尼周圍一百哩是綿延廣袤的沃土，森林繁茂，長有松、橡、栲、山核桃與白楊等樹種；既有熾熱的豔陽，復有潮濕的肥沃黑沼地，棉花王國的基礎於焉建立。[20]

　　歐伯尼現今是座街道寬闊、平靜的南方城鎮，擁有廣闊綿延的商店和酒吧，兩側有好幾排住家——通常白人聚集在北邊，黑人則在南邊。該城鎮一週有六天無疑顯得太小，且時常打長盹。然而每逢週六，突然間整個郡傾巢而出，大批黑人農夫蜂擁穿過街道，把商店、人行道、公路都擠得水洩不通，占據了整個城鎮。他們是強健、粗野的鄉下黑人，本性善良而單純，雖然話稍微多些，但比起萊茵普法茲或那不勒斯或克拉科夫的群眾安靜、沉默多了。[21]他們雖然喝不少威士忌，卻不會爛醉如泥；有時大聲講話和歡笑，卻很少爭吵或打架。他們在街上逛來逛去，和朋友碰面、閒聊，盯著商店櫥窗看，買咖啡、便宜的糖果和衣服，然後在黃昏時刻駕著馬車回家——快樂嗎？啊，不，不盡然，卻比沒有出來快樂多了。

　　可見歐伯尼是名副其實的首府，典型的南方都會，上萬人生活的中心；與外面世界接觸的所在，消息與閒聊的中心，買賣、借貸的市場，正義與法律的泉源。從前，我們對鄉村生活知道得多麼清楚，對城市生活卻知道得很少，以至於將城市生

20〔譯注〕該術語一方面點出棉花與南方經濟之緊密關聯，另一方面則暗示黑奴對南方經濟不可磨滅之貢獻。

21〔譯注〕萊茵普法茲（Rhine-pfalz）為德國萊茵普法茲州東南部的一個縣，縣府為路德維希港（Ludwigshafen）；那不勒斯（Naples）為義大利西南部一港口；克拉科夫（Cracow）為波蘭南部之城市。

活說成像非常擁擠的鄉區生活。現在，世人幾乎忘了鄉村是什麼樣子，我們不得不想像一黑人小城，他們孤零零地散居在三百平方哩的廣闊土地上，沒有火車或電車，周遭盡是棉花和玉米，以及廣袤的沙地和陰暗的土壤。

　　南喬治亞州在七月相當熱——一種沉悶的暑氣似乎與太陽毫無關聯；因此，我們數日後才鼓起足夠勇氣離開門廊，冒險出去走在漫長的鄉間小路上，期望見識這個未知的世界。約莫早上十點，天氣晴朗，微風徐徐，我們終於出發，悠閒地往南走在佛林特河的河谷上。我們經過磚廠雇工零散的箱形小木屋，還有長排的經濟公寓區，戲稱「方舟」（"The Ark"）；不久即到了昔日大農場邊界的曠野。有處農莊叫「喬·菲爾茲住宅」（"Joe Fields place"），喬是位粗暴的老傢伙，年輕時殺了許多「黑鬼」。他是十足的男爵，昔日的農莊廣達十二哩。如今幾乎全都不見了，僅剩散落的幾小塊屬於這個家族，其餘的都轉手給猶太人和黑人。連剩下的數小塊地也都抵押殆盡，且由佃農耕種，正如其他土地。這裡有一位佃農——一名棕色皮膚高䠄男子，工作賣力，酒喝得凶，雖然目不識丁，卻精通傳說有關農作的知識，誠如他搖曳的農作物所示。此間慘兮兮的新木板屋即為他所有，他剛從遠處長苔的小木屋搬出來，屋內只有一間正方形房間。

　　順著路下去，一張淺黑的漂亮面孔從班頓（Benton）家的窗簾凝視著陌生人，因為這裡不會天天有四輪馬車經過。班頓是位黃皮膚的聰明男子，一家人口眾多，他所經營的農莊以往多因戰爭炸毀，如今則毀於寡婦之斷杖。據說他本來家境小康，卻太常在歐伯尼狂歡作樂。源自土壤本身半荒蕪的怠慢風

氣似乎已降臨這些田產。往日，這裡有軋棉機和其他機械，如今則已腐朽。

　　整片土地彷彿被遺棄般。此地為薛爾頓家（the Sheldons）、裴樂家（the Pellots）和任森家（the Rensons）廣大農莊的殘餘，其靈魂早成明日黃花。住宅不是半荒廢，就是完全消失了；籬笆飛了，家人則於世間流浪。這些以前的主人遭遇不可思議的榮枯興衰。那邊是比而達・瑞瑟（Bildad Reasor）的廣闊田產；他在戰爭期間撒手人寰，傲慢自負的監工趕緊和寡婦結婚。然後他走了，鄰居也一個個離去，如今只剩黑人佃農留著；然而主人的姪孫或堂弟妹或債主，尚且無情地從遠處前來收取苛酷的地租，因此，土地乏人照料而貧瘠。只有黑人佃農受得了這樣的制度，因為他們別無選擇。今天，我們乘坐馬車行走了十哩路，未見一名白人。

　　雖然有炫麗的陽光與綠油油的棉花田，一種難以抗拒的沮喪心情依舊緩緩地襲上心頭。這就是棉花王國──一神奇夢想的影子。那國王在哪兒？或許這就是國王──汗流浹背的農夫，用兩匹瘦騾耕種八十英畝地，跟債務打場艱苦之仗。我們遂坐著沉思，直到馬車在沙路上轉了彎，眼前驀然出現一幕較美好的景象──一間整潔的小平房舒適地坐落在路旁，附近有間小商店。一名褐色皮膚的高個子男人，在我們向他打招呼時，從門廊處站起身子朝馬車走來。他身高六呎，面孔沉靜，笑容嚴肅。他走起路來挺直得很，不似佃農；沒錯，他擁有二百四十英畝地。「打從1850年的繁榮日子以來，這片土地即每下愈況，」他解釋道，而棉花價格低廉。三名黑人佃農住在他的農莊上，他的小商店經售小批菸草製品、鼻菸、肥皂和汽水

給鄰近居民。這是他的軋棉花廠，剛裝新機械。去年棉花廠軋了三百包棉花。他將兩個小孩送進學校就讀。他傷心地說道，是的，他還過得去，但棉花價格降到四分錢。我明白債務如何虎視眈眈盯著他不放。

不管國王在何處，棉花王國的公園和王宮尚未消失殆盡。即使是現在，我們依舊策馬進入一大片橡木林與參天的松林，還有桃金孃與灌木林等矮樹叢。這是湯普森家族的宅院，他們是販奴大亨，在歡樂的往日駕著四匹馬牽引的馬車。如今只剩廢墟和紊亂的雜草，一切靜悄悄的。主人將全部財產投入五○年代欣欣向榮的棉花業，八○年代價格下跌時即歇業並逃之夭夭。那邊是一片園林，擁有不整潔的草地，大木蘭樹和雜草叢生的小徑。大宅處於半荒廢狀態，巨幅前門茫然地望著街道，後宅整修得奇形怪狀，供黑人佃農居住。他是位衣衫襤褸、肌肉發達的男子，運氣不佳且猶豫不決。他拚命幹活，為了付房租給擁有殘破農莊的白人姑娘，她嫁給警察，住在塞芬拿。[22]

我們不時碰到教堂。這裡就有一間，當地人稱之為「牧羊人」教堂，是間粉刷過的大穀倉之類，矗立在石柱上，看起來彷彿只是在此歇腳片刻，隨時即將動身，搖搖晃晃地上路。然而，它卻是百家小木屋的中心；有時候，往往是週日，來自遠近五百人齊聚在此聊天、用餐、唱歌。附近有間校舍，是間通風的小空屋；不過，連這都算是進步了，因為學校通常借用教堂上課。教堂模樣不一而足，從簡陋之小木屋到「牧羊人」般者都有，學校亦然，從一無所有到這間肅靜地坐落在郡界上的

22〔譯注〕塞芬拿（Savannah）係喬治亞州東南部一海港。

小木屋。它是一小間厚木板房，大概十呎長二十呎寬，內有雙排未鉋平的粗糙長凳，大半靠柱條支撐，有時則用箱子。門對面是張粗製書桌。在一角落有火爐遺跡，另一角落則有一塊無光澤的黑板。除了城鎮外，這是我在寶俄提郡所見過最令人喜悅的校舍。校舍後面是兩層樓高的會堂，尚未完全落成。「照顧病患與埋葬死者」的社團在那裡集會，這些社團成長茁壯。

　　我們抵達寶俄提郡邊界，正要沿著郡界轉向西行時，一名慈祥的七十歲白髮老黑人向我們指出這一切景象。他在這裡住了四十五年，如今靠著繫在那邊的公牛及黑人鄰居的救濟養活自己和老伴。他指給我看貝克（Baker）的農田，位於郡界另一邊的丘陵上，一名寡婦和兩個魁梧兒子去年收成十捆（在此地甫說「棉花」）。還有圍籬、豬隻、母牛，與輕聲細語、有著天鵝絨皮膚的年輕麥姆南，[23]他有點害羞地漫步過來跟陌生人打招呼，對自己的家園引以為榮。現在我們順著郡界轉向西行。大松樹樹幹被砍掉葉子，高聳於綠油油的棉花田上，露出赤裸裸的多瘤節枝幹，伸向遠處的活樹林邊界。此區甚少美景，有的是暗示威武的粗獷放縱，可說是毫無掩飾的雄壯。房屋雖直挺，卻毫無裝飾；既無吊床或安樂椅，花兒亦少。因此，就像在羅頓家（Rawdon's）看見一株藤纏著小門廊，還有像自個家似的窗戶從圍籬上方顯現時，即歇息久一點。我想我以前從未完全領悟圍籬在文明中的地位。這是沒有圍籬的田園，馬路兩旁蹲伏著許多醜陋的單房小木屋，既黯淡又骯髒。此乃黑人問題之所在——骯髒和貧困。這裡沒有圍籬。不過時而可見十

23〔譯注〕麥姆南（Memnon）乃古希臘神話中提到之一名衣索比亞（Ethiopia）國王。

字形欄杆或直柵欄，這時我們曉得文化氣息近了。當然，哈里遜·葛黑根（Harrison Gohagen）——一名黃皮膚年輕男子，安靜而勤奮，鬍鬚修得乾乾淨淨——當然，他擁有幾百英畝田地，我們盼望看到照料妥善的房間、大床和一群高興的孩子。他不是有好圍籬嗎？還有那邊那些圍籬，他們為什麼在租金昂貴的田地上蓋圍籬呢？此舉只會增加租金。

我們迂迴前進，穿過沙地和松林，並瞥見遠處的舊農莊，直到成群的建築物映入眼簾——磚木、軋棉花廠、房宅與零散的小木屋，似乎是不小的村莊。然而，等視線越來越近時，景象卻為之改觀：建築物腐壞了，磚塊脫落，廠房靜悄悄的，商店也關著。惟有小木屋時而露出無精打采的生命跡象。我可以想像此地遭受某種怪異魔法懾住的情形，有點想找出公主其人。一名衣衫襤褸的老黑人——誠實、單純而缺乏遠見——向我們透露此事。北方的男巫——資本家——在七〇年代急忙湧向南方，努力爭取這片羞澀的黑色土壤。他買了一平方哩地或者更多，有一陣子農場工人歌唱，軋棉花機嘎吱作響，棉花廠嗡嗡響著。後來發生了變化。代理商的兒子侵占現款並逃之夭夭。接著，代理商本人不見人影。最後，新代理商連帳冊也偷走，公司一怒之下關門歇業，拒絕拍賣，任房屋、家具和機械生鏽、腐壞。瓦特斯·羅寧（Waters-Loring）農莊遂遭到詐欺的魔法給弄得了無生機，彷彿是對一片傷痕累累的土地的憔悴叱責。

那座農莊總算結束了我們一天的行程，因為我實在擺脫不了那沉寂景象的影響。我們順暢地折回鎮上，經過挺拔、細長的松林，經過一林木稀疏的陰暗池塘，那邊的空氣沉滯著一種

非常濃郁的香味。腿兒細長的白麻鷸倏地飛過我們身邊。棉花
的深紅花朵在綠紫色的莖上顯得繽紛。有位姑娘在田中鋤草，
她四肢黝黑，戴著白頭巾。我們目睹這一切後，依舊擺脫不了
那魔力的糾纏。

　　這是何等奇特的土地啊——尚未吐露的軼事何其之多，悲
劇與歡笑亦然，復有人類生活的豐富遺產；一方面籠罩在悲劇
經歷的陰影下，另一方面則前景不可限量！這就是喬治亞州的
黑色地帶。寶俄提郡在黑色地帶的西端，人們一度稱之為「南
方邦聯的埃及」。[24] 它充滿歷史重要性。首先，西邊有沼澤地，
奇加索哈奇河在此緩緩南流。其邊境是塊舊農場的幻影，絕望
而暗淡。接下來是池塘；舉目可見懸垂的灰苔與有鹽味的潭
水，以及野鳥眾多的森林。樹林在森林某處著火了，在模糊的
紅色火焰中悶燒著，卻無人在乎。然後沼澤地逐漸美觀了；一
條聳起的道路朝沼澤地傾斜下沉，是由帶著鎖鏈的黑人罪犯
建造的，路旁生機盎然的綠林形成兩道牆，綠林幾乎遮住了道
路。豐饒繁茂的灌木叢中冒出蔓延的樹林，墨綠色的大片陰影
逐漸消失在黑色背景中，直到一切變成一團糾纏在一起的亞熱
帶樹葉，其怪誕、蠻荒的華麗光彩令人嘆為觀止。我們曾經跨
過一條黑色的沉寂小溪，那裡黯淡的樹木與扭動的蔓草，都在
閃爍著火熱的黃色和綠色光芒，儼然是座大教堂般——由天然
林蓋成的綠色米蘭教堂。[25] 我跨過小溪時，好像又看到七十年前
那場可怕的悲劇。奧西歐拉——具黑人血統的印第安酋長——

24〔譯注〕南方邦聯的埃及（the Egypt of the Confederacy）：杜博依斯將美國南方
　　比喻為《希伯來聖經》中的埃及，蓋古埃及在歷史上亦為棉花王國；南方黑人
　　之處境猶如當奴隸之以色列人。
25〔譯注〕米蘭（Milan）係義大利北部之城市，有間聞名的大教堂。

曾在佛羅里達的沼澤地起義，立誓要報仇。[26]他作戰時的吶喊傳至寶俄提的紅克里克族，而他們作戰時的吶喊從查塔胡其河（the Chattahoochee）響至海邊。他們快速衝入寶俄提時，男人、女人與孩童紛紛逃跑，卻都在他們面前倒下。在那裡的幻影中，一名棕色皮膚、臉上畫得醜惡的戰士悄悄潛行──然後一個接一個，直至三百名潛行進入危險的沼澤地。然後，從四周關起來的假黏泥召喚東部白人南下。黏泥齊腰深，他們在高大的樹木下奮戰，直至吶喊聲平靜下來，印第安人悄悄溜回西邊。難怪這片森林是紅色的。

然後黑奴來了。日復一日，在這些肥沃的沼澤地上，可以聽到鎖著腳鐐的鏘鏘聲，從維吉尼亞州與卡羅萊納州邁向喬治亞州。日復一日，這群皮膚起繭、無娘而處境悲慘的黑奴歌聲、哭聲與暗中詛咒，從佛林特河傳至奇加索哈奇河流域，直至1860年，西寶俄提出現了大概是現代世界所見識過最富庶的奴隸王國。一百五十個大財主指揮近六千名黑人的勞力，支配九萬英畝耕地的農場，即使在土地便宜時，市價即高達300萬美元。每年二萬捆用軋棉機去籽的棉花運往英國與新英格蘭；原先破產而去那裡的人，個個發財致富。棉花產量在十年內即增加四倍，土地價格則漲了三倍。這是暴發戶的全盛時期，奴隸主都過著大肆鋪張的生活。四匹與六匹截尾的純種馬拉著四輪轎式馬車進城；坦率款待與尋歡作樂是常態。庭園與樹叢布置了花與藤蔓而顯得美觀，矗立於其中的是門廳廣闊的低矮

26〔譯注〕奧西歐拉（Osceola, 1800-1838）為撒米諾（Seminole）印第安部落酋長，具部分黑人血統。按照蓋慈和奧立佛之注釋，許多逃亡之黑奴參加其佛羅里達州भ部落，他在1835年的撒米諾抗美戰爭中率領他們（Gates and Oliver, 81, n.6）。

「豪宅」，有走廊、圓柱和大壁爐。

　　然而，在這一切當中倒是有幾分卑鄙、強迫成分——某種動盪不安與魯莽。難道這一切炫耀與華麗不就是建立在呻吟上嗎？一位衣衫襤褸、棕色皮膚、面貌嚴肅的人告訴我：「這片土地是個小地獄。」我們坐在路邊鐵匠店附近，背後是某位奴隸主倒塌空蕩的家園。「我看過黑鬼倒斃在犁溝裡，卻被踢到一旁，犁連停都不停。而在禁閉室裡，血流滿地。」

　　根基既然如此，王國有朝一日勢必傾頹。奴隸主遷至梅肯[27]與奧古斯塔，[28]只留下工頭看守農場。結局就像羅義德「祖籍」這間廢墟——搖曳的大橡樹、廣袤的草坪、桃金孃、栗樹，一片凌亂而荒涼。昔日的古堡入口如今矗立著一根孤零零的門柱；在一間鐵匠店的廢墟中，一塊生鏽的老舊鐵砧躺在腐朽的風箱和木頭中間；大棟凌亂的宅邸，棕色而昏暗，如今擠滿了黑奴們的第三代子孫，那些黑奴曾在餐桌上服侍過；奴隸主的家族只剩兩名寡居的婦女，她們住在梅肯，靠著伯爵領地的餘蔭勉強充飢。於是我們繼續前進，經過幽靈般的宅門與倒塌的家園，經過史密斯家（the Smiths）、甘地家（the Gandys）和拉葛爾家（the Lagores）一度興旺的農莊，如今全都荒廢半毀了，在半傾的廢墟中，有位孤獨的白人婦女——昔日的遺跡——盛裝獨自坐在數哩長的黑人中間，每天搭乘四輪轎式馬車進城。

　　這確實是美國南部邦聯的埃及——富庶的產糧區，馬鈴薯、玉米和棉花從那裡大量供應飢餓、衣衫襤褸的南部邦聯軍

27〔譯注〕梅肯（Macon），參見本章注14。
28〔譯注〕奧古斯塔（Augusta）為喬治亞州東部一城市。

隊，他們為了一個早已失去的目標而戰，早在1861年以前即失去的目標。該地區由於受到保護而安全無虞，成為家庭財富與奴隸的避難所。可是，即使在當時，對土地殘忍、無情的強暴業已出現徵候。紅土層的底土已開始在沃土上面顯現。奴隸被逼得越厲害，種起田來即越粗心大意、越具毀滅性。繼而出現內戰與解放黑奴的巨大改變和重建的迷惑，如今，南部邦聯的埃及究何所指，它對美國的禍福有何意義？

這是一片差異懸殊且離奇地摻雜著希望與痛苦的土地。說來古怪。這裡坐著一位藍眼睛的漂亮混血兒，具四分之一黑人血統，藏著光溜溜的雙腳；她上星期才剛結婚，她的年輕黑人丈夫在遠處田中鋤草來供養她，一天賺三毛錢，不包括膳食。馬路對面是棕皮膚、高個子的蓋滋比（Gatesby），用狡猾手段贏得、保有二千英畝土地的地主。有間商店由他的黑種兒子經營，一間鐵匠店和一間軋棉廠。此地下方五哩處是個城鎮，為一名新英格蘭白人所擁有、掌控。他擁有幾乎羅德島大小的一個郡，面積數千畝，有數百名黑人勞工。他們的小木屋外表較大多數為佳，該農場使用機器和肥料，比郡裡任何一家農場有效得多，不過經理在工資上談的價碼很苛。現在我們回頭，朝五哩遠的上方望去，在城鎮的邊界上有五間妓女戶——兩間黑人妓女和三間白人妓女；兩年前，一名無用的黑人少年被公然地窩藏在其中一間白人妓女戶裡，結果以強姦罪名慘遭吊死。此處是「圍欄」，是粉刷過的高柵欄，眾人皆稱呼郡監獄為「圍欄」；白人說此地總是有許多黑人罪犯，黑人說只有黑人少年被送進監獄，並非因為他們有罪，而是因為州政府需要罪犯，強迫他們勞動藉以彌補收入之不足。

　　在寶俄提，猶太人是奴隸大亨的繼承人。[29]我們往西邊騎去，途經綿延廣闊的玉米田和粗短的桃李果園，在黑暗森林的圓周內，我們從各處看到迦南美地。到處聽聞賺錢的計畫，源自重建的快速變遷日子——「改善」公司、酒行、輾磨廠、工廠，幾乎全都失敗，猶太人就接收了。[30]此寶俄提位於佛林特河西岸，是片美麗的土地。森林好極了，暗色的松樹業已消失，這是「橡類森林」，擁有大量山胡桃、山毛櫸、橡樹和巴爾麥棕櫚。不過，一層債務籠罩在這片美麗的土地上；零售商向批發商借款，農場主人向零售商借款，佃農欠農場主人債，工人則屈服於這一切負擔底下。各處皆有男人從艱難處境中熬出頭來。[31]我們經過一家有柵欄的畜牧場，畜牧場上有青草和吃草的牛群，看過無止盡的玉米和棉花後，此番景象看起來非常親切。各處都有黑人地主；瘦削深黑色的傑克森擁有一百英畝地。「我說：『向上看呀！你不向上看，就無法向上提升。』」傑克森語帶哲理地說道。他已提升了。棕色卡特的整潔馬房讓新英格蘭感到光榮。他的主人雖協助他創業，但去年秋天這位黑人死後，主人的兒子們即立刻要求取得他的遺產。「他們白人勢在必得。」我那黃皮膚的長舌友人說道。

　　我從這些妥善照料的農田掉頭，欣然覺得黑人正在興起。然而，即使在當時，隨著我們前進，田野卻開始轉紅，樹木也不見了。一排排舊木屋看來住滿了租戶與勞工——泰半陰鬱、

29〔譯注〕1953年版本將「猶太人」改為「移民」（Gates and Oliver, 83, n.1）。

30〔譯注〕1893年版本將「幾乎全都失敗，猶太人就接收了」改為「大半都失敗，外國人就接收了」（Gates and Oliver, 84, n.2）。

31〔譯注〕此句原文為"Here and there a man has raised his head above these murky waters"（84）. 杜博依斯挪用"raise (keep) one's head above water"之成語，強調仍有黑人從艱困處境中苦撐過來，總算免於負債。

空蕩且骯髒，雖則衰老多少使景象顯得如畫般奇特。一名年輕黑人跟我們打招呼。他二十二歲，剛結婚。去年前他僥倖承租到地；後來，棉花價格下跌，郡治安官將他所擁有的一切扣押變賣。因此他遷至此地，此地的租金較高，田地卻較差，主人更無彈性；他租了一頭40元的騾子，年租金20元。可憐的少年！二十二歲當奴隸。這家農場即著名的波爾頓（Bolton）產業的一環，現在的主人係俄裔猶太人。[32]內戰後，這大片土地多年來一直由一群黑人罪犯耕作，當時黑人罪犯甚至比現在更多；這是讓黑人幹活的方式，犯罪的問題則是次要。上腳鐐的自由民慘遭施暴與虐待的冷酷故事時有所聞，但郡府當局卻不予理會，直到自由勞力市場差點被大規模移民摧毀。那時，他們才將罪犯調離農場，可是「橡類森林」最美地區之一已被強奪、摧毀成紅色廢墟，只有洋基或猶太人能從債上加債的佃農身上壓榨出血來。[33]

難怪緩慢、遲鈍而沮喪的路加・布雷克（Luke Black）拖著腳走到我們的四輪馬車旁，絕望地說著。他為何要打拚呢？既然一年比一年背負更多債務。何等奇怪啊！喬治亞州——世人預告之為貧窮債務人的避難所——竟然像過去的英國一般，殘忍地將自己的子民圍限於怠惰與不幸之中。貧瘠的土地隨著產痛而呻吟著，每英畝生產不到一百磅棉花，五十年前則生產八倍之多。從此微薄的產量中佃農繳付四分之一到三分之一抵償租金，剩下的大部分償付賒帳購買的食物和利息。那邊那位

32　1953年版將「俄裔猶太人」改為「外國人」（Gates and Oliver, 84, n.4）。
33　1953年版將「只有洋基或猶太人」改為「只有洋基或移民」（Gates and Oliver, 84, n.5）。

雙頰凹陷的老黑人，在那個制度下苦幹了二十載，現在變成散工，靠著每週一塊半的工資扶養太太並支付自己的膳食，工資一年只有幾個月有得領。

　　波爾頓（Bolton）罪犯農場以前還包括鄰近的農莊。那裡的罪犯給安頓在大圓木監獄中，現在仍矗立著。它仍舊是個陰沉之地，一排排醜陋的棚屋，住滿了乖戾無知的佃農。「你們付多少租金呢？」我問。「我不曉得，多少呢，山姆？」山姆答道：「掙多少就付多少。」這是令人沮喪之地，光禿禿而毫無遮蔽，讓人聯想不到昔日的魅力，留下被迫幹苦工的回憶，包括現在、當時和內戰前。我們在這地區所碰見的那些黑人並不快樂。我慣於和農莊黑人聯想在一起的那種快樂不拘與活潑頑皮難得一見。再怎麼說，天生的好脾氣仍帶著怨懟的鋒刃，或轉化成鬱鬱不樂與皺眉蹙額。有時候，這種脾氣爆發為藏而不露卻激烈火爆的憤怒。猶記得在路邊碰到一位紅著眼眶的大頭黑人。他在這塊農田上打拚了四十五年，開始時一無所有，如今仍一無所有。當然啦，他供應四個小孩接受公立中小學教育，要是新圍籬法規定：在西寶俄提無圍籬不准耕作，說不定他可以飼養一些牲畜而有積蓄。但事實上，他負債累累而一籌莫展，失望而難受。他示意我們停下來詢問有關歐伯尼黑男孩的事，據說一名警察以他在人行道上大聲說話為由，即開槍將他射殺。然後他緩慢說道：「白人敢動我一根汗毛，他就死定了；我不是誇大，而是說真的，我不會到處嚷著或是在小孩面前說。我看過他們在棉花田行列裡鞭打我爹和年邁的娘，打到流血；天──」，我們繼續前進。

　　我們接著遇見席爾士（Sears）懶洋洋地在碩大的橡樹下閒

蕩，他具有不同本性。快樂嗎？嗯，是的；他邊笑邊向上拋著
小圓石，且認為世界一如往常呢。他在此地幹了十二年活，除
了一頭抵押貸到的騾子外，別無所有。小孩呢？有，七個；可
是今年全都輟學，一來付不起書籍和服裝費，二來需要他們幹
活。那兒有幾位正朝著田裡走去，三個大男孩騎著騾子，還有
一個身材高大勻稱的少女光著棕色雙腿。那天，我們碰到了黑
人問題的兩個極端，一為出於自然的無知與懶惰，一為痛恨與
報復心理，我們也不曉得比較喜歡哪一種。

　　我們四處碰見獨特、非凡的人物。有一位從新開墾的地上走
出來，為了避開蛇群而繞了一大圈。他是個雙頰深陷的老人，
棕色的面孔憔悴而極富個性。他具有獨立自主的怪異特質與無
法形容的粗魯脾氣，某種冷嘲熱諷的誠摯，令人困惑不解。「在
另一個地方，黑鬼們嫉妒我，」他說，「於是我和老伴乞求這
塊林地，我自己加以開闢。有兩年毫無收成，但現在我想我終
於有收成了。」他種的棉花看起來既高大又盛產，我們稱讚不
已。他先屈膝行禮，然後深深一鞠躬，一副沉著嚴肅模樣，顯
得有點可疑。然後他繼續說道：「上星期我的騾子死了」——此
一災難在這片土地上等於鎮上一場毀滅性的大火——「不過，一
名白人借了我一頭。」接著，他望著我們繼續說道：「哦，我
和白人處得來。」我們轉移話題。「有沒有熊呢？鹿呢？」他
答道：「嗯，我會說有的，」然後他劈里啪啦發出一串勇敢的
咒語，一邊述說著沼澤地的狩獵故事。我們留下他靜止不動地
站在馬路中間，雖朝著我們看，卻似乎視而不見。

　　他那小片地歸屬於惠舍（Whistle）莊園，內戰後不久，
一家英國企業集團「狄克西棉花玉米公司」買下該莊園。他的

代理人真會裝模作樣，出門帶著大批僕人，乘坐大批馬拉的馬車；如此奢華以至於公司不久即陷入無法脫身的破產情境。老房子現在雖無人居住，但每年冬天一名男子從北方來收取昂貴租金。我不知何者比較感人——這樣的老舊空宅或奴隸主後代的家。那些白門後面隱藏著種種悲慘、心酸的故事——貧窮、掙扎、失望的故事。像1863年那樣的革命是件可怕的事；[34]早上發財的人到了晚上往往睡在窮人床上。乞丐和投機分子起來統治他們，他們的子孫步入歧途。你看那間黯淡的房子，內有小木屋、圍籬和欣欣向榮的農作物！屋內毫無歡喜的氣氛；上個月，浪子從城市寫信回家向努力掙扎求生的父親索錢。錢！哪來的錢？於是兒子半夜起來殺死嬰兒，殺死太太，然後舉槍自盡。世人則一如往常過著生活。

猶記得馬車行經一處彎道，附近有一小片優美的森林與一條潺潺小溪。迎面而來是棟長形矮房，有門廊和漂浮的柱子，橡木大門與廣闊的草坪在夕陽下閃閃發光。但窗戶玻璃不見了，柱子遭蟲蝕，長著青苔的屋頂塌陷了。我有點好奇地從樞紐脫落的門縫望去，看到大廳對面牆上曾經用鮮明字母寫著「歡迎」二字，如今已褪色了。

寶俄提郡的西北區和西南區大相逕庭。該區較多顏色黯淡的橡樹與松樹，缺乏西南區那種半熱帶華麗繁茂。另一方面，卻也較少浪漫懷舊的跡象，較多現代有系統的侵占土地與獲取暴利。此地白人較出鋒頭，農夫和雇工在某種程度上取代了不在場地主和承受苛酷地租的佃農。農作物既無沃土之繁茂，亦

---

34 1863 年 1 月 1 日美國總統林肯頒布生效的黑奴解放令，導致社會、政治與經濟大變動（Gates and Oliver, 86, n.6）。

無（西南區）常見之疏於照料跡象，各處可見圍籬與草地。這片土地大半貧瘠，內戰前奴隸大亨不屑一顧。打從那時起，他的姪子、窮苦白人和猶太人占有這片土地。[35]農夫的利潤太低，以致薪資微薄，可是他卻不願意出售小農地。有位黑人山佛（Sanford），在拉德森（Ladson）農莊當了十四年監工，「付出的肥料足以買下一家農場」，地主卻連幾英畝農地都不願出售。

在柯立斯（Corliss）幹活的農場上，兩個小孩——一男一女——在田野間賣力地鋤著。柯立斯棕色皮膚、面無鬍鬚，正在用柵籬把豬隻圍起來。他從前駕駛軋棉機頗為順手，不料棉籽油聯合企業大幅調降軋棉機去籽的價碼，低到他說幾乎划不來。他指出路上一棟氣派的古屋為「威利斯老爹」（"Pa Willis"）家。我們熱切地搭乘馬車過去，因為「威利斯老爹」是名高個子、有權勢的黑人摩西，他帶領黑人長達一世代之久，且帶領得好。他是名浸信教牧師，去世時有兩千名黑人目送他入殮；如今，他們每年都為他的忌日佈道。他的遺孀住在這裡，是位皺紋滿布、面貌瘦削的小婦人，我們跟她打招呼時，她古怪有趣地行屈膝禮。再往前住著傑克・戴爾森（Jack Delson），郡上最富裕的黑人。和他見面是件樂事，他是個塊頭高大、肩膀寬闊的英俊黑人，聰明而快樂。他擁有一百五十英畝地，十一名黑人佃農。花園中一間乾淨整潔的家園半隱半現，旁邊坐落著一小間商店。

我們經過莫森（Munson）農莊，一名精神奕奕的白人寡婦正在租用農田，掙扎謀生；繼而路過一千一百英畝的塞尼

---

35 在1953年版本中，「姪子、窮苦白人和猶太人」更改為「窮苦親戚和外國移民」（Gates and Oliver, 87, n.7）。

特（Sennet）農場及其黑人監工。接著農場的特徵開始改變。
幾乎所有土地都歸屬俄國猶太人；[36]監工都是白人，小木屋分散
各地，都是未裝飾的木板房。租金不便宜，散工和「承包」人
手比比皆是。在這裡為生活打拚是場激烈、艱苦的奮鬥，很少
人有空聊天。我們由於長途乘坐馬車而感到疲憊，於是高興
地駛進基隆斯維爾鎮（Gillonsville）。那是一片安靜的農場住
房，坐落在十字路口上，其中一間商店關了，另一間則由一名
黑人牧師經營。他們津津樂道著所有鐵路在歐伯尼匯聚前，基
隆斯維爾熱鬧時期的著名故事；此情此景如今多半是記憶。我
們乘坐馬車沿著街道駛去，在牧師家旁邊停了下來，我們一行
人坐在門前。這是令人長久難以忘懷的一幕——一小間寬闊的
矮房，慈祥的屋頂延伸開來，遮蓋著舒適的小門廊。經過漫長
炎熱的路程後，我們一行人坐在那裡飲用涼水，包括健談的小
零售商，他是我的日常夥伴；沉默的老黑婦縫補著褲子，從頭
到尾不發一語；衣衫襤褸的無助不幸者，他來造訪只是為了見
牧師一面；還有整潔、儀態莊嚴的牧師娘，她體型豐滿、黃皮
膚而聰慧。「擁有田地嗎？」牧師娘說：「唉呀，只剩這間房
子了。」然後她平靜地補充道：「我們在上面那邊確實買了七
百英畝田，且付了款；不料他們卻騙取了我們的田產。薛爾司
（Sells）是主人。」「薛爾司！」靠在欄杆上聆聽的那位衣衫襤
褸的可憐人附和著：「他是十足的騙子。今年春天，我幫他幹
了三十七天活，他付給我厚紙板支票，說本月底將會兌現。然

36　為了避免有歧視猶太人之嫌，杜博依斯在1953年版本中更改文中提到猶太人之
　　處，此為唯一之例外。箇中原因不詳，賀伯特・艾普提克（Herbert Aptheker）
　　寫道：他認為那是一時疏忽（Gates and Oliver, 87, n.8）。

而他卻從未兌現那些支票——不斷拖延。然後警察局長來奪走我的騾、玉米和家具——」「家具？」我問道：「家具依法不應被沒收的。」「唉，他照樣奪走了，」一位面貌嚴厲的男子說道。

第八章

論金羊毛之追尋

但畜生心裡低咕道：直到我磨的製粉廠停歇，
財富將成塵中塵，乾燼將成盛宴！

我將散播嘲諷的恩惠
給少數強壯和狡猾的；
我將填爆他們肚子，直到他們的心靈消逝；
從有耐心和低層的人
我將拿走他們所知道的歡樂；
他們將渴望虛榮卻仍覺飢餓。
人們都會瘋狂，可怕的妒忌產生，
兄弟將火爆相向，呼喚死去、空虛的蒼穹。

——威廉・佛恩・穆迪[1]

---

[1] 第七章和第八章係從〈黑人之真正面目〉（"The Negro As He Really Is"）修訂而成，原載於1901年六月號的《人間作品》（*The World's Work*）（頁848-866）。詩行出自威廉・佛恩・慕迪（William Vaughn Moody）的《獸性》（*The Brute*, 1901）。音樂摘自黑人靈歌〈孩子們，你們會被召喚〉（"Children You'll Be Called On"）（Gates and Oliver, 89, n.1）。

　　你可曾見過收成的一片白茫茫棉花田？金羊毛在黑色的土地上飄呀飄著，酷似一片有墨綠鑲邊的銀色雲彩，醒目的白色標誌活像浪花，從加利福尼亞州起伏飄越那片黑色人海，一直飄到德克薩斯州。三千年前，吉生與阿耳戈英雄茫然徘徊至虛幻的東方尋找羊毛，我有時幾乎以為有翅膀的公羊魁索麥樂士將那羊毛留在這裡；我們在魔法與龍齒之間、在血與武裝男子之間、在古代與現代黑海的金羊毛追尋之間，當然可以編造一個絕妙而不牽強的類比。[2]

　　如今，金羊毛找到了；不僅找到了，而且在其發祥地織成布。紡織廠的軋軋聲乃是當今新南方最新鮮、最重大的事。這樣的紅色矮建築紛紛豎立，遍及南北卡羅萊納州與喬治亞州，南至墨西哥，設備固然簡陋而樸素，卻又如此繁忙而喧囂，和這片緩慢、寂靜的土地簡直扞格不入。它們或許是從龍牙迸發而出。因此棉花王國依然健在，世人仍舊順服於其權仗下。甚至昔日公然抗拒暴發戶的一些市場也陸續潛行過海，然後確實開始緩慢而勉強地轉向黑色地帶。

2〔譯注〕在希臘神話中，吉生（Jason）為了贏得魁索麥樂士（Chrysomallus）的金羊毛，惟有拜梅迪雅（Medea）的「魔法」，吉生和同夥的阿耳戈英雄（Argonauts）才能擊敗從龍齒躍出的武裝男子。杜博依斯借用此冒險故事，強調製造當代金羊毛棉花所耗費的大量心力。

　　的確，有些人故意搖著頭告訴我們說：棉花王國的首都已從黑色地帶轉移至白色地帶；今天黑人種植的棉花不到棉花總收成的一半。這些人忘了棉花收成打從奴隸時代以來已增加一倍，其實不只增加一倍，即使承認其論點，黑人在棉花王國中仍然舉足輕重，該棉花王國比南方邦聯所寄望的那個王國還大。因此黑人在今天的大世界工業中是主要人物之一；準此，就其本身而言，就歷史志趣而言，這點使得棉花鄉的勞工值得研究。

　　我們很少誠實而仔細地研究當今黑人的情況。我們很容易就以為我們對這瞭若指掌；或許，我們在心中已有了結論，不願讓結論受到事實的干擾。然而，我們對這數百萬黑人的日常生活和渴望、家常的苦樂、真正的缺點，以及罪行的意涵，實際知道得多麼少啊！我們只能透過跟平民親密接觸學到這一切，而不是憑著皂白不分的議論，而此等議論涵蓋數百萬在時空上分隔，在訓練與文化上也大相逕庭的黑白人種。那麼，我的讀者，今天讓我們把臉轉向喬治亞州的黑色地帶，只要設法了解當地一個郡的黑人農工的狀況。

　　這裡在1890年住著一萬名黑人和兩千名白人。雖然國家富有，人民卻貧窮。黑色地帶的主調是債務；不是商業信譽，而是指大多數人民一直無法讓收支平衡。這是承襲南方奴隸政體浪費經濟的直接後果；不過，解放黑奴使它引起注意而導致危機。竇俄提郡在1860年有六千名奴隸，至少值250萬美元；其農田據估計值300萬；總共是550萬的財產，其價值大半端賴於奴隸制度以及土地的投機需求，這片土地昔日異常肥沃，卻由於疏忽與廣泛耕種而失去部分生命。內戰意味著金融破產；

1860年的550萬，在1870年，農田的價值不到200萬。隨之而來的是德州沃土的棉花耕種不斷加劇的競爭；緊接著棉花正常價格持續下跌，從1860年一磅約14分，到1898年降至4分。就是這樣的金融革命使得棉花地帶的主人負債。如果奴隸主的情況不好，那麼僕人的處境如何呢？

在奴隸時代，竇俄提郡的莊園不像維尼亞州的莊園那樣堂皇宏偉、具貴族氣派。奴隸主的大宅較小，通常是一層樓，且坐落於奴隸的小木屋附近。這些小木屋有時候沿著大宅兩側伸展，好比廂房，有時候只占一側，形成並排，或鄰近從主要大道轉往農莊馬路。今天，整個黑色地帶的農工小木屋，其形成和布置與奴隸時代雷同。有的住同樣的小木屋，有的住在舊址上重建的小木屋裡。木屋一小撮一小撮地散布在地面上，聚在某棟荒廢之大宅四周，大宅由主佃農或代理人居住。這些住所的一般特徵與布置大致未變。在歐伯尼鎮外，郡裡在1898年大約有一千五百個黑人家庭。其中只有一家擁有一棟七房住宅；只有十四個家庭擁有五個或五個以上房間。大多數黑人則住單房或雙房。

住家大小與布置，不失為衡量一個民族情境的公平指標。那麼，如果我們仔細調查這些黑人住家，會發現諸多不滿意之處。農地上面盡是單房小木屋，時而豎立於大宅的陰影下，時而凝視著灰塵滿布的道路，時而從棉花田的翠綠中豎起，幽暗而陰沉。木屋幾乎總是老舊而空蕩，用粗糙的木板蓋成，既未塗上灰泥，亦未裝天花板。光線和通風靠單一的門和窗板牆上的方形洞供應。外部沒有玻璃、門廊或裝飾。屋內有壁爐，汙黑且煙霧瀰漫，通常因年久而不穩固。家具包括一兩張床、一

張桌子、一只木櫃和數張椅子；而偶然得到的一張戲單或一份報紙充當牆上的裝飾。有時會看到一間保持得十分整潔的木屋，壁爐冒著熱氣，快樂的氣氛迎賓上門；不過，大多數木屋既骯髒又破爛，散發出飲食與睡覺氣味，通風不良，一點兒也不像住家。

尤有甚者，木屋擁擠不堪。我們一向將擁擠與城市住家幾乎完全聯想在一起，主要是因為我們對鄉下生活的正確了解少之又少。在寶俄提郡這裡，你會看到八至十個人的家庭擠在一兩個房間裡，就黑人的住宿容量而言，每十房會住上二十五個人。紐約最糟的租屋情況每十房不會住到二十二人以上。當然，在城市中，一個狹窄而沒有院子的小房間，在許多方面都比空間較大的鄉下單房還糟。不過，在其他方面卻較佳；城市的房間有玻璃窗戶，一具像樣的煙囪，以及靠得住的地板。黑人農夫唯一的大優勢，乃是其大半生都在茅舍外的田野度過。

有四個主要原因造成這些可憐的住家。首先，發源於奴隸制度的漫長習俗，將這樣的住家分配給黑人；白人勞工會得到較好的住宿，基於那樣和類似的理由，可能會有較好的工作表現。第二，習慣這種住處的黑人通常不會要求更好的；他們不曉得更好的房屋究何所指。第三，地主階級尚未體會以下兩點：透過緩慢而明智的方法提升勞工的生活水準，是良好的事業投資；要求三個房間與一天5毛錢的黑人勞工，幹起活來會比將家人聚擠在一個房間、日掙3毛錢的氣餒苦工更有效率，利潤因而更高。最後，在這樣的生活情況下，幾乎沒有動機讓勞工成為更好的農夫。要是他具有雄心壯志，就會搬到鎮上或嘗試其他勞力；身為佃農，其前景幾乎毫無希望，他遵照行規

作為權宜之計,無異議地接受地主分配的房子。

　　於是,這些黑人農夫住在這樣的家。黑人家庭有小有大;有許多單人佃農,包括寡婦與單身,以及被拆散的家庭成員。勞力制度和房屋大小兩者容易拆散家庭:長大的兒女離開家去當合約雇工或者搬到鎮上,姊妹則當女傭;因此你會發現許多家庭有一大群嬰孩及許多新婚夫婦,卻相當少家庭有少年或成年兒女。打從內戰以來,黑人家庭的平均人數已確實減少,主要是因為經濟壓力。在俄羅斯,超過三分之一的新郎與超過一半的新娘未滿二十歲;內戰前之黑人亦如是。然而,今天很少男孩在二十歲前結婚,黑人女孩則不到五分之一。青年男子在二十五歲至三十五歲之間娶親;女青年則於二十歲至三十歲之間。延後嫁娶是由於難以賺取足夠的錢財贍養家人;這在鄉下地區無疑導致性行為不檢。不過,這種不檢的形式鮮為賣淫,私生情形亦無人們所想像那般頻繁。更確切地說,它是成家之後的分居與遺棄。分居者的數字為35‰,可真不少。以此數字與離婚統計比較當然不公平,蓋這些分居的女性,倘若真相為眾所周知,有許多實際上是寡婦,而在其他例子中,分居並非永久的。然而,這是最大的道德危機所在。在這些黑人當中,很少或沒有賣淫情事,而挨家挨戶的調查發現,超過四分之三的家庭稱得上是正當人家,相當在意女性貞節。的確,大多數人的理念不會令新英格蘭滿意,況且還有許多鬆散的習慣與觀念。不過,私生的比例肯定比奧地利或義大利低,且婦女們大體上行為檢點。性關係的汙點為隨意結婚與隨意分居。這並不是突如其來的發展,也不是解放黑奴的結果,而是全然承襲自奴隸制度。當時,山姆在主人的首肯下跟瑪麗「同居」,

不需任何儀式，在黑色地帶大農莊的忙碌生活中，儀式通常能免則免。如果主人要山姆轉至另一農莊幹活，或轉至同一農莊的另一區，或者主人想賣掉該名奴隸，那麼山姆和瑪麗的婚姻生活通常會突然中止。如此一來，讓兩人彼此另交配偶對主人有利。這種普遍的習俗通行了兩個世紀之久，在三十年內尚未根除。今天，山姆的孫子沒有憑證或儀式即與一名婦女「同居」，他們規規矩矩、老老實實地在一起，等於是夫妻。有時這些婚姻維持一輩子；不過，在多數情況，家庭不和、流浪傾向、第三者介入，或者較常見之無力養活一家人等因素導致分居，結局是破碎的家庭。黑人教會竭力阻止這種做法，現在多數婚禮都是由牧師見證。儘管如此，該弊端依然根深柢固，惟有全面提升生活水準才會根除。

　　如今就整個郡的黑人人口觀之，說他們的特點是貧窮與無知乃是公平的。小康與最優秀的勞工也許占10％，但至少9％是十足淫蕩、墮落。其餘80％幾的黑人既貧窮又無知、相當誠實且古意、賣力卻不太上進，性行為有些不檢點，但不是非常放蕩。這樣的階級界線絕非一成不變；我們幾乎可以說，隨著棉花價格而起變化，無知的程度不易表達。例如我們可以說：他們將近三分之二目不識丁。這只局部表達了事實。他們對周遭世界、現代經濟組織、政府的功能、個人價值與潛力等均一無所知──奴隸制度在自衛下不得不阻止他們學習。白種男孩從最早的社會氛圍中所吸取的一切，有不少還困擾著成熟後的黑種男孩。對其所有子孫而言，美國並非大機會的另一字眼。

　　我們在設法掌握與了解一大群人的真正情況時，容易迷失在細微枝節中。我們時常忘記每一小群都是跳動的靈魂。它或

許無知、一貧如洗、肢體黝黑、做法與思維新奇，但它既愛又恨、既賣力又累人、既開懷大笑又痛哭流涕，以茫然與極度的渴望心情檢視生活的可怕世界，這一切都跟你我一樣。這數以千計的黑人其實並不是懶惰；他們粗心大意，度一日算一日；堅持在週六去看看熱鬧的城鎮世界，調劑辛苦幹活的單調；他們也有懶惰蟲和壞蛋，但大多數為了收入而忠實不斷地幹活，其他任何現代勞工階級，在這些情境下，只有極少數會自願如此賣力打拚。他們——男人、女人和孩童——88％以上都是農民。的確，這幾乎是唯一的行業。大部分的學童在「農作物收成完畢」後才去上學，春耕開始後，則很少學童繼續求學。在這裡隨處可見童工的一些最糟的局面，助長無知並阻礙身體發育。至於本郡的成人男子，工作種類甚少：一千三百人是農民，二百人當勞工、卡車司機等，包括二十四名手工藝工人、十個商人、二十一位牧師和四位教師。這種狹隘的生活在婦女中達到高峰：一千三百五十位是農莊勞工，一百位是僕人和洗衣女工，剩下六十五位家庭主婦、八位教師和六位女裁縫。

在這群人當中並無休閒階級。我們時常忘記：在美國，一半以上的青年和成年並沒有在掙錢，而是在持家、在了解這個世界，或在激烈衝突過後正在休息。然而，這裡有96％的人都在幹苦工；沒有人有空閒把空蕩而淒涼的小木屋改成住家，也沒有老人家坐在火爐旁傳承過去的傳統；無憂無慮的快樂童年與做夢的青年少之又少。惟有粗心者的歡樂與週六進城打破日復一日單調沉悶的操勞。這種操勞好比所有的農場苦工，單調乏味，而且這裡很少機械和工具可減輕難以負擔的苦工。儘管如此，這畢竟是在露天下幹活，在新鮮空氣難得的日子裡倒也

算得上是好事。

　　這片土地儘管受到長期濫用，大體上仍舊肥沃。若是問起，那麼收成連續9或10個月皆有：4月有菜園蔬菜，5月穀物，6、7月瓜類，8月乾草，9月甘薯，從那時至聖誕節則有棉花。然而，在三分之二的土地上卻只有一次收成，因而讓辛苦工作者負債。為什麼這樣呢？

　　沿著北山（Bayson）路下行是座農莊，廣闊平坦的田野兩側是片大橡樹林。此地一千三百人聽從一個人使喚，身體和大半的靈魂均歸他所屬。如今仍有一個人住在那裡，是位矮胖男子，暗褐色面孔留有傷疤且皺著眉頭，整齊的鬍髮灰白。收成呢？差強人意，他說：差強人意。過得去嗎？不，根本難以為繼。歐伯尼的史密斯「供應」他，但租金是八百磅棉花。收成根本達不到那數目。那他為何不買地呢？哼！買地需要錢哪。然後轉身離開。自由！在戰時的所有黑色廢墟當中，在主人的傾家蕩產當中，在母親與少女的希望落空當中，以及在帝國滅亡當中，自由是最可憐的東西，而在這一切當中，最悽慘的是丟下鋤頭的黑人自由民，因為世人宣稱他自由了。這樣的嘲弄自由究何所指？一毛錢、一寸地、一口糧都沒有，甚至連破衣服都沒得穿。自由！內戰前，在週六時，每月一兩次，老主人依舊分發培根與粗麵粉。在理論上，服侍的法定形式截然不同；實際上，按件計酬的工作或「論收成」取代了群體的日日打拚；奴隸在名義上逐漸變成穀租佃農或分益佃農，事實上則是工資不穩定的勞工。

　　可是棉花價格下跌，地主逐漸放棄農莊，商人主導的時期於焉開始。黑色地帶的商人是奇特的建制，結合了銀行業

者、地主、包商與專制者等角色。他的商店過去最常坐落在十字路口，成為每週一次村民聚集的中心，如今則搬至鎮上，黑人佃農也就跟著他到鎮上。商人供應一切——衣服和鞋子、咖啡和糖、豬肉和粗麵粉、罐頭和乾糧、運貨馬車和犁、種子和肥料，缺的貨則可以幫你向對街的店訂。接著，一位叫山姆·史考特的佃農來了，他剛和不在場地主的經紀人簽約，租用四十英畝田地；他緊張地摸著帽子，直到商人和單德士上校（Colonel Saunders）的晨間閒聊結束，商人叫道：「啊，山姆，你要什麼？」山姆要他「供應」他，即預付給他該年的衣食，也許還有種子和器具，直到農作物收成出售為止。如果山姆看來是良好的對象，他和商人去找律師，山姆以騾子和馬車的動產抵押，以換取種子和一週的食物。綠色棉花葉在地上一出現，即著手抵押「收成」。每週六或更長的間隔，山姆拜訪商人領取「配給」；一個五口之家通常每月獲得大約三十磅肥豬肉和幾蒲式耳的玉米麵粉。除此之外，商人必須供應衣服和鞋子；要是山姆或他的家人生病，有看藥劑師和醫生的訂單；要是騾子需要釘蹄鐵，則有找鐵匠的訂單等。山姆若勤奮工作，農作物可望豐收，商人往往鼓勵他買更多：糖、額外的衣服，或許一輛四輪單座馬車。商人卻很少鼓勵他儲蓄。去年秋天棉花漲至1毛時，竇俄提郡的狡猾商人一季即賣了一千輛馬車，大多賣給黑人。

　　這樣的交易——一次收成與動產抵押——所提供的保障乍看之下似乎微乎其微。的確，商人所講的諸多懶惰和欺騙的故事確有其事；如夜間摘棉花、騾子不見了，以及佃農潛逃。不過，大體上黑色地帶的商人是該區最興旺的。他非常有技巧而

嚴密地起草有關佃農的法律合同，以至於黑人往往只有選擇貧困或犯罪；黑人在合約中「捨棄」田園的所有免除，他不得傷害抵押的農作物，法律讓地主和商人幾乎完全掌控農作物。農作物成長時，商人如老鷹般盯著；一旦農作物可以收成上市，他隨即持有出售，付給地主租金，扣除供應品帳單，如尚有盈餘，這偶爾發生，他即將盈餘交給黑奴當聖誕節慶祝。

　　這個制度的直接效果為農業全賴棉花方案與佃農持續破產。黑色地帶的通貨為棉花，該農作物總是可以賣得現款，通常不易受到年度價格大幅變動的影響。而且黑人知道如何種植。因此地主要求用棉花付租金，商人不接受其他作物當抵押品。那麼要求黑人佃農種多種作物毫無用處，在這種制度下他辦不到。而且，這種制度勢必讓佃農破產。猶記得曾經在河道上遇到一部單騾小馬車，上面坐著一名年輕黑人無精打采地駕著馬車，他雙肘放在膝蓋上，旁邊坐著面孔微黑的妻子，不動聲色，沉默不語。

　　「喂！」我的駕駛叫道，他稱呼這些人士的方式魯莽得很，雖然他們似乎習以為常：「你們載的是什麼？」

　　「肉和粗麵粉，」年輕人回答，停了下來。「沒有覆蓋的肉放在馬車底部，一大塊薄的肥醃脅豬肉；粗粉裝在蒲式耳穀袋。」

　　「那塊肉用什麼買的？」

　　「一磅1毛錢。」以現金買一磅僅6分或7分錢。

　　「粗粉呢？」

　　「2塊錢。」在鎮上現金價為1塊1毛。這位黑人付5塊買的貨物，用現金只要3塊，自己養殖則只要1塊或1塊半。

　　然而，這並非全是他的錯。黑人農民一開始即落後，一

開始即負債。這不是他的選擇，而是這個逍遙自在的國家的罪行：美國隨著重建悲劇、西班牙內戰之插曲，與菲律賓的午後戲曲而不斷犯下大錯，正彷彿上帝真的死亡。一旦負債，整個民族要冒出頭絕非易事。

1898年棉花價格低落，在三百位佃農家庭中，一百七十五位年終負債高達14,000元；五十位沒有淨賺，剩下的七十五位總共賺了16,00元。整個郡的黑人家庭實際負債至少6萬元。豐收年的情況好多了；但是大體上，絕大多數的佃農年終不是打平，即是負債，這意味著他們為了衣食而幹活。這樣的經濟組織完全錯誤。誰的錯呢？

這種情況的根本原因雖然複雜卻可辨認。除了國家欠思慮，而讓奴隸開始時一無所有外，一主要原因是黑色地帶商人與雇主之間廣為流傳的意見，認為惟有靠債務的束縛，黑人才會繼續工作。毫無疑問，在自由勞力體制之初，有必要給予一些壓力，讓無精打采和懶惰的人工作；就算今天，大多數黑人勞工比大多數北方勞工需要更嚴格的監護。無知勞工的偷竊與欺騙，很可能隱藏在這一誠實而廣為流傳的意見背後。此外，還有一個顯而易見的事實：奴隸血統與無酬苦役制度，並未改善大多數黑人勞工的效率或氣質。這也不是非裔美國人特有的；[3]在歷史上，英國人和德國人、法國人和愛爾蘭人，以及所有農夫亦如是。此即黑色地帶多數黑人今天的處境；他們正在思考其處境，犯罪與不費力而危險的社會主義，乃是這種思考不可避免的結果。現在我看到那個衣衫襤褸的黑人坐在一根木

3〔譯注〕原文 "Sambo" 為種族輕蔑語，泛指非裔美國人，尤其是男性。

頭上，漫無目的地削著一根棍子。他用好幾世紀的低語向我喃喃訴說：「白人整年坐著；黑鬼日以繼夜幹活種植農作物；黑鬼難得擁有麵包和肉；白人坐著卻獲得一切。這是不對的。」等第較好的黑人做什麼來改善其處境呢？下列兩件事當中的一件：要是可能的話就買田地。否則搬到城市。正如幾世紀前，對農奴而言，逃向城鎮生活的自由並非易事；同樣地，就算今天，也有重重阻礙橫在郡上的勞工身上。瀕墨西哥灣諸州許多地區，尤其是密西西比州、路易斯安那州和阿肯色州，偏遠地區農莊的黑人仍然被迫勞役，幾乎沒有工資。這種情況在偏遠地區尤其明顯，農夫由較無知的窮困白人組成，而黑人無法接受學校教育，也無法和上進的同胞交流。萬一奴工逃走了，白人通常可以仰賴他們投票選出的警長去逮捕逃亡奴工，然後連問都不問即將他遣回。要是他逃到別郡，白人就靠輕竊盜罪名——很容易起訴——將他抓回。即使某個非常愛管閒事者堅持付諸審判，但鄰居般的友誼仍可能將他定罪，於是主人可輕易買到該郡所需的勞力。南方較文明的地區或鄰近大城鎮的都市不可能有這樣的制度；然而，可悲的，在那些無電報與報紙的廣闊土地上，第十三條修正案的精神遭破壞了。[4] 這代表美國黑人農民最底層的經濟深淵；我們研究自由保有不動產黑人的興起與處境時，不得不從此一現代農奴制度追溯其經濟進展。

　　即使在南方次序較好的鄉村地區，農工的自由遷徙仍受到遷移代理法的阻礙。[5] 美聯社最近通知世人：喬治亞州南部逮捕

4〔譯注〕第十三條修正案（the Thirteenth Amendment）正式廢除奴隸制度。參見第二章注2。

5〔譯注〕遷移代理法（migration-agent laws）乃美國南部通過之州法，限制黑人農工不得為了爭取較高之工資而遷移至別州或該州其他地區。

一位年輕白人，他代表「大西洋海軍軍需品公司」，他「在慫
恿工人離開約翰‧古瑞爾的松脂田時當場被捕。」由於郡上的
代理商提議聚集勞工到外州幹活，這位年輕人被捕的罪行，被
他所屬的郡判定賠償 500 元。因此，南方幾乎每一州的法律均
增加而不是減少黑人對其附近以外勞力市場的無知。

　　南方小鎮與偏僻地區的不成文法跟這些措施類似，因此凡
是社區多數人不認識的黑人，其人格都必須由某個白人擔保。
這實際上是古羅馬貴族理念的復甦，新自由民受到貴族保護。
在許多例子中，這種制度對黑人頗有好處，在以前的主人家庭
或其他白人朋友的保護和指引下，自由民在財富與道德上往往
屢有進步。然而，在其他例子中，同樣的制度則導致整個社區
拒絕承認黑人改變住所和當自己財富主人的權利。譬如，在喬
治亞州貝克郡（Baker County）的陌生黑人，在公路上到處都可
能遭白人叫住，說明他要做什麼，直到盤問的白人滿意為止。
要是他無法提供適當的答覆，或讓人覺得太獨立或「無禮」，
即可能被逮捕或立刻被攆走。

　　因此，在南方鄉下地區，根據成文法或不成文法，奴工償
債制度、勞工移動障礙與白人保護制度存在於廣大區域。除此
之外，非法壓迫與不法強求的機會在鄉村比在城市大得多，過
去十年較嚴重的種族動亂，如山姆‧荷西事件，[6] 幾乎皆起因於
鄉下主僕間的紛爭。結果，首先出現了黑色地帶，其次是往城
鎮遷徙。許多人認為黑色地帶是勞力領域移向較宜人的氣候情
境，其實不然；黑色地帶主要是為了自保的群聚；換句話說，

6〔譯注〕山姆‧荷西（Sam Hose），參見第七章注4。

黑人人口為了互相防衛而聚集在一起，以確保經濟進展所需要的平安與寧靜。這種遷徙發生在黑奴解放與1880年之間，然僅局部達成預期效果。1880年以來移往城鎮的熱潮，乃是黑人對黑色地帶的經濟機會感到失望的反遷徙。

在喬治亞州的寶俄提郡，不難見到這種為求保護而群聚的嘗試。成年人口只有10％在本郡出生，可是黑人在數量上是白人的四、五倍。對黑人而言，其數量本身無疑是種防衛，以免個人受恣意對待，讓數以百計的勞工儘管工資低廉、經濟窮困，仍留在寶俄提。不過，改變來了，即使在此地，農工緩慢而確實地離開廣闊的耕地而往城鎮遷徙。為什麼會這樣呢？黑人為什麼沒有成為地主，建立擁有土地的黑人小農階級？那是慈善家與政治家一個多世代以來的夢想。

對於車窗社會學家而言，對於試圖利用假日旅遊花費一點休閒時光以解開數世紀的糾葛，進而了解、認識南方的人士而言，黑人勞工的全部問題可以用奧菲莉雅姑媽的話來概括：[7]「懶惰！」他們一再注意到像我去年夏天所看到的景象。在一個漫長而炎熱的傍晚，我們正駕著馬車沿著公路進城。兩個年輕黑人用一隊騾子駄著的馬車經過，車上載著幾蒲式耳正在長穗的散裝玉蜀黍。駕著馬車那位黑人手肘放在膝蓋上，無精打采地彎著身子向前傾，一幅逍遙、粗心的無責任感模樣。另一位黑人在馬車底層熟睡著。我們經過時，注意到一穗玉蜀黍從馬車上掉落。他們並沒有發現，不會。在一竿之距前，我們注意

7〔譯注〕奧菲莉雅姑媽（Aunt Ophelia）乃哈莉葉‧比丘‧史陀（Harriet Beecher Stowe, 1811-1896）名著《湯姆叔叔的小屋》（*Uncle Tom's Cabin*, 1852；又譯《黑奴籲天錄》）中之人物，全名為奧菲莉雅‧聖克蕾兒（Ophelia St. Clare）。

到地上另一穗玉蜀黍。懶惰嗎？沒錯，是懶惰的化身。然而，追蹤那些男孩：他們並非懶惰；明天早上他們一早就起床，幹活時刻苦打拚，而且心甘情願。他們並無貪婪、自私、不擇手段賺錢的習慣，反而對金錢感到不屑。他們會在你面前遊蕩，在你背後卻心地善良忠實地幹活。他們會偷西瓜，卻將你遺失的錢包原封不動地歸還。身為勞工，其重大缺陷在於除了耗盡體力的喜悅外，缺乏工作誘因。他們粗心大意，蓋尚未發現小心謹慎划得來；他們不惜金錢，蓋他們所認識的不惜金錢者過得和節儉者幾乎一樣。更重要的，他們無法了解為何應該格外費力改善白人的耕地或養肥其騾子，或保護其玉蜀黍。另一方面，白人地主主張改善這些勞工的任何企圖，包括增加責任、提高工資、改善住宅與自有耕地等，準會導致失敗。他秀給北方觀光客看傷痕累累的耕地、毀壞的大宅、貧瘠的土壤與抵押的耕地，然後說道，這是黑人自由！

　　現在，碰巧主僕雙方各自均有足夠的論點，讓彼此難以相互了解。黑人隱約將白人視為其一切苦難與不幸的化身；如果他一貧如洗，那是因為白人奪取其辛勞的果實；如果他無知，那是因為白人未給予時間或設備學習；的確，要是任何不幸發生在他身上，那是由於「白人」的一些暗中策畫。另一方面，主人與主人的子孫一直無法明白，為何黑人不願安下心來為生計做按日計酬的零工，而心存愚蠢願望想要出名；他們也不明白黑人為何鬧彆扭、不滿又粗心大意，而其父執輩則既快樂、沉默又忠誠。一名困惑的歐伯尼商人告訴他的黑人顧客：「唔，你們黑鬼過得比我還悠哉。」「是的，」他答道：「你的豬也是。」

就以不滿又懶惰的農工作為出發點,讓我們打聽寶俄提數以千計的黑人如何從農工力爭上游朝理想邁進,並詢問那理想是什麼。在一個同質的人口中,所有社會鬥爭從經濟階級與社會階級的陸續提升得到印證。今天,這些黑人可區分為下列經濟階級。

「生活窮困潦倒」的10%佃農階層,其中有些乞丐;40%分益佃農,39%半分益佃農與按日計酬的零工。剩下5%債主與6%自由保有不動產的「上層」地主階級。佃農全無資本可言,即使是指從播種至收成期間維持性命的食物與金錢的有限含意。他們所提供的都是勞力;地主提供耕地、家畜、工具、種子和房屋;年終時農工取得收成的三分之一到一半。然而,他要從中償付一年來預支的衣食費用與利息。因此我們的農工既無資本亦無工資,而雇主的資本主要是雇工的工資。這項雇主與雇工都不滿意的約定,通常流行於地主財務吃緊的貧瘠耕地上。

在佃農之上者為大多數的黑人居民,自己負責耕地的工作,以棉花償付地租,並受到作物抵押制度的扶持。內戰後,該制度因具較大的自由和盈餘額可能,而引起自由民的興趣。然而隨著作物扣押權的執行,耕地惡化與債務苦役,分益租地戶的地位淪落為幾乎沒有酬勞的苦役。以往所有租地戶都有一些資本,有的往往還不少。但是地主不住在產權所在地後,地租不斷升高,而棉花價格下跌,幾乎將租地戶剝奪一空,今天大概不到一半的租地戶自己擁有騾子。從佃農到租地戶的改變靠租金設定來達成,要是設定的租金合理,對承租戶來說是打拚的誘因。相反的,要是租金太高或耕地惡化,結果是打消、

阻止黑人農夫努力的念頭。毫無疑問，後者成為事實，在寶俄提郡，棉花市價和承租戶打拚的各種經濟優勢，都被地主和商人占盡便宜，給地租和利息吞噬光了。要是棉花價格上漲，地租漲得更高；要是棉花價格下跌，地租不是維持不變，就是勉強跟著調降。要是承租戶努力工作而豐收，隔年地租就漲；要是那年歉收，其玉蜀黍即被沒收、騾子被變賣來抵債。當然也有例外的情況：一些仁慈而寬容的事例；但是，在絕大多數的例子中，通則是向多數的黑人農工盡量榨取。

　　一般的分益佃農支付收成的20％至30％的地租。這種高地租只會造成不良的後果：土壤濫用與疏忽、農工品格惡化與普遍的不公平感。亞瑟·楊叫道：[8]「凡是貧窮的鄉下，不管位在哪兒，都落在分益佃農的手中」，「他們的情況比按日計酬的零工還慘。」雖然他是在談論一世紀以前的義大利，卻好比在談今天的寶俄提郡。他宣稱：「分益佃農被認為比賤僕好不到哪兒，隨意被攆走，一切都得順從主人的意志。」這在大革命前的法國固然為真，在今天的美國南方尤其適用。寶俄提郡一半的黑人居民，或許這片耕地上幾百萬黑人，一半以上今天都在如此低的水準下掙扎求生。

　　比這些高一階的是薪資勞工。有些勞工取得房子，或許還有花園；然後預支衣食的供應，年終則領取某些固定的工資，從30元到60元不等，從工資當中支付衣食費用，連帶利息。大約18％的居民屬於這種半分益佃農階級，而22％則是領月薪或

8〔譯注〕亞瑟·楊（Arthur Young, 1741-1820）為英國作家兼農學家，其著名遊記《1787、1788及1789法國見行錄》（*Travels in France during the Years 1787,1788, and 1789*, 1792）探索法國在大革命之前的社會狀況。

年薪的勞工，他們要不是靠自己的儲蓄「供應」衣食，就是由某個商人碰運氣先墊，這大概比較常見。在工作季節期間，這種勞工的日薪從35分至50分不等。他們通常是未婚的年輕人，有些是女性；一旦結了婚，即降為分益佃農階級，或成為較少見的承租戶。

繳固定租金的承租戶是新興階級中的第一種，占5%。這一小撮階級的唯一優勢即選擇農作物的自由，以及隨著金錢交易而增加的責任。有些承租戶的處境雖與分益佃農大同小異，但是大體上他們比較聰明、負責，終將成為地主。他們個性較佳而且比較精明，能夠獲得或許是要求較好的地租條件；承租的農田，從三十到一百英畝不等，平均一年的租金大約是54元。耕耘這些農田者不會長久承租；他們不是降為分益佃農，就是靠著一連串的豐收而升為地主。

在1870年，寶俄提的稅帳簿公告沒有黑人是土地所有人。當時如果有的話，也許會有一些，其土地大概是以某個白人舊奴隸主的名義持有，這種方式在奴隸時期並不稀罕。黑人土地持有人始於1875年，面積為七百五十英畝；十年後，增至六千五百英畝，1890年增至九千英畝，1900年增至一萬英畝。在同一時期，地產總估價從1875年的8萬至1900年提高為24萬元。

兩種狀況讓這項發展錯綜複雜，在某些方面讓人難以確定真正的趨勢：1893年的經濟恐慌與1898年的棉花價格低落。[9]此外，喬治亞州鄉下區域的地產評價制度有點過時，統計價值

9〔譯注〕1893 年的經濟恐慌（the panic of 1893）起因於1890 年小麥價格大跌，和阿根廷銀行鼓吹投資，後來首都布宜諾斯艾利斯發生政變，導致紐約證券交易所崩盤，造成嚴重經濟蕭條，結果失業率節節攀升，大幅影響1890 年代之南方農產品價格。

不可靠；由於沒有鑑定官，每個人向收稅員宣誓申報。因此，
輿論扮演重大角色，奇怪的是統計表年年均不同，當然這些數
字顯示黑人所累積的小額資本，隨之亦顯示其地產泰半仰賴暫
時的繁榮。他們手頭拮据，難以挨過幾年的經濟蕭條，因而遠
比白人更常受到棉花市場的擺布。因此，黑人地主們儘管努力
得很，實在是個過渡的階級，一方面會頻頻淪落為承租戶或分
益佃農，另一方面，則會有新的黑人成為地主。在1898年的一
百位地主當中，一半自從1893年才買地，有四分之一在1890
年至1893年之間買地的，五分之一是在1884年至1890年間買
的，剩下的在1870年至1884年間買的。自從1875年以來，總
共一百八十五位黑人擁有過土地。

　　要是曾在這裡擁有過耕地的所有黑人地主們都一直持有耕
地或留給黑人，那麼黑人將擁有近三萬英畝，而非現在擁有的
一萬五千英畝。不過，一萬五千英畝已經是值得讚揚的表現，
證明黑人的價值與能力絕非無足輕重。要是他們在黑奴解放
時即賦予經濟的有利條件，要是他們一直處於開明而富裕的社
區，真正渴望發揮所長，那麼我們也許可以說這樣的成果稀少
或甚至微不足道。然而，對數千名貧窮而無知的農工，在面對
貧窮、下跌市場與社會壓力下，在一個世代內儲存二十萬資本
意味著非常賣力的打拚，一個國家的興起，一個社會階級的力
爭上游，意味著心酸的奮鬥，一場艱辛、柔腸寸斷的戰爭，那
是優渥階級難以體會或感受到的。

　　從黑色地帶這個區域的艱困經濟情境，僅6％的人口成功
冒出頭來成為有產權的農夫，但這些並非完全固定不變，而是
隨著棉花市場的浮動而增減。足足94％為了耕地賣力打拚而失

敗，其中一半成為絕望的農奴。對這些人士，有另一個逃避的途徑，即遷移至城鎮，越來越多黑人這麼做。瀏覽黑人地主的耕地分布，奇特地透露這項事實。在1898年，耕地持有的情況如下：四十英畝以下者有四十九個家族；四十至二百五十英畝者有十七個家族；二百五十至一千英畝者有十三個家族；一千或一千英畝以上者有兩個家族。在1890年，有四十四筆合法財產，但當中僅九個家族少於四十英畝。合法財產的大量增加來自購買城鎮附近的小家宅，地主真正分擔城鎮生活的責任；這是遷居城鎮熱潮的一環。對這樣匆匆離開鄉村生活狹隘與艱辛情境的每位地主，有多少農工、多少佃農、多少沒落的承租戶加入那長長的遷徙行列？它可不是奇怪的補償作用嗎？鄉下地區的罪惡侵襲城鎮，而今天城市生活的社會傷痛，在寶俄提郡當地以及遠近許多地方，可能在城牆外尋求傷痛的最後復原。

第九章

論主僕之子孫

生命踩著生命，心踩著心；
我們在教堂和市場擠得太近
以至於夢墓不分。

——白朗寧夫人[1]

1　本文修訂自〈南方黑人與白人之關係〉（"The Relation of the Negroes to the Whites in the South"），原載於《美國政治與社會學學會紀錄》（1901 年 7 月至 12 月）（頁 121-140）。詩行出自伊麗莎白・貝瑞特・白朗寧的《詩人的想像力》（1844）。音樂摘自黑人靈歌〈我在翻滾〉（"I'm A Rolling"）（Gates and Oliver, 105, n.1）。

　　不同種族之間的接觸乃是年代久遠的現象，在新世紀中將
會有嶄新的範例。的確，我們時代的特色乃是歐洲文明與世上
未開發民族的接觸。此種接觸在過去所產生的結果，不管我們
如何論斷，確實構成人類行為不堪回首的一章。戰爭、謀殺、
奴隸制度、滅種與放蕩等，一直是將文明與基督福音非法帶至
海島與異教徒的後果。自鳴得意地告知現代世人：強勢注定勝
過弱勢、正義注定勝過邪惡，以及優勝劣敗等等均妥當無誤，
並不能完全滿足其良心。人們要是能輕易相信這一切，那當然
會令人欣慰；然而卻有太多醜陋的事實，無法輕易地為這一切
辯解。我們覺得並曉得：在種族心理上，我們粗糙的社會計量
還無法細究許多微妙的差異和無數的變化，這些差異和變化解
釋了許多歷史與社會發展。同時，我們也曉得這些考量一直沒
有適當解釋或辯解蠻力與狡猾勝過脆弱與無辜。

　　那麼，二十世紀的所有正直人士要戮力監督：在未來的種
族競爭中，適者生存意味著真、善、美的勝利；[2]我們或許能
替未來的文明保存真正美好、高貴與堅強的一切，而不再繼續
獎勵貪婪、傲慢與殘忍。為了實現這期望，我們每天不得不越
來越留意，轉而認真研究種族接觸的現象——坦率而公平地研
究，不受願望或恐懼的曲解與渲染。在南方，我們擁有良好的
領域，可從事世人花得起的研究——當然啦，一般的美國科學
家認為該領域多少有失其身分，而非科學家的一般人了解該領

2〔譯注〕「適者生存」（the survival of the fittest）一詞出自英國生物學家達爾文
　（Charles Darwin, 1809-1882）之進化論。他在 1859 年出版之《物種原始》（The
　Origin of Species）陳述其要點。蓋慈和奧立佛指出，該詞進入十九世紀社會學
　論述，以解釋人類在社會與物質成就之不均，乃個人天生「適應」競爭之問題
　（Gates and Oliver, 106, n.2）。

域；然而，由於上帝似乎即將用巨大的種族糾葛懲罰此國家，此一研究方式勢必越來越需要全神貫注加以檢討與思考。我們不得不問：南方真正的黑白關係是怎麼回事？我們必須透過平實、毫無掩飾的陳述而不是藉由辯護或挑剔得到解答。

在今天的文明生活中，人與人的接觸和彼此間的關係，分為數個行動與溝通的要義：首先是家與住宅緊鄰而立，居住區集結的方式，以及居住區相互毗鄰。其次且主要在我們時代則是經濟關係：個人為了謀生、為了滿足彼此需求、為了創造財富而合作的方法。第三為政治關係，在社會控制、群體治理及課稅與繳稅的負擔上合作。第四是較不具體卻事關緊要的腦力接觸與交流，透過對話與開會，以及期刊與圖書館進行理念交流；最重要的，每一社區逐漸形成那種奇特的模糊狀態，我們稱之為輿論。與此緊密相關的是日常生活、旅遊、戲院、家庭聚會與嫁娶中的各種社交接觸。最後則是不同形式的宗教事業、道德教誨與慈善嘗試。這些是生活在同一社區的人彼此交往的主要方式。因此，我目前的任務乃是從個人的觀點，指出南方的黑色人種在日常生活事務中如何與白人結識而交際應酬。

首先，關於有形的住所。在幾乎每一個南方社區，通常都可以在地圖上畫出一條有形的膚色界線，一邊住著白人，另一邊則是黑人。地理上膚色界線的蜿蜒與複雜，當然隨著不同社區而異。我熟悉某些城鎮，那裡一條直線劃穿大街中央，便將十分之九白人與十分之九黑人區隔開來。在其他城鎮，一大片黑人區環繞著較古老的白人定居地；此外，在某些城鎮，黑人之小拓居地或核心區在鄰近的白人當中冒出。在城市裡通常每條街均有其特殊膚色，偶爾，不同膚色者緊鄰而居。即便在鄉下，類似此

般種族隔離，在較小的地區及較大的黑色地帶顯而易見。

　　凡此按膚色之隔離，大半與所有社區常見的按社會位階而自然集結不相干。雖然黑人貧民窟可能瀕臨白人住宅區而險象環生，但常見的是白人貧民窟位於體面的黑人區中心。然而，一種情況難得發生：上流白人幾乎從不與上流黑人毗鄰而居。因此，在幾乎每一南方小鎮和城市，白人和黑人常互揭瘡疤，但見對方缺點。這和過去的情況大不相同，當時在父權的大宅中，透過主人與家僕的緊密接觸，可以見到上等黑白人種保持密切聯繫、相互安慰，不過，農場工人的骯髒與無聊的一連串苦役，家人卻視而不見也聽而不聞。一個人過去從他父親的客廳看到奴隸制度，如今則在大城市的街道上看到自由，我們不難了解他為何無法理解或領會此新畫面的全貌。另一方面，大多數黑人一成不變地相信：南方白人未將黑人的最佳利益放在心上，後來，該信念在較優秀的黑人階級與最差勁的白種人代表間不斷的日常接觸下受到強化。

　　接著談到黑白人種的經濟關係，過去的研究、諸多討論與大量的慈善努力讓吾人熟悉該領域。儘管如此，黑人與白人在工作與財富的合作中，仍有許多要素易遭忽略或未被徹底了解。一般的美國人能輕易想到一塊肥沃土地等待開發且充斥著黑人勞工。對他而言，南方的問題只是從此材料中造就有效率的工人，提供他們所需之技術與協助投入資本。然而，問題絕非如此簡單，從下面的明顯事實可以得知：這些工人幾世紀以來一直被訓練當奴隸。因此，他們顯露出此般訓練之全部優缺點；他們心甘情願且本性善良，卻不會自力更生、未雨綢繆或小心謹慎。如今倘若南方的經濟發展要被推至剝削邊緣，這

似乎很有可能，那麼，我們有一大批工人被迫跟全世界的工人殘忍地競爭，卻受到訓練的障礙，因為他們的訓練與現代自主之民主勞工訓練正好相反。黑人勞工需要仔細的個人指引、真心誠意的群體領導才能，俾訓練他們具備先見之明、細心與正直。黑人的頭腦被二百五十年孜孜不倦教導成卑躬屈膝、粗心大意與偷竊之後，這種群體訓練的必要性，毋需任何別出心裁的種族差異理論證明。解放黑奴後，某人顯然有責任領導與訓練黑人勞工群體。我不會停下來詢問是誰的責任——是白人前主人的責任？他們是靠著無薪苦役而獲利的；或是北方慈善家的責任？這場危機是由於其堅持不懈而引發的；或是國民政府的責任？政府的敕令使奴隸獲得自由。雖然我不會停下來詢問它到底是誰的責任，但是我堅持：要有人負責監督這些工人不被拋棄不管，他們既無資金、亦無土地、既無技能、亦無經濟組織，甚至連法律、次序與禮儀之赤裸裸保護皆無，他們被拋棄在一片廣闊土地上，不是定下心來進行緩慢而謹慎的內部發展，而是注定陷入幾乎立刻要與現代工人菁英從事殘忍而尖銳的競爭，在一種經濟體系下，每位參與者無不為自己而奮鬥，時常完全不顧鄰居的權益或福利。

　　我們絕不可或忘：繼承舊政體的今日南方經濟制度，有別於昔日工業發達的北方、英國或法國，它們有工會、約束法規、成文與不成文的商業習俗及長久的經驗。它倒是頗似十九世紀初期工廠法實施前的英國，當時英國榨取思想家的憐憫，因而激起卡萊爾的憤怒。[3]1865 年從南方紳士手中轉移出去的

3〔譯注〕卡萊爾（Thomas Carlyle, 1795-1881）為蘇格蘭哲學家、諷刺作家、小品文家兼史學家，他在《論英雄、英雄崇拜》（*On Heroes, Hero-Worship*）和《史

帝國權杖從未復返，該轉移部分透過武力，部分則出於他們自己的任性。相反的，權杖轉移至那些前來指揮新南方的工業剝削的那些人身上，包括受求財欲與求權欲所激發的窮苦白人子孫、節儉而貪婪的洋基，以及精明而肆無忌憚的猶太人。[4] 南方勞工，包括白人和黑人，落入這些人士手中，此情此景令他們感到悲哀。這些新工業鉅子對這樣的勞工既無愛亦無恨，既無同情心亦無浪漫情；它是金錢與紅利的冷淡問題。在這樣的制度下，全體勞工勢必受苦。即使白人勞工亦不夠聰明、節約與訓練有素，無法對抗有組織資金的強力蠶食。其中的結果是超時苦役、工資低廉、童工，以及針對高利貸與欺詐缺乏保護。但是在黑人勞工之中，這一切首先由於種族偏見而惡化，種族偏見從上流白人的懷疑與不信任，到下等白人的瘋狂憎恨，不一而足；其次，如前所述，這情況由於自由黑人承接奴隸制度悲慘的經濟傳統而惡化。自由黑人在這樣的訓練下，很難學會掌握已為自己開啟的機會，而新機會通常基於偏袒而給予白人，鮮少降臨他們身上。

　　黑人勞工被南方上流白人棄之不顧，幾乎毫無保護與監督，在法律與習俗上成為社區中最惡劣無恥白人的受害者。收成抵押制度使得南方農田人口越來越少，該制度不僅是黑人懶散的結果，亦與抵押、扣押和行為不檢等法規的狡猾設計有關，這些法規可能是一些沒良心的白人訂定的，藉以誘捕、陷害未提防的黑人，直到不可能逃脫，繼續苦幹成為鬧劇，抗議

上之英雄事蹟》（*The Heroic in History*）中闡釋：歷史上之關鍵角色在於「偉人」或「英雄」之行為。

4 在1953年版本中，「精明而肆無忌憚的猶太人」改為「肆無忌憚的移民」（Gates and Oliver, 108, n.6）。

成為罪行。在喬治亞州的黑色地帶，我見過一位無知、誠實的黑人以分期付款的方式買一塊農田，並付了三次款，然後賣農田給他的這位有事業心的俄裔猶太人，[5]卻罔顧法律與規矩，侵吞款項與權狀，結果黑人沒有農地所有權，在自己的土地上賣命，一天只掙三分錢。我見過一位黑人農夫欠一名白人店主債，於是那名店主去他的農莊，將能賣的物品搜括一空，包括騾子、犁、存穀、工具、家具、寢具、時鐘、鏡子等，這一切全無令狀，未經法律程序，且無警長或警官，不顧宅地豁免法，亦未向一位負責可靠者提出任何說明或清算。在任何社區裡，一群無知的辛勤勞動者由於習俗與種族歧視，淪落在同情與種族交情的範圍外，此等情事可能發生，會發生。只要社區中之中堅分子不覺得有義務保護、訓練與照顧群體中的弱勢分子，他們就讓後者被騙子和惡棍吃定了。

這種不幸的經濟情況，並非意味著南方黑人的所有進展皆受阻礙，或者沒有黑人地主與技工階級，他們儘管種種不利，仍累積財產並成為良好公民。但它確實是意味著較公平的經濟制度說不定可以輕易造就更大群的黑人地主與技工階級，亦意味著那些在競爭中倖存者遭受不利，以至於成就比其應得者少很多，特別是意味著該群有成就的人員皆任憑運氣與偶然巧合，而沒有理性挑選或合理選擇的機會。解決之道只有一種可能程序。我們必須接受南方的一些種族歧視為事實：其激烈可嘆，其結果不幸，且危及未來；然而卻是一項冷酷的事實，惟有時間能夠消除。因此，我們無法期望在這一代或數代後，大

5 「有事業心的俄裔猶太人」在1953年版本中改為「有事業心的美國人」（Gates and Oliver, 109, n.7）。

批白人會願意親密同情且自我犧牲地領導黑人,這顯然是黑人當前處境所亟需者。這樣的領導、這樣的社會教導與榜樣,必須來自黑人本身。過去有一陣子人們懷疑黑人是否能發展出此類領導人;但今日無人認真駁斥個別黑人有能力吸收現代文明的文化與常識,並多少能傳承給同胞。果真如此,那麼此乃脫離經濟處境之途徑,因此我們迫切需要訓練有素的黑人領袖,人格高尚且才智出眾:有技藝者、有見識與領導力者、受過大學教育者、[6]黑人工業鉅子與文化傳教士;徹底理解、熟悉現代文明者,能夠藉由格言與榜樣的力量,透過深切的同情以及共同血統與理想啟發,掌控黑人社區並加以提升與訓練。不過,這些人要能取得成效,則必須擁有一些權力,必須受到這些社區最佳輿論的支持,並且能夠為其目標而動用一些武器,世間閱歷教導我們:這些武器對人類進步是不可或缺的。

其中,在現代世界中最大的武器,或許是選票的力量;這就使我接下來考量南方白人與黑人之間的第三種接觸方式——政治活動。

從美國人對黑人投票權的心態,可異常準確地追溯流行的治理觀念。在五〇年代,我們幾乎就是法國大革命的餘波,相當徹底地相信普選權。我們主張,當時我們認為下列主張相當合理:絕對沒有一個社會階級如此善良、真誠與公正到可以將鄰居的政治命運完全託付之;在每一政體中福利的最佳仲裁者乃是直接受影響者;於是唯有使用選票武裝每一隻手,俾於政體的政策中擁有發言權利,才能讓最多人獲得最多益處。當

---

6 1898 年杜博依斯在費斯克(Fisk)大學發表畢業典禮演說,題目為「開放給受過大學教育的黑人之職業」(Gates and Oliver, 110, n.8)。

然，針對這些主張雖有一些反對意見，不過我們認為已簡潔而令人信服地答辯了；倘若某人抱怨選民無知，我們答：「教導他們。」倘若另外有人抱怨選民貪贓枉法，我們答：「褫奪其公權或加以監禁。」最後，有人害怕蠱惑民心的政客或某些人天生任性，對此我們堅決認為：時間與痛苦經驗會教訓最冥頑不靈者。南方黑人投票權的問題即於此時被提出來。這是無力自衛的民族突然獲得自由。針對那些不相信其自由並決心加以阻撓的白人，他們將如何受到保護呢？北方說，不是憑武力；南方說，不是憑政府監護；國人的常識說，那麼就憑選票吧，那是一個自由民族唯一的合法防衛。當時，沒有人認為以前幹過奴隸者能夠明智或非常有效地使用選票；不過，白人的確認為讓國內一個人數眾多的階層擁有如此大的權力，會迫使其同胞教育該階層，使他們懂得明智地使用選票。

同時，國內出現了新思潮：隨著內戰結束，我們遭遇不可避免的道德退步與政治詐欺時期。政治醜聞變成如此惡名昭彰，以至於德高望重者開始不管政治，結果政治變得聲名狼藉。人們開始對自己與政府毫無關係而引以為傲，且和那些認為做官係私下撈錢的人彼此心照不宣。在這種心態下，對於南方鎮壓黑人投票容易視而不見，且勸告有自尊心的黑人完全不過問政治。德高望重的北方公民一方面忽略了本身的公民責任，一方面對黑人將公民權看得過分重要覺得可笑。結果，上層黑人越來越遵從國外的勸告與國內的壓力，對政治不再興致勃勃，將選民權利的行使留給草率和腐敗的族人。剩下的黑人選票則未受訓練與教育，由於公開與無恥的賄賂或武力和舞弊而更加墮落，直到黑人選民被徹底灌輸這樣的理念，認為政治

係透過不名譽手段獲取私利的方法。

　　最後，現今我們正覺悟到這事實：在這塊大陸上，共和制度的不朽端賴選票的淨化、選民的公民訓練，以及提升選舉到嚴肅責任的水準，一名愛國的公民若疏忽此責任，不僅危及他自己，而且危及其子孫——在今日，當我們正在竭力復興公民道德時，要對南方黑人選民說什麼呢？我們仍要告訴他們說政治是一種聲名狼藉且無用的人類活動嗎？我們要勸誘上層黑人對政府越來越沒興趣，毫無異議即放棄其從政志趣的權利嗎？我不反對清除選票中的無知、赤貧與犯罪的所有合法努力。但是幾乎沒有人假裝：南方當前剝奪選舉權的運動是為了這樣的目的；在幾乎每一椿事件中均明白而坦誠地宣稱：褫奪公權法的目標乃是將黑人排除於政治之外。

　　咄，這是對黑人產業與心智發展的主要問題沒有影響的小事嗎？我們能在南方建立一群黑人勞工、技工與地主，而他們根據法律與輿論沒有發言權決定其生活與工作的法令嗎？現代工業組織對勞工階級採取自由的民主統治型態，承擔讓人尊重其福利的權能，當其半數勞動力在公共委員會中無發言權，同時無權為自己辯護時，這制度在南方行得通嗎？今天南方黑人對於自己將被課多少稅，或那些稅金將如何花費，對於誰將執行法律以及如何執行，對於誰將制定法律以及如何制定等，幾乎沒有置喙餘地。為了讓某些州的立法者傾聽黑人這邊對當前爭議提出恭敬的陳述，在關鍵時刻不得不忙亂拚命，情境堪憐。黑人日益覺得法律與正義乃屈辱與壓迫的來源，而不是保護的安全措施，制定法律者對黑人興趣缺缺；而執行法律者則毫無謙恭或體貼對待黑人之動機；最後，被告的罪犯並非由其

同儕審訊,而往往由寧可處罰十位無辜黑人也不願讓一位有罪黑人脫逃之流審訊。

我絕不會否認黑人的明顯弱點與短處;針對南方白人解決其複雜社會問題的努力,我絕不會不寄予同情。一個局部未開化的民族為了自身利益,應由較強、較好的鄰居中之菁英統治,直到他們能開始單獨打世間的仗,我坦率承認這有可能且有時是上策。我已經指出被解放的黑人何等迫切需要這類的經濟與心靈指引,我很願意承認:如果南方白人最佳輿論的代表們掌握今天南方的統治與指導實權,那麼前面所指的情況即可圓滿達成。然而我一直堅持的要點,現在再強調一次,乃是今天南方的最佳意見並非普遍意見。今天讓黑人無能為力且無投票權,乃是讓他受到下流白人的剝削和誘惑,而不是受到上等白人的指引;這點在北方和南方一樣適用,在歐洲和北方一樣適用:在任何一個國土,在現代自由競爭下的任何一個國家,將任何一個弱勢、受鄙視的民族,不管是白色、黑色或藍色人種,在政治上完全受到較強勢、富有且有辦法的同胞所支配,一向是人性難得擋得住的誘惑。

此外,南方黑人的政治地位和黑人犯罪問題息息相關。毫無疑問,黑人犯罪在過去三十年顯著增加,而且在大城市的貧民窟黑人當中,出現一批明顯的罪犯階級。我們在解釋這不幸的發展時必須注意兩件事:(1)解放黑奴不可避免的結果乃是增加犯罪與罪犯;(2)南方的警察體系主要是用來控制奴隸。有關第一點,我們應當記住在嚴厲的奴隸制度下,幾無犯罪一事。然而,當這些各式各樣的分子突然被拋到茫茫人生之海中時,有的游泳,有的下沉,有的漂浮著,隨著忙碌倉促的世間

潮流載浮載沉。如1863年掃過南方的巨大經濟與社會革命，[7]
意味著剷除不適任與凶暴的黑人，是區分社會等級的開端。你
看，一群奮發向上的民族並不是像無生氣的固體那樣整個從地
上提起，而是像棵活的植物向上伸展，根還附著於腐植質裡，
因此，黑人罪犯的出現乃即將降臨之現象；它雖然造成焦慮，
應該不令人感到驚訝。

　　再者，未來的希望尤其仰賴仔細審慎地處置這些罪犯。
其違法行為起初是懶惰、馬虎與衝動的過錯，而不是惡毒或凶
殘成性的罪行。這樣的行為不檢需要不同的處置，要堅決而有
感化效果，無不公跡象且罪證確鑿。就這樣的罪犯處置，無論
是白人或黑人，南方並無機制，亦無適當的監獄或感化院；其
警察體系旨在對付黑人而已，並且心照不宣地認定每位白人依
事實而言皆是警察的成員。雙重司法制度於焉產生，在白人這
邊失之過寬，簡直是豁免現行犯；在黑人這邊則失之過嚴、不
公、不分青紅皂白。如前所述，南方的警察體系本來旨在追蹤
所有黑人，而不光是罪犯；黑人被解放後，整個南方相信免費
的黑人勞力已無可能，最早亦幾乎是普遍的策略，乃是利用法
庭作為再奴役黑人的工具。當時，針對幾乎任何指控，判定一
個人是否有罪，不是犯罪問題，而是膚色問題。因此，黑人會
將法庭視為不公與壓迫的工具，並將法庭中被定罪者視為殉道
者與犧牲者。

　　唔，當真正的黑人罪犯出現時，當我們開始有公路搶劫、
破門盜竊、謀殺與強姦，而不是輕微的偷竊與流浪罪時，對黑

7〔譯注〕這是指黑奴解放宣言於1863年1月1日生效後，在美國南方造成巨大之
　　政經、社會變動。參見第七章注34。

白雙方均有奇特的影響：黑人拒絕相信白人見證者的證據或白人陪審團的公正，所以最大的犯罪嚇阻力量喪失了，即個人所屬社會階層的輿論喪失了，罪犯被視為在十字架上受難而非給吊死。另一方面，白人以往對於被控黑人是否有罪常常不太在乎，如今卻瀰漫著激情，超乎法律、理性與禮儀的約束。這樣的情況必然會增加犯罪，早已增加了犯罪。在天生的敵意與流浪上逐日增加背叛與報仇的動機，遂挑起兩個種族的所有潛在獸性，往往無法平心靜氣地專注於經濟發展。

　　不過，在受犯罪之害的任何社區，主要的問題並非罪犯的懲處，而是防止年輕人接受犯罪的洗禮。可是南方的特殊情境阻礙了適當的預防措施。我看過數名十二歲男孩帶著鐐銬在亞特蘭大的公共街道上幹活，就在學校前面，跟年紀大的慣犯在一起；這種不分青紅皂白將男人、女人和小孩混在一起，讓囚犯隊伍成為犯罪與淫蕩的理想學校。維吉尼亞州、喬治亞州和其他州爭取設立感化院乙事，是個令人鼓舞的跡象，表示有些社區覺悟到該項政策終將自取滅亡。

　　然而，公立中小學乃是在住家外可作為訓練文雅、有自尊心公民的最大手段。最近，我們一直如此熱烈地參與討論中等職業學校與高等教育，以至於南方公立中小學制度的可憐窘境幾乎無人問津。在喬治亞州，花在公立教育的每5元當中，白人學校獲得4元，黑人學校1元；即使那樣，白人公立中小學體系除了在城市者外，餘者皆差且急需改革。白人學校的情況果真如此，那黑人學校呢？我在檢視南方公立學校訓練制度時，更加相信國民政府必須馬上介入，以某種方式協助普通教育。今天，但憑南方擅長思考人士費盡九牛二虎之力，黑人應得的

學校經費在半打之州中方未被刪至少得可憐；那樣的趨勢不僅
沒有停歇，在諸多社區中反而愈演愈烈。該民族缺乏訓練且在
嚴酷的經濟競爭中情況窘迫，他們沒有政治權利，且公立學校
的設備不足到荒唐可笑，這國家對該民族究竟有何指望呢？除
了罪行與倦怠，國人能指望什麼呢？惟零星分散在各地的幸運
者和有決心者堅持不懈的奮鬥略可彌補其通病，這些人士本身
即受到一種希望的鼓舞，希望時機一到，這國家終將醒悟過來。

　　我到目前為止試圖就我所知釐清南方黑人與白人的身體、
經濟與政治關係，包括犯罪與教育，理由如前所述。不過，談
完這些人類接觸較具體的事務後，對於適當描述南方，仍有一
部分難以用外人容易了解的術語加以描繪或確定。總而言之，
它是當地的氛圍、想法與感覺，組成生活的一千零一種小行
動。在任何社區或國家中，最難掌握者即此等小事，可是它們
對清楚了解群體生活的全貌卻極為重要。因此，凡是適用於
所有社區者，即特別適用於南方，那裡除了書面歷史與成文法
外，在人類靈魂、情感和精神上，一世代以來持續發生了深刻
的動盪、強烈的紛擾、複雜的苦難，這是一個民族所經歷過最
深刻、最強烈也最複雜的。在膚色的黯淡面紗內外，巨大的社
會力量一直在運作，包括改善人類的努力、朝向崩潰與絕望的
趨勢、社經生活的悲劇和喜劇，以及人心的搖擺起伏，使得此
塊土地成為混雜著悲喜、變動、興奮和不安之地。

　　數百萬自由黑人及其子孫，一向都是這個精神動盪不安的
中心，其命運與國家的命運休戚與共。然而巡視南方的隨意觀
察者起初幾乎看不到此點。他騎著馬匹前進時，留意到愈來愈
常碰見的暗黑面孔，除此之外，日子悠悠流逝，太陽照耀著，

而這個小世界似乎和他所巡視過的其他世界一樣快樂滿足。的確，就最重要的黑人問題而言，他聽到如此的少，以至於簡直似乎有緘默之陰謀；晨報甚少提及黑人問題，就算提及，通常是以牽強附會的學術口吻；的確，幾乎人人似乎都忘記並忽略國家中膚色較暗的一半人口，直到驚訝的巡訪者喜好問到：此地究竟有沒有問題。不過，如果他逗留得夠久，即會幡然覺悟：或許在突如其來的一陣情緒激動，讓他對於其劇烈程度氣喘吁吁；較可能者乃逐漸領悟到他起初未察覺的一些事。他的眼睛緩慢卻分明地開始捕捉到膚色界線的陰影；他在這兒遇見大批黑人和白人；接著他猛然察覺自己看不到一張黑面孔；或者在一天之遊蕩結束時，他可能發現自己在某個聚會中，那裡所有面孔均略帶棕色或黑色，他像陌生人般隱約感到不自在，他終於意識到周遭世界以兩股大湧流沉靜而無法抗拒地流過身邊：兩股湧流在同樣的陽光下蕩漾起伏，彷彿漫不經心地相互接觸混合，然後分開而且隔得老遠流著。一切悄悄進行，不容犯錯，如有，法律與輿論的快速手腕立刻重擊下來，正如數天前，一名黑人男子和一名白種女人由於在亞特蘭大的懷河街一起聊天而遭逮捕。

　　喏，如果你仔細留意就會發現：兩個世界之間儘管有諸多實際接觸與日常互相往來，卻幾乎沒有共同的心智生活或傳輸點，一個種族與另一種族的想法與感受，能在那兒直接接觸並產生共鳴。在內戰前及內戰後不久，所有黑人菁英均為上等白人家族中的家僕，當時兩種族之間保有交情、感情，以及有時血緣關係的連結，他們住在同一家宅，分享家庭生活，往往參加同一所教會，而且彼此聊天交談。不過，打從那時以來，黑

人的素養日益提升，自然意味著較高階級的形成：愈來愈多的
牧師、教師、醫生、商賈、技工與自耕農，他們在本質與訓練
上是黑人的貴族與領袖。然而，在他們與白人上層分子之間幾
乎完全沒有心智上的交流。他們上不同的教堂，居住在不同的
區域，在所有公開集會中嚴格隔離，不一起旅遊，且開始閱讀
不同的報紙與書籍。黑人不是完全不准進入大部分的圖書館、
講堂、音樂廳與博物館，就是條件令那些階級的自尊感到格外
屈辱，否則他們可能會有興趣。日報從遠處記述黑人世界的活
動，不太重視準確性；諸如此類，遍及心智交流的所有方式，
包括學校、討論會、社會改善活動等等——這樣說通常沒錯：
兩個種族的代表人物迄今仍形同陌路，一邊認為白人都眼界狹
隘且存有偏見，另一邊則認為受過教育的黑人危險而傲慢無
禮，為了彼此的利益與國家的福祉，雙方應徹底諒解，彼此意
氣相投。再者，基於明顯的歷史因素，輿論的專制與容不下批
評在南方非常強烈，因此這樣的情況在此地極難矯正。白人與
黑人一樣受到膚色界線的束縛與禁錮，兩者之間許多友善與博
愛的計畫、寬宏大量的同情與慷慨的友誼計畫均胎死腹中，蓋
某些好管閒事者將膚色問題強推至前線，用不成文法的巨大力
量反抗革新者。

　　至於兩種族間的社會接觸，我幾乎不須多加著墨。某些主人
與家僕之間那種美好的同情與愛，近年來由於激進而堅決的膚色
界線劃分，導致幾乎蕩然無存，無可取代。牽著一個人的手並坐
在他旁邊，坦誠地望著其眼神並感受其心臟怦怦跳著，在那個
世界中意味深長；一起抽根雪茄或喝杯茶，意義勝過立法院、
雜誌文章和演說；兩個疏遠的種族間幾乎完全沒有這樣的社交

便利設施，種族隔離甚至延伸至公園與電車，其後果不難想像。

這時一般民眾即不可能有那種社交進展，如上流人士對最不幸者敞開心扉歡迎，大方承認共同的人性與共同的命運。另一方面，南方在單純的布施事務以及長者與病人救濟上慷慨極了，彷彿受到其不幸局限的感覺所觸動，但在此情境下不可能有社交接觸。黑人乞丐給打發走前，一定會得到比麵包皮更多的食物，對不幸者的求助，獲得快速回應。猶記得，某個寒冬在亞特蘭大，我唯恐黑人遭到歧視而不想捐款給一公共救濟基金，後來我問一位朋友：「有任何黑人收到救濟嗎？」他說：「唔，他們全都是黑人。」

可是這並未觸及問題的核心。人類提升不僅僅是布施的問題，而是鄙視賑濟的那些階級彼此間的同情心與合作問題。在此國度裡，在較高階層的人群中，在較高貴的追求善、雅、真中，膚色界線分開了天生的朋友與同事。而在社群之底層，在酒吧裡，在賭場與妓院裡，那相同的界線閃爍著然後消失了。

我試圖對南方主僕子孫的實際關係做一般性的描繪。我並未為了政策的緣故而掩飾一些事，因為我擔心我們在那種事情上已做得太過分了。另一方面，我誠摯地力圖避免不公平的誇大其詞。我不懷疑在某些南方社區，情況比我所指出者要好，我也一樣確信其他社區的情況更糟。

這種情況的弔詭與危險，總是令南方衛道人士既感興趣又困惑。這些南方人像白人一樣篤信宗教兼具強烈的民主精神，他們深切感受到黑人問題讓自己處於荒謬的地位。這樣一個基本上真誠而慷慨的民族，在引用基督教義剷平階層制度的箴言

時，或信仰所有人機會均等時，都會隨著世代遷移而益發覺得
當前膚色界線的劃分斷然違背其信仰與職業。然而，往往就在
這節骨眼上，黑人的當前社會情況成為一種威脅與徵兆，即使
在思想最開明者面前：他們主張，針對黑人，要是除了黑質或
別的身體特徵外，別無其他指控，則問題就較為單純；可是對
於其無知、不求上進、貧窮與犯罪，我們能說什麼呢？一個有
自尊心的團體對這樣的人士連最起碼的友誼都無法維持，還能
夠存活下來嗎？我們要讓多愁善感的情緒消滅祖先的文化或子
孫的希望嗎？這樣鋪陳的論點固然頗具說服力，卻一點也沒有
強過擅長思考的黑人的論點：他們回答，假定我們大多數民眾
的處境糟糕，這一方面的確有適當的歷史理由，也有明顯的證
據顯示：不少黑人儘管處於極為不利的地位，已經爬升至美國
文明的水準。由於剝奪人權與偏見，同樣這些黑人與最底層的
黑人被歸為同類並等同待之，即因為他們是黑人，這樣的政策
不僅讓黑人打消節儉與求知的念頭，而且直接獎勵你們所抱怨
的無效率與犯罪。勾畫犯罪、無能與罪惡的界線吧，隨意劃得
多嚴密、多堅決，因為這些事必須禁止；然而劃條膚色界線不
但沒有達成該目標，而且使其遭到挫敗。

　　面對這樣的兩個論點，南方的未來端賴這兩個對立觀點的
代表們能否了解、欣賞並同情彼此的立場：黑人代表能否比現
在更深刻體認到提升其黑人大眾的需求；白人代表能否比目前
更清楚地領會膚色偏見的致命與災難性後果，膚色偏見將菲莉
絲・費特莉[8]與山姆・荷西歸入同一個受鄙視的階級。[9]

8〔譯注〕菲莉絲・費特莉（Phillis Wheatley）參見第三章注14。
9〔譯注〕山姆・荷西（Sam Hose）參見第七章注4。

　　讓黑人宣稱膚色偏見乃其社會情境的唯一原因是不對的，讓白人回答：黑人的社會情境是造成偏見的主因也是不對的。它們彼此互為因果，單方面的改變不會帶來想望的效果。雙方都必須改變，否則都無法做大幅度的改善。當前保守趨勢與無限期地盲目衝動劃分膚色界線，必然會讓黑人感到氣餒而退步。而黑人的情境則恆是更多歧視的藉口。在這共和國的關鍵時期裡，唯有結合跨越膚色界線的才智與同情，正義與公理方克得勝：

　　心與靈之美好契合
　　可如昔創造音樂
　　卻更浩瀚。[10]

---

10 出自亞佛列・但尼生勳爵《悼念詩》（*In Memoriam*, 1850）的序。

第十章

論祖先之信仰

朦朧的美女面孔令全世界難以忘記，
金髮白膚的美女面孔美到不忍看，
在失去的星星被拋下天空之地，——
那兒，只有那兒對你
才可能有白色平安。
……

美女，悲傷的美女面孔，神祕、奇妙，
這些夢對不知所云的傻瓜是何意涵
傻瓜的哭喊在雷聲下幾無喧囂
長時間擱淺在沙岸，
在小沙岸。

——費歐納·麥克里歐[1]

---

1 本文修訂自〈美國黑人之宗教〉（"The Religion of the American Negro"），《新世界：宗教倫理與神學評論季刊》（*The New World: A Quarterly Review of Religious Ethics and Theology*）（1900年12月）（頁614-625）。詩行出自《美女的朦朧面孔》（*Dim Face of Beauty*），作者為費歐娜·麥克李歐（Fiona MacLeod），其本名為威廉·夏普（William Sharp）。樂曲出自黑人靈歌〈悄悄溜回家〉（"Steal Away Home"）（Gates and Oliver 119）。

　　在鄉間某個漆黑的週日晚上，遠離家鄉，遠離養父母家。
馬路從我們凌亂的木屋蜿蜒伸展，沿著堅硬如石的溪床北上，
穿過小麥與玉米田，直至田野對面隱約傳來抑揚頓挫的歌聲，
輕柔、震顫又宏亮，從我耳際哀傷地響起又消失。當時我是名
鄉下教師，剛從東部下來，從未見過南方的黑人信仰復興。當
然啦，我們在伯克郡或許不像他們在昔日的沙福克那麼拘謹、
正式；[2] 我們尚且頗為溫文克制，在那些晴朗無雲的安息日早
上，倘若有人放聲尖叫打斷講道，或大聲喊著「阿們」打斷漫
長的禱告，我不知道會發生什麼事。因此當我接近那村落與矗
立其上那間平凡的小教堂時，最令我矚目的乃是那群黑人身上
激奮之情。空氣中瀰漫著一股壓抑的恐懼，而我們似乎感受到
了，一種阿波羅神的瘋狂，[3] 一種魔鬼附身，讓歌曲與話語顯得
生動恐怖。身穿黑袍，塊頭高大的牧師隨著滔滔不絕的話語而
搖擺、振動著身軀，牧師口若懸河的話語朝著我們飛來。群眾
呻吟顫動著，接著我旁邊那位面頰消瘦的婦女突然直接躍入空

2〔譯注〕伯克郡（Berkshire）係麻薩諸塞州（Massachusenus）最西部的一個郡，
　杜博依斯出生地大貝仁頓（Great Barrington）屬該郡之城鎮。沙福克（Suffolk）
　為麻州最早成立之郡（1643 年），波士頓（Boston）即隸屬該郡，郡名與英國
　東南部之沙福克相同，意為「南部人」（"Southern folk or people"）。杜博依斯在
　此藉由北方主流白人教會之拘謹、克制，凸顯南方「黑人復興禮拜之熱情洋溢」
　（Gates and Oliver, 119, n. 2）。

3　在希臘阿波羅神廟所在地的戴爾菲斐（Delphi），皮提亞（Pythian）女祭司會進
　入昏睡狀態並發表神諭（Gates and Oliver, 120, n.3）。

中尖叫，像淪入地獄的鬼魂似的，周遭則傳來哭泣、呻吟與叫喊聲，以及我以前從未想過的人類激情景象。

　　從未目睹過南方原始偏僻地區黑人宗教復興的狂熱者，僅能隱約領會奴隸的宗教情感；如此景象依描述雖顯得古怪滑稽，然見過後卻令人敬畏。這種奴隸宗教的特色有三：牧師、音樂與激狂。[4]牧師乃黑人在美國本土所培養的最獨特人物。他是領袖兼政客、演說家、「老闆」、權謀家、理想主義者，且永遠是一群人的中心，那群人為數時而二十，時而上千。幹練加上長期的熱心，機智結合無比的能力，讓其出類拔萃，並使之維持不墜。當然，從十六世紀的西印度群島至十九世紀的新英格蘭，從密西西比河低地至城市，如紐奧良或紐約，該典型當然因時因地而異。

　　黑人宗教的音樂是那種哀怨的韻律曲調，帶著感人的短音調，儘管諷刺與褻瀆，仍舊為迄今美國本土所產的人類生命與渴望最原始而美麗的表現。黑人音樂源自於非洲森林，現在，在非洲還聽得到其對應音樂，受到黑奴悲劇的靈魂生命所改編、更迭與強化，直至它在法律與鞭子的壓力下，成為一個民族悲傷、絕望與希望的真實表現。

　　最後談激狂或「叫喊」，上帝之靈魂在虔誠信徒身上起了作用，然後加以控制，讓他充滿神奇的喜悅而發狂，此種激狂或「叫喊」乃黑人宗教的最後要素，比其他要素受到更虔誠的信仰。激狂的表現各式各樣，從沉默狂喜的面容或低聲呢喃與呻吟，到瘋狂地放縱身軀：頓腳、尖叫與吶喊、揮舞著手臂衝

---

4 杜博依斯用「激狂」（the Frenzy）一詞來表達敬神者感受聖靈附身的狀態（Gates and Oliver, 120, n.4）。

過來衝過去、又哭又笑、幻影與恍惚。這一切並不新奇，而是如宗教一樣古老，如戴爾斐與安多爾。[5]它對黑人具有如此穩固的掌控力，以至於許多世代的黑人皆深信：若無此種肉眼可見的上帝顯靈，人與上帝即不可能有真正的心靈交通。

　　這些是黑人宗教生活發展至黑奴解放時代的特徵。這些特徵在黑人環境的特殊情境下，乃是其心靈生活的表現，因此研究黑人發展的學者不論從社會或心理角度，對這些特徵均深感興趣。吸引人的探索方法不勝枚舉，可從此分門別類。奴隸制度對非洲野人的意義何在？他對世界與生命的態度為何？在他看來，何為善與惡？上帝與魔鬼？其渴望與奮鬥朝向何處？他為何不滿與失望？欲解答此等問題，惟有研究黑人宗教的發展，它從黃金海岸的異教主義到芝加哥黑人教會的逐漸改變。

　　再者，即使他們是奴隸，高達數百萬人的宗教成長，對當代人勢必具強大影響。美國的美以美派教徒與浸信會教徒的現況，大抵歸功於數百萬黑人改信教者沉默卻強大的影響。這在南方尤其明顯，神學與宗教哲學在南方遠遠落後於北方；在南方，窮苦白人的宗教顯然拷貝黑人思想與方法。橫掃美國教會且幾乎破壞我們對歌曲觀感的大量「福音」聖歌，泰半是降格模仿黑人曲調而成，憑著耳朵抓住了歡頌歌曲的叮噹聲而非音樂，掌握了歡頌歌曲的形體而非靈魂。[6]由此可見，黑人宗教的研究不僅是美國黑人歷史重要的一環，且為美國史興味盎然之一環。

---

5 在〈撒母耳前書〉第二十八章第七節至十四節，安多爾（Endor）是為掃羅王（King Saul）召喚鬼魂的靈媒。在古希臘，戴爾斐城（Delphi）的阿波羅神廟被認為是世界的中心。它也是關鍵神諭的發源地，神諭的訊息往往影響國家政策（Gates and Oliver, 120, n.5）。

6 杜博依斯用歡頌歌曲來表示比較道地的黑人聖樂，而不是簡化的福音歌曲，福音歌曲源自靈歌，白人教會也使用福音歌曲（Gates and Oliver, 121, n.6）。

　　今天的黑人教會乃美國黑人生活的社交中心，是非洲特徵最典型的表現。茲舉維吉尼亞州一小鎮上的一間典型教會為例：那是「第一浸信會」，是間寬敞的磚造建築，可容納五百多人，以喬治亞松裝飾得雅致，有地毯、一只小風琴與彩色玻璃窗戶。下面是一大間設有長椅的會堂。這棟建築是一千多位黑人社群的中心會所。教會本身、主日學校、兩三家保險會社、婦女會、祕密會社和各種大規模集會等各種團體均在此聚會。每週定期的五、六次宗教儀式，也在此舉辦娛樂、晚餐和演講活動。數量可觀的金錢在此收集與消費、閒人在此地覓得工作、引介陌生訪客、散布消息並分發救濟金。此一社交、知性與經濟中心亦為有權勢的宗教中心。牧師每週日兩次非常熱心地宣講墮落、罪、救贖、天堂、地獄與下地獄，每年農作物收成後舉行宗教復興活動；的確，社區中鮮有膽敢抵制改宗者。在正式之宗教儀式背後，教會往往充當道德的真正保存者，家庭生活的強化者，以及何者為善與正的最後權威。

　　因此，我們在今天的黑人教會中可以看到那個大千世界的縮影，黑人因膚色歧視與社會情境而被隔離在那個大千世界之外。同樣的趨勢在城市的大教堂中明顯可見，在許多方面更為鮮明。如費城的貝瑟大教堂擁有一千一百多名會員，[7]一棟可容納一千五百人的大建築，價值 10 萬美元，年預算 5,000 美元，管轄包括一位牧師與數位當地助理牧師、一行政立法部、財務部會與租稅徵收人；教會召開大會以制定法規，高階領袖所領

7〔譯注〕費城的貝瑟（Bethel）大教堂於 1794 年由理查・艾倫（Richard Allen）主教所創立，是美國第一間非州美以美聖公會（African Methodist Episcopal denomination）教堂。

導的次團體，一自衛連與二十四個輔助團體。如此規模之教堂，其活動浩大且影響廣遠，而在美國各地管理這些組織的主教們，乃是世上最有權勢的黑人統治者。

這樣的教會實際上是管轄治理人，因此，稍作調查即透露這奇特的事實：至少在南方，幾乎每一位美國黑人都是教會會員。當然，有些人並未定期登記，一些人不常參加儀式；但是，實際上，一個被摒棄在法律保護外的民族不得不有個社交中心，對該民族而言，那個中心即黑人教會。1890年之人口調查顯示美國有將近二萬四千個黑人教會，登記的會員總數超過二百五十萬，或每二十八個人即有十位真正的教會會員，有些南方州甚至每兩人即有一位為教會會員。此外，很多人雖未登記為會員，卻出席並參與許多教會活動。在美國，每六十個黑人家庭即有一個有組織的黑人教會，在有些州則是每四十個家庭，每個教會平均擁有價值1,000美元的財產，或者總值近2,600萬。

此即解放黑奴以來黑人教會的大規模發展。現在的問題是：這段社會史的連續階段為何？目前的趨勢為何？首先，我們必須了解：若無明確的歷史根基，像黑人教會這樣的社會機構絕不可能自己建立。我們如果記得黑人的社會史並不是起源於美國，就可以找到這些根基。黑人來自明確的社會環境：以酋長為首的多配偶制部族生活與祭司的強有力影響。黑人的宗教係自然崇拜，深信無形的周遭感應，好壞皆有，其崇拜透過念咒與獻祭。此種生活之首度激烈改變，乃是販奴船隻與西印度群島的甘蔗田。農莊組織取代了宗族與部落，白主人取代了酋長，權力遠比酋長大且更加暴虐。被迫長期勞役成為家常便飯，血親與家族關係消失了，取代家庭者乃新興的一夫多妻與

一妻多夫，在某些情況下近乎雜交。這是極大的社會改革，不過，昔日群體生活的某些痕跡仍保留著，而留存下來的主要社會習俗乃祭司或術士。他很早以前即出現在農莊上，充當多種角色：醫治病患、解說未知、撫慰悲傷、伸冤報屈，粗暴而生動地表達一個被竊取、壓迫民族的渴望、失望與憤恨。黑人牧師於焉興起，在奴役體制容許的狹窄局限內扮演詩人、醫生、法官與祭司，在其領導下開啟了最早的非裔美國社會機構，即黑人教會。該教會起初並不是基督教，也沒有明確的組織；相反的，它是由農莊成員之間改編並混合異教儀式而成，大略通稱為巫都教。[8] 和主人的交往、傳教士的努力以及權宜動機，讓這些儀式早期披上基督教精神的外衣，歷經許多世代之後，黑人教會才變成基督教。

　　關於該教會不得不提及兩樣特徵。第一，在信仰上它變成幾乎全是浸信教和美以美教；第二，該社會機構比一夫一妻的黑人家庭早好幾十年。該教會從其開始之環境即局限在農莊，主要由一連串不相關的單位所組成；雖然後來容許一些活動之自由，但這種地理限制總是事關重大，是造成分權與民主的浸信教信仰在奴隸間擴張的原因。同時，浸信教顯而易見的儀式，對其神祕氣質頗具吸引力。今天，浸信教會在黑人當中仍舊是會員最多，擁有一百五十萬教友。其次是聯結鄰近白人教會而組織起來的教會，主要是浸信教和美以美教，還有一些聖功會及其他教派。美以美教徒仍然是第二大教派，擁有近一百萬會員。這兩種主要的教派由於重視宗教情感與熱誠，所以其

8〔譯注〕巫都教（Voodooism）是在加勒比海和非洲流行的一種融合宗教，結合天主教要素與西非魔法和萬物有靈論傳統。

信仰比較適合黑奴教會。黑人會員在其他教派一直都是少數，
相對而言較不重要，儘管聖公會教徒與長老教會今天在知識階
級中人數增加，而天主教會則在某些區域有所進展。南方在解
放黑奴後，在北方甚至更早，黑人教會大半不是出於自願就是
被迫切斷自己先前與白人教會的關係。於是浸信教教會各自獨
立，然而，美以美教派為了主教的管轄，在解放初期即被迫結
合。此即造就了非洲美以美大教會，世上最大的黑人組織，亦
造就了錫安教會、黑人美以美聖公教會，以及該教派與其他教
派的黑人聯合會與教會。[9]

　　前面提到的第二項事實，即黑人教會比黑人家庭出現得
早，解釋了該社區機構與成員道德間的諸多弔詭之處，不過它
主要促使吾人將該社會機構視為一民族的內在倫理生活的特殊
表現，從某一方面而言在別處鮮見。那麼，讓我們從教會的外
在、有形的發展，轉向更重要的黑人內在倫理生活。黑人已多
次被指出是虔誠的動物：具強烈感情本性，本能地轉向超自然
的眾生。天生富有豐富的熱帶想像，與對大自然敏銳而微妙的
欣賞能力，移居的非洲人生活在充斥著神祇與魔鬼、小精靈與
巫婆的世界中；充滿千奇百怪的感化力──哀求之善、邀寵之
惡。那麼，奴隸制度對他而言乃惡之陰險得勝。陰間所有可恨
的力量都在跟他爭鬥，心中遂充滿反叛與報仇之氣。他向異教
的所有資源求援──驅魔與巫術，神祕的歐比巫術崇拜，[10]伴著

---

9 黑人美以美聖公會（The Colored Methodist Episcopal Church）由一群離開其主人
　的美以美教會或聖公會的前奴隸在田納西州的傑克森（Jackson）所創立。非洲
　美以美教會於1787年在費城創立。錫安教會是脫離非洲美以美教會而自立宗派
　的一支，全名為非洲美以美聖公會錫安教會，錫安教會和母教會的差異在於更
　加強調福音傳道活動（Gates and Oliver, 124, n.3）。
10 歐比（Obi）為運用魔法的一種宗教習俗。歐比起源於非洲，在牙買加開始流

野蠻的儀式、符咒，偶爾甚至還有以人為犧牲品的血祭。他求助於奇異的午夜狂歡與神祕的魔法，女巫和巫都祭司成為黑人群體生活的中心；那種迷信的傾向即使在今天也記述了不識字黑人的特徵，在當時尤甚。

然而，儘管凶猛之馬倫人、丹麥黑人與其他黑人等反叛成功，[11] 但反叛精神在奴隸主不屈不撓與優越力量下逐漸消逝。到十八世紀中期，黑奴在內心低聲怨嘆中，淪落至一新經濟體系的底層，無意識地孕育出一種新的人生觀。而具體表現在剛學到的基督教義中順從臣服的教條，對其當時的情境最適合不過了。奴隸主早期即了解此點，在某些範圍內欣然協助宗教宣傳。壓抑與貶低黑人的長久制度，往往強調個性上使他成為值錢動產的一些要素：禮貌成為謙卑，道德力量淪落為順服，而天生對美好事物極為靈敏的鑑賞力，變成沉默忍痛受苦的大能。黑人在喪失今世的歡樂下，急切地把握教會提供的來世觀念，主的復仇大靈吩咐今世在悲傷與苦難之下要有耐心，直到末日祂帶領失意子民回家——這變成一種安慰的夢想。他的牧師重複這預言，他的詩人唱道：

> 兒女們，咱們將獲自由
> 當上帝出現時！[12]

行，當地的名稱是 "obeah"（Gates and Oliver, 125, n.4）。
11 〔譯注〕參見第三章注11。
12 出自黑人靈歌〈兒女們，咱們將獲自由〉的抒情詩歌（Gates and Oliver, 125, n.6）。

　　這種深沉的宗教宿命論，在〈湯姆叔叔〉[13]中描繪得如此美妙，正如所有宿命的信仰，不久即同時孕育了好色者與受難者。在農莊品行不檢的生活下，婚姻是個鬧劇，偷懶是美德，財產是偷竊，一種忍受與順服的宗教在較奮發者心中，容易淪落為沉溺與犯罪的人生觀。今日，黑人平民諸多最糟糕的特徵，都是在黑奴倫理成長這個時期播下的種子。家園毀於教會的陰影下，包括白人和黑人教會；當時懶惰的習性生了根，鬱悶的絕望取代了懷著希望的奮鬥。

　　隨著廢奴運動的肇始與自由黑人階級之逐漸成長，終於帶來了改變。我們往往因為自由黑人數量稀少，在美國歷史上無足輕重，而忽略他們在內戰前的影響。但我們切勿忘記其主要影響是內在的，是發生在黑人世界，他們在黑人世界中是倫理與社會的領袖。他們雖擠在數個中心，如費城、紐約與紐奧良，大多數自由黑人陷入貧窮與無精打采的地步，但不是全部。自由黑人的領袖在早期竄起，其主要特徵為非常誠摯，對奴隸制度的問題感受頗深。對他而言自由成為千真萬確，而不是一場夢。其宗教變得更黑暗、更激烈，倫理中潛進復仇的信號，其歌曲帶著贖罪日即將來臨的訊息。「主將降臨」勝過現世，成為來生可盼望的事。藉由逃亡黑奴與無法抑制的討論，追求自由的欲望感染了仍身陷奴役中的好幾百萬黑人，成為其生活的單一理想。黑人詩人捕捉到新曲調，有時甚至還敢唱出來：

13　湯姆叔叔（"Uncle Tom"）係《黑奴籲天錄》（*Uncle Tom's Cabin*, 1852）中非常
　　虔誠、順從之黑人，他為了自己的信仰而殉難。這本深具影響力的小說出自哈
　　麗葉・比丘・史陀（Harriet Beecher Stowe）之手（Gates and Oliver, 125, n.7）。

自由啊，自由啊，自由臨吾身啊！

吾當奴隸前

將被葬吾墳

回家見吾主

並獲自由[14]

　　五十年來，黑人宗教本身就這樣經歷變易，且認同廢奴的夢想，直至廢奴成為黑人世界的宗教，在北方白人中間是激進的熱狂，在南方白人中間則是無政府主義的陰謀。因此，解放黑奴終於來臨時，對自由黑人而言似乎是不折不扣的上帝降臨。軍隊的踏步聲、戰役之血與塵，以及社會動亂的哭喊與紛擾，前所未有地激起其狂熱想像。他站在旋風之前啞口無言、動也不動：該怎麼辦呢？在其眼中那豈非上帝的作為，豈非很神奇？他對來臨的事件既歡欣又困惑，遂靜待新奇蹟出現，直至不可避免的反動時代橫掃美國，並帶來今天的危機。

　　要清楚解釋當今黑人宗教的關鍵階段可不容易。首先，我們必須記住：黑人雖然與一個偉大的現代國家緊密接觸，同時分享，儘管不完美地分享，那個國家的心靈生活，他們勢必多少直接受到今日牽動美國所有宗教與倫理力量的影響。然而這些問題和運動卻被其公民、政治與經濟地位等重大問題掩蓋與矮化。他們必須不斷地討論「黑人問題」：必須在其中生活、活動，身歷其境，並藉其光明或黑暗詮釋其他一切事物。隨之而來的是他們內在生活的特殊問題：婦女地位問題、家園的維

14　出自黑人靈歌〈啊，自由〉（Gates and Oliver, 126, n.8）。

護、孩童的訓練、財富的累積和犯罪的預防。凡此勢將意味著
強烈倫理動盪的時刻，宗教心靈探索與心智不安的時刻。每位
黑人都得過著雙重人生，一面當黑人，一面當美國人，一面受
到十九世紀的潮流侵襲，一面卻在十五世紀的潮汐中掙扎：從
此勢必出現一種痛苦的自覺，一種幾乎病態的個性與一種道德
猶豫，這對自信心是致命的。膚色面紗之內與之外的世界都在
改變，而且是劇變，卻不是以同樣速率和方式改變；這勢必產
生特殊的靈魂苦痛；特殊的懷疑和困惑感。這樣的雙重人生帶
有雙重思想、雙重責任與雙重社會階級，勢必產生雙重字眼與
雙重理想，引誘心靈趨向自負或反叛；趨向虛偽或激進。

　　從一些這樣的懷疑字詞中，或許可以清楚想像當今黑人
所面臨的特殊倫理弔詭，正在沾染、改變黑人的宗教生活。黑
人覺得自己的權利與最寶貴的理想遭到踐踏，大眾良知對其正
義訴求更加不聞不問，而歧視、貪婪與報復之反動力量日益強
大壯勢，黑人所面臨的困境絕非令人羨慕。黑人知道自己無能
為力而且悲觀，往往懷恨在心而思報復；故其宗教並不是一種
崇拜，而是一種訴苦詛咒，一種哭喊而不是希望，一種輕蔑而
不是信仰。另一方面，另一種比較精明、敏銳也比較不正直的
人，在反黑人運動的力量中看到其顯著弱點，以耶穌會會員的
詭辯，[15]竭力要將此弱點轉變成黑人的優點，任何倫理的考量都
阻止不了。於是，我們有兩大思想與倫理奮戰的潮流，彼此幾
乎無法調和；其中一個的危險在於無政府狀態，另一個的危險
則是偽善。一類黑人幾乎隨時準備好詛咒上帝而死，另一類往

---

15 這是貶指耶穌會的羅馬天主教會所使用的精明老練的推理。杜博依斯使用該詞
　暗指憤世嫉俗的思想論辯（Gates and Oliver, 127, n. 9）。

往背叛權利，在武力前是個懦夫；一類與遙遠的理想結合、隨興、恐怕無法實現理想，另一類忘了人生不只是肉而已，身體不只需要服裝而已。不過，畢竟，這豈不正是這時代轉化成黑色的折騰嗎？豈不是大謊言的勝利，大謊言今日隨著假文化而面對無政府主義刺客的醜惡？

　　今天，一北一南的兩群黑人，代表這些不同的倫理傾向，北方黑人傾向激進主義，南方黑人傾向偽善的妥協。南方白人懷著懊悔哀悼昔日黑人的喪失絕非毫無根據：昔日的黑人係坦率、誠實、單純的老僕人，代表早期順服與謙卑的宗教時代。當時的黑人雖然懶惰且缺乏真男子漢的許多要素，至少坦白、忠實而誠懇。今天這樣的黑人不見了，該歸咎誰呢？豈非為此而哀悼的那些人乎？豈非源於重建與反動的傾向，要建立一個無法無天與欺騙的社會，要搞亂天生誠實而正直的民族的道德本質，直到白人勢將成為難以駕馭的暴君，而黑人有成為罪犯與偽善者之虞乎？欺騙乃弱者反抗強者之自然防衛，而南方多年來使用欺騙來對付其征服者；今天，南方勢必要有看到黑人無產階級將同樣的雙刃武器轉過來對付自己的準備。這是何等自然啊！丹麥・維西[16]和內特・特諾之死，[17]長久以來一直向黑人證明當前身體防衛之無望。政治防禦越來越不可得，而經濟防禦仍然僅是局部有效。不過，手上倒有一種巧妙的防衛：欺騙與奉承的防衛，誘騙與說謊的防衛。那是中世紀猶太人所使用的同樣防衛，[18]結果好幾世紀以來一直在其人格上留下標誌。

16〔譯注〕丹麥・維西（Denmark Vesey）參見第三章注20。
17〔譯注〕內特・特諾（Nat Turner）參見第三章注21。
18 猶太人一詞在1953年版本中改為「農夫」（Gates and Oliver, 128, n.2）。

今天南方的年輕黑人若要成功，即不能坦率且直言無諱、誠實且自作主張；相反的，他每天都很想默不作聲且小心提防，狡詐而陰險；他不得不奉承而友善，帶著微笑忍受小侮辱，對冤屈閉著眼睛；在太多情況下，他在欺騙與撒謊中看到積極的個人優勢。他不得不悄悄地保護著自己的真實想法和渴望；他不可以批評，不可以抱怨。在這些成長中的黑人青年身上，耐心、謙卑與靈巧取代衝動、男子氣概和勇氣。伴隨此種犧牲而來者乃經濟機會，說不定還有平安和某些繁榮。若無此種犧牲，則會有暴亂、移民與犯罪。此種狀況亦非美國南方特有，它豈非未開發種族藉以贏得分享現代文化權利之唯一途徑？文化之代價是個大謊言。

　　另一方面，北方則傾向於強調黑人的激進主義。在南方的生長情境中，他較坦率而武斷的天性的每一層本質都起而反抗，受到此一情境之驅使，他發現自己身處這樣的國度：在尖銳的競爭和膚色歧視中，幾乎無法適當謀生。同時，透過學校與期刊、討論與演講，其智力覺醒並加速成長。受到長久壓抑而發育不全的靈魂，在新發現的自由中突然擴展。難怪每一個傾向均趨於過度：極端之抱怨、極端之補救、劇烈之抨擊或忿怒不語。有些人沉淪，有些飛黃騰達。罪犯與耽於聲色者離開教會，轉往賭場和妓院，擠滿了芝加哥和巴爾的摩的貧民窟；比較好的階級則與白人和黑人團體隔離生活，自成一貴族階層，有教養卻悲觀，其劇烈批評雖刺傷人心，卻未指出解脫之方。他們鄙視南方黑人的順服和奴顏婢膝，卻未提出其他方式供貧窮而受壓迫的弱勢可跟其主人一起共存。其靈魂深切而強烈地感受到所處時代之趨勢與機會，同時對投下面紗於其中的

命運感到忿忿不平；這種忿忿不平自然且正當的事實反而強化了忿忿不平，並使之更令人惱火。

以上我試圖釐清兩種倫理態度的極端類型，在這兩者之間擺盪著數百萬黑人大眾，包括北方與南方；其宗教生活與活動在其階層內帶有這種社會衝突的跡象。其教會時而區分成數群冷漠時髦的虔誠教徒，除了膚色外，與類似的白人群體無異；時而區分為龐大的社會與商業機構，迎合會員尋求資訊與娛樂之欲望，小心翼翼地避免黑人世界內、外之不愉快問題，若非口頭上即實際上宣揚：我們活著時，讓我們活出意義。[19]

不過，在這背後依舊默默沉思著的，乃真正的黑人內心的深切宗教感受，乃強大人類靈魂的激動人心、未經指引之力量，他們失去了昔日的指引星座，在廣闊的黑夜中尋找新的宗教理想。將來有一天大覺醒會蒞臨，屆時從死亡陰影之山谷中，千萬人被禁錮之氣勢將不可抗拒地朝大球門橫掃而來，球門上——自由、正義與權利——使人生不至於虛度的一切，卻標示著「只准白人（使用）」。

19〔譯注〕此句之原文係拉丁文 *Dum vivimus, vivamus*。

第十一章

論長子之去世

姊姊啊，姊姊，你的長子，
緊抓著的手和隨後的腳，
小孩血統的聲音在哭叫
誰記得我？誰忘卻？
夏日的燕子啊，你已遺忘，
但我遺忘時，世界將毀滅。

——史雲鵬[1]

---

1 詩行出自亞九農‧查爾斯‧史雲鵬（Algernon Charles Swinburne）的《伊提勒斯》（*Itylus*, 1866）。樂曲引自黑人靈歌〈我希望媽媽會在場〉（"I Hope My Mother Will Be There"）（Gates and Oliver 130）。

　　某個棕色的10月早晨，一小張黃色紙條飄進我房間，上面如此讚頌著：「有一嬰孩為你而生。」[2]於是身為人父的恐懼奇妙地混雜著創造的喜悅；我很想知道寶寶五官和摸起來的感覺：包括眼睛的樣貌，頭髮如何鬈曲起皺。然後懷著敬畏想到她，我在漫不經心地閒逛時，她已經與神搏鬥過，為了讓兒子從其胸懷下方掙脫出來。[3]我的心飛至妻兒身邊，一路上有點驚訝地重複自問著：「妻兒？妻兒？」──心飛得很快，比船隻和火車還快，可是形體總得耐心等候；離開聲音刺耳的城市，離開光影閃爍的海洋，進入我自己的柏克郡山丘（Berkshire Hills），山丘非常悲傷地矗立著，守護著麻州的門戶。

　　我跑上樓梯，跑到嗚咽的嬰兒與臉色蒼白的母親旁，跑到那聖殿裡，在神壇上一個生命應我的請求奉獻出來，以便贏得一個新生命，終於贏得了。這個未定形的小東西為何物？這個來自未知世界、只有頭和聲音的新生哭號為何物？我好奇地抱著嬰孩，望著他眨眼、呼吸與打噴嚏而感到困惑。當時我並不寵愛他；寵愛這個小東西似乎滑稽可笑；然而我寵愛她，我的情人媽媽，現在我發現她展顏彷彿晨輝之絢麗，是個容光煥發的女人。

　　透過她，我逐漸喜歡這個小東西，因為他成長而變得強壯，因為小靈魂在吱喳叫喊和半成形字眼中舒展，因為他的眼

2　〔譯注〕本章正文一開始，杜博依斯即改寫〈以賽亞書〉（Isaiah）第九章第六節：「因有一嬰孩為我們而生；有一子賜給我們。」本章節預言以色列救主彌賽亞（the Messiah）之降臨，後來基督徒將此詮釋為預言耶穌之誕生。德國作曲家韓德爾（George Frederick Handel, 1685-1759）之神劇《彌賽亞》（The Messiah）顯然受到以賽亞預言之啟發。

3　妮娜·葛默（Nina Gomer）於1896年5月12日嫁給杜博依斯，她當時是威伯佛斯（Wilberforce）的學生。翌年10月2日，妮娜在麻州的大貝仁頓（Great Barrington）生下長子博哈特·葛默·杜博依斯（Gates and Oliver, 130）。

睛捕捉到生命的光芒和閃爍。他那橄欖色調的肌膚、暗金色的
鬈髮、棕藍色的眼睛、完美的小四肢，還有非洲血液所塑造出
的柔軟而令人陶醉的圓滾滾容貌，多麼漂亮啊！我們疾馳到遙
遠的南方老家後，我把他抱在懷裡，抱著他，然後瀏覽喬治亞
州炎熱的紅土與令人氣喘吁吁的百丘城，隱約感到不安。為何
他的頭髮染著金色？在我生命中金髮係凶兆。為何兩眼中的棕
色未擠掉藍色而使之消失無蹤？因為他父親和祖父的眼睛都是
棕色。因此，在膚色界線的國度裡，我看到大面紗的陰影落在
嬰兒身上。

　　他出生於大面紗內，我說道；於是將在面紗內生活，身為
黑人與黑人之子。在那個小腦袋裡，啊，怨恨地保有一個被獵
殺的種族不屈服的自尊，用那隻有淺凹的小手，啊，疲憊地抓
著一絲希望，不是絕望的希望，而是出乎意料的希望，用那雙
望穿我靈魂的驚嘆明眸，看到這樣一個國家：它所標榜的自由
對我們而言是種嘲弄，是項謊言。我看見大面紗的陰影經過我
嬰兒身上，我看見寒冷的城市聳立在血紅的土地上。我把臉龐
湊至他的小臉頰旁，當星星小孩開始閃亮時，秀給他看星星小
孩和閃爍的星光，然後隨著晚禱而平息我內心的恐怖。

　　他長得如此結實、出色，如此洋溢著活力，如此震顫著
生命無言的智慧，他不過十八個月大，我內人和我儼然崇拜此
超凡之啟示。她自己的生命建立、塑造在小孩身上；他使她的
每一場夢都染上色彩，認為她的每項嘗試都是理想的。那些小
四肢非要她的雙手碰觸、裝飾不可；她做給他穿的衣服和飾邊
累壞了手指；除了她的聲音外，別人的聲音都無法哄他進入夢
鄉，她和他心有靈犀一起講著某種輕柔、陌生的語言。我也在

白色小床上冥想著;看到自己手臂的力量藉由其手臂更新的力量而向前伸展很長的時代;看到我的黑人祖先們的夢想在世間的原始幻影中踉蹌向前一步;在其嬰兒聲中聽到即將在大面紗內復活的先知的聲音。

我倆遂於秋冬之前,在漫長的南方春天萬象更新之前,一直夢想著、疼愛著、計畫著,直到熱風從惡臭的墨西哥灣滾滾而來,直到玫瑰顫抖著,直到靜止而嚴峻的旭日抖動可怕光芒在亞特蘭大的山丘上。然後,有一天晚上,那雙小腳疲倦地啪噠啪噠走至小白床,小手顫抖著;暖熱發紅的臉龐在枕頭上翻滾著,我倆知道嬰孩生病了。他在床上躺了十天:前七天過得很快,後三天則很漫長,他日益消瘦、消瘦。前幾天,嬰兒媽媽興高采烈地看護著他,對著那雙小眼睛哈哈大笑,小眼睛亦微笑以報。當時,在微笑消失而恐懼蹲在小床邊以前,她一直溫柔地隨侍在側。

然後,白晝永無止境,夜晚則是無夢的恐怖,歡欣與睡眠於焉溜走。如今我依然聽到那聲音在半夜把我從沉悶而無夢的昏睡狀態叫醒,叫道:「死亡的陰影!死亡的陰影!」我悄悄出門,踏入星光中,去叫醒灰髮醫生,[4]——死亡的陰影,死亡的陰影。光陰顫抖著前進;黑夜聆聽著;可怕的黎明像隻疲憊的怪物滑過燈光。然後我們倆兀自望著小孩,他隨即瞪著大眼轉向我們,然後伸著繩狀的雙手——死亡的陰影!接著我倆默默不語把臉轉開。

---

4 很可能是因為亞特蘭大的下水道汙染水系統,導致博哈特・杜博依斯染上白喉,並受了十天的折磨。他死於1899年5月24日。杜博依斯在兒子去世前的那個晚上試圖去找亞特蘭大的兩、三位黑人醫生當中的一位,但是沒有成功(Gates and Oliver, 132, n.4)。

　　他在黃昏時分去世，當時夕陽彷彿籠罩的哀愁躺在西邊丘陵上方，山丘罩著太陽面孔；當時風兒沉默不語，而且他所喜愛的高大綠樹一動也不動。我看到他呼吸愈來愈快繼而停歇，然後他的小靈魂騰躍著，似顆夜遊的星星，隨後留下一片黑暗。日子並沒有改變；同樣的高樹從窗旁露出臉來，同樣的綠草在夕陽下閃閃發亮。只是在死亡的閨房內，那位世間最可憐者痛苦地翻滾著——一位喪失孩子的母親。

　　我並未逃避。我渴望工作，一心要過著充滿奮戰的生活。我絕非懦夫，不會在暴風雨猛烈肆虐前畏縮，甚至不會在大面紗的可怕陰影前退卻。然而，死神啊，聽著！我今世的生活還不夠艱辛嗎？在我四周伸展著嘲笑網的那個沉悶的國度難道不夠冷淡嗎？在這四面小牆外的整個世界難道不夠無情嗎？以至於祢非要進來這裡不可嗎？死神啊？轟隆的暴風雨像無情的聲音在我頭顱四周敲響著，而瘋狂的森林顫動著弱者的咒語；不過，在家裡我有妻兒為伴，何憂之有乎？祢如此妒忌一個小確幸以至於不得不進入那裡，是嗎？死神啊？

　　他的生命完美無缺，充滿了歡樂與愛，淚水使之更加亮麗，好比胡沙同尼河濱的夏日那般甜蜜。[5]世人疼愛他；婦女親吻他的鬈髮，男人嚴肅地望著他美妙的雙眸，小孩子在他周遭流連走動著。現在我看得見他，像天空般變幻無常，從爽朗的開懷轉為陰暗的皺眉，然後，隨著他注視人間世界而轉為訝異的沉思。他不知道膚色界線和大面紗，可憐的愛子，大面紗雖然如影隨形，卻尚未遮暗他一半的陽光。他喜愛白人護士

5〔譯注〕胡沙同尼河（Housatonic）係流經杜博依斯家鄉的一條河（參見第一章注3）。

長，也喜愛黑人保母；人們在他的小天地中獨自行走，無膚色
與衣服區分。我──實在是所有人──由於那小生命的無限開
闊而更大、更純。她眼清目明，看見群星以外的世界，當他飛
走時，她說：「他在天國將會幸福快樂；他總是喜愛美麗的事
物。」而我無知得很，被自己所編織之網蒙蔽，兀自坐著拐彎
抹角地輕聲低語：「要是他還有來世，而他在天國，要是有天
國的話，命運之神啊！祈願他幸福快樂。」

　　葬禮那天早晨氣氛快活，伴隨著鳥兒歌聲與芬芳的花朵。
雖然群樹對著草兒低語，孩童卻都不發一語，面容肅靜地坐
著。然而它似乎是個如鬼似幻般的日子──生命的亡魂。我們
似乎轆轆地走下一條陌生的街道，耳邊隱約聽到歌聲。在一綑
白花束後面，熱鬧的城市在我們周遭嘈雜喧囂著；那些行腳
匆匆的白臉男女並未多說什麼；他們並未多說什麼，僅望了一
下，然後說：「黑鬼子！」

　　由於喬治亞州的土壤異常的紅，所以我們無法將他葬在那
裡；我們遂將他載往北邊，連同花朵和交叉的雙手。枉然啊，枉
然！主啊，在祢遼闊的藍天下，我的黑色嬰孩將安息何處，其
安息處會是令人尊敬之所在，尚有善與毫無拘束之自由乎？

　　那一整天整夜，我內心頗感高興，不，倘若我透過大面
紗而悲觀地看待人世，別責怪我──而我的靈魂一再向我低語
著，說道：「不是去世，不是去世，而是解脫；不是束縛，而
是自由。」任何尖酸卑鄙如今都不會讓嬰孩感到惡心至身雖在
然心已死，任何譏嘲皆不會激怒其快樂少年。[6]我真是個笨蛋，

6〔譯注〕該句原文為 "no bitter meanness shall sicken his baby heart till it die a living
　death, no taunt shall madden his happy boyhood." 句中的 "die a living heart" 典出 John

認為或希望這小靈魂在大面紗內會成長阻滯、變成畸形！我早該知道不時從其眼睛飄過彼處的出世慧光，正在眺望著比這狹隘的當下更遠。在他泰然自若的鬈髮頭上，不是存有他父親自己心中幾乎尚未壓碎的生命的強烈自尊嗎？因為，說真的，在五千萬同胞有意的屈辱下黑人要自尊幹麼？吾兒，在世人稱你的抱負為傲慢無禮之前，在世人讓你的理想無法實現之前，在世人教你畏縮、低頭之前，你走運矣。遠離這讓我生命毫無進展的無名空虛，總比留給你無盡悲傷來得好。

徒然之言辭；倘若他活著，可能會比我們更勇敢地承受負擔──不錯，將來有一天也會發現負擔較輕矣；因為確實，這確實不是結局。確實某一非凡曙光將會蒞臨，以揭起大面紗並釋放受囚禁者，不是為我──我將帶著枷鎖走完今生──而是為那些未曾經歷過黑夜的新鮮年輕人，他們在曙光中清醒：這時人們向工人提問時，不是問「他是白人嗎？」而是問「他做得來嗎？」人們問藝術家時，不是問「他們是黑人嗎？」而是問「他們知道嗎？」這可能是很久很久以後的某個早晨。可是如今在大面紗內那黑暗的岸邊，同樣低沉的聲音哀號著：**汝將放棄！**[7]而我一聽那命令即放棄一切，僅輕聲抱怨──一切，除了那具美好的少年軀體，如此冰冷地與死亡結合，躺在我建造的安樂窩裡。

若有人不得不離開人世，為何不是我呢？為何我不可以從今生的不安中安息，從今生的清醒中長眠？世間的蒸餾器──

Milton 的《失樂園》（*Paradise Lost*）第十卷行 788，意思為「雖生猶死」或「猶如行屍走肉」。

7　*Thou shalt forego*! 為杜博依斯譯自哥德的 *Sollst enthehrem*（Gates and Oliver, 134, n.7）。

時間——豈不年輕,而我的歲月豈非進入尾聲乎?葡萄園中有
何其多工人,以至於此具小軀體的美好前途可以輕易拋棄乎?
沿著巷弄排列的可憐黑人皆無父無母撫養;不過,大愛坐在其
搖籃旁,而大智慧在其耳邊等著說話。或許他現在知道大愛而
不需要智慧。那麼,睡吧,孩兒——睡到我睡著,然後在大面
紗之上聽到嬰兒叫聲與小腳不停啪噠行走聲而醒來。

第十二章

論亞歷山大・克倫梅爾

正如從世界極限之外，

像源於一大聲吶喊的最後回響

然後從黎明似乎只出現微弱的

聲音，彷彿某個美麗城市是種聲音

圍繞著從戰爭中歸來的國王。

——但尼生[1]

---

1 詩行摘自亞佛列・但尼生勳爵《國王牧歌》（*Idylls of the King*, 1869）中的〈亞瑟之死〉（"The Passing of Arthur"）。樂曲錄自黑人靈歌〈甜蜜的馬車，輕輕地搖〉（"Swing Low, Sweet Chariot"）。亞歷山大・克倫梅爾（1819-1898）是位牧師，非洲傳教士和反奴隸制度的積極分子（Gates and Oliver, 134, n.1）。

　　這是一部心路歷程——一名黑人男孩的故事,他早在許多漫長的歲月前即展開人生的奮鬥,俾認識人間世界並認識自我。在小孩好奇的眼光前顯得陰沉而可怕的黑暗沙丘上,他遭遇到三種誘惑:憎恨的誘惑在赤曦襯托下益顯鮮明;絕望的誘惑使正午黯淡無光;懷疑的誘惑隨著暮色悄悄降臨。最重要者,你必定聽到他所跨越過的溪谷——屈辱的谷地和死亡陰影的谷地。[2]

　　我在威柏佛斯忙亂而擁擠的畢業典禮時節首次見到亞歷山大‧克倫梅爾。[3]他個子高䠷、身體虛弱、膚色黝黑,舉手投足具有威嚴,顯然教養良好。我私下和他個別交談,俾不至於受到朝氣蓬勃的年輕演說家大聲轟炸的干擾。我先是客氣地與他攀談,繼而好奇地,然後則是熱切地,因為我開始感受到對方品格高尚——鎮靜有禮、親切有力,適當地融合了生命的希望與真理。我本能地俯首於此人面前,正如人們俯首於世間之先

---

2 杜博依斯運用地理語言來描述心靈掙扎,藉以召喚約翰‧班楊(John Bunyan)的《天路歷程》(*Pilgrim's Progress*, 1678)。杜博依斯認為在美國民主政體的墮落世界中,克倫梅爾是黑人朝聖者的典範(Gates and Oliver, 135, n.2)。

3〔譯注〕威柏佛斯(Wilberforce)係俄亥俄州的一所大學,參見第三章注37和第六章注14。

知一般。他像個了不起的先知，不是來自深紅色的過去或灰色的未來，而是來自那活生生的當下——那個嘲弄的世間，我似乎覺得既光明又黑暗、既輝煌又骯髒。他已在大面紗內，跟我一樣的人世間晃蕩了八十載。

他出生於密蘇里協約簽訂之際，[4]卒於馬尼拉戰役和艾爾・肯尼戰役之回聲當中：[5]生活動盪的時代，回顧起來係黑暗時代，前景則更加黯淡。七十年前，這個黑面孔少年從泥巴與石彈遊戲中停頓下來眺望該塵世時，但見令人困惑的遠景。販奴船隻依然發出聲響跨越大西洋，南方的微風隱約傳來哭聲，偉大的黑人父親輕聲地將殘酷的狂烈故事傳進那些年輕人耳裡。母親從低矮的門口注視著男孩玩耍，俟夜幕降臨則焦急地把他找回家，惟恐夜色將他載至奴隸的國度。[6]

於是他那年輕的心靈好奇地運作、退縮而形塑了一種人生憧憬，憧憬中總是站著一個孤零零的黑暗身影——總是帶有那位憤慨父親的堅強、粗壯容貌，然後身影沒入浩瀚而無形的人群中。憎恨的誘惑因而滋生並伴隨著小孩的成長——偷偷溜進笑聲裡，逐漸淡入遊戲中，如狂風暴雨般日夜不停地襲占其夢想。於是黑人男孩詢問蒼天、旭日與花朵永無答案之「為何？」然後隨著年歲漸長，既不喜歡人間世，亦不喜歡其粗暴作風。

4〔譯注〕指 1820 年，蓋美國國會於該年簽訂密蘇里協約（the Missouri Compromise），將密蘇里州和緬因州納入合眾國，為了維持蓄奴州與自由州之平衡，前者歸屬蓄奴州，後者歸屬自由州。

5〔譯注〕指 1898 年，當年爆發美西戰爭，美軍分別在菲律賓的馬尼拉（Manila）和古巴的艾爾・肯尼（El Caney）獲勝。

6 亞歷山大的父親波士頓・克倫梅爾據信也生於非洲，十三歲時遭綁架販賣為奴。亞歷山大的母親柴瑞蒂・希克絲（Charity Hicks）出生於美國長島的自由黑人家族。她在 1865 年伴隨兒子去賴比瑞亞（Gates and Oliver, 135, n. 5）。

　　你也許會認為對小孩而言，此乃奇怪之誘惑；然而，今天在這塊廣闊的土地上，上百萬黑人小孩在同樣的誘惑前沉思，感受其寒冷而戰慄之手臂。或許，對他們而言，某一天有人會掀起大面紗——會溫柔、愉快地闖進那些悲傷的小生命中，然後掃除盤繞的憎恨，正如白瑞亞・葛林闖入亞歷山大・克倫梅爾的生命中。[7]在這位坦率、仁慈的男子面前，陰影似乎較不黑暗，白瑞亞・葛林在紐約州的歐奈達郡創辦了一所學校，收容了二十名調皮男孩。「我要帶一名黑人男孩來這裡受教，」白瑞亞・葛林說道，惟有狂熱分子與廢奴主義者膽敢如此說。「啊哈！」男孩們笑道。「好一吧，」他太太說；於是亞歷山大來了。該名黑男孩以前曾找過一所學校，他飢寒交迫，一度北上四百哩進入自由的新罕布夏州，到了迦南。可是敬神的農夫們，將九十對同軛牛拴在廢奴校舍上，然後將校舍拖進沼澤中。於是黑男孩跋涉離開。[8]

　　十九世紀乃人類憐憫共鳴的第一個百年——我們半帶疑惑地開始注意到別人身上那美化的神性光芒，我們稱之為自我；在此時代，鄉下佬與農夫、流浪漢與小偷，以及百萬富翁與——偶爾——黑人，紛紛變成悸動的靈魂，其溫暖的生命力如此親近地感動我們，以至於我們差一點喘不過氣，驚訝地叫

7〔譯注〕白瑞亞・葛林（Beriah Green, 1795-1874）係美國改革家兼著名廢奴主義者。他於1833年成為紐約州懷茲博洛（Whitesboro）歐奈達學院（Oneida Institute）校長。克倫梅爾在1836年註冊為大二生。

8〔譯注〕克倫梅爾和兩個朋友——亨利・海藍・嘉內（Henry Highland Garnet）和湯瑪士・西德尼（Thomas S. Sidney）——在新罕布夏州迦南的諾伊斯專校（Noyes Academy）註冊入學。這所學校由主張廢奴者所創辦，一開始即黑白兼收。一群白人對此種族融合和該校的廢奴主義活動感到憤怒，於是在1835年用牛群將該校的主建築拖進沼澤，事後，這三人就離開諾伊斯回到紐約（Gates and Oliver, 136, n.7）。

道：「你們也是！你們經歷過悲傷與無助的陰暗海域嗎？你們熟悉人生嗎？」於是，我們全然無助地凝視著那些別的世界，然後大聲哭叫著：「恁多的世界啊，人類怎樣使你們合而為一呢？」

因此，在那所歐奈達小學院，那些男學生驚喜地發現一張黑皮膚底下的想法與渴望，是他們以前從未夢想過的。憐憫與啟發之念頭在這孤獨男孩上開始萌芽。那朦朧而無形之物——憎恨的誘惑，徘徊在他和世界之間——變弱且較不凶惡矣。它並未完全消失，而是自我擴散，紛紛在邊緣徘徊。透過誘惑，小孩如今首次看到生命的浮沉——灑滿陽光的道路在天地之間伸展，直至天地在一條遙遠、黯淡而搖曳的線上交會吻合。這個成長中的男孩心中有了神祕而美妙的人生憧憬。他抬起頭，伸展四肢，深呼吸著新鮮空氣。遠處，在森林背後他聽到奇怪的聲音；接著他從樹叢中望去，看到遠方一大群褐色皮膚的國人呼叫著，叫聲忽大忽小。他聽到可恨的鎖鏈鏗鏘聲，他感受到他們畏縮與奴顏婢膝，然後心中興起了一種反抗與一個預感。於是他做好準備以便走進該世界。

一種聲音與憧憬召喚他當牧師——當一名先知引領未被召喚的黑人走出奴隸之屋。[9] 他看到一大群無人領導的黑人如怒海洶湧般向他求救——他熱切地伸出雙手，然後正當他伸出援手時，絕望的誘惑突然從這憧憬中橫掃而過。

他們並不是邪惡的人——人生的問題並非邪惡者的問題——而是冷靜善良的人，是上帝的正統基督教會的主教，且

9〔譯注〕在杜博依斯眼中，克倫梅爾宛如現代摩西。

努力追求正義。他們緩慢地說道:「那都很自然,甚至值得讚許;可是聖公會總神學院不能招收黑人。」當那副瘦削、近乎古怪的身軀仍在門口出沒時,他們半帶憐惜地、親切地把手放在他的肩膀上,然後說道:「當然啦,我們——我們知道你的感受,可是你曉得那是不可能的——也就是說——唉——時機未到。日後,我們相信——誠摯地相信——所有這些差別會逐漸消失;但現狀既然如此。」[10]

　　這是絕望的誘惑;這名年輕人頑強地對抗該誘惑。他猶如某種灰暗之陰影,悄悄地走進那些大廳,懇求、爭辯、幾乎生氣地要求入學,直至校方斬釘截鐵地說「不」;直至數名白人將這位擾亂者推出校外,認為他愚蠢、不講理、不明智,是違反神律的無聊叛徒。於是一切榮耀從那光輝燦爛的夢想中慢慢消逝,僅剩陰暗、嚴酷的現實世界在黑暗的絕望下繼續滾動著。連那天清晨主動向他伸出的仁慈援手,似乎只是一些華麗的陰影。他冷淡地看著這些陰影,然後問道:「在人間既然走投無路,何必努力爭取特別的恩寵呢?」不過,他只是溫和地問著,有雙手敦促他前進——年輕的小約翰·傑的手,[11]那位大膽父親的大膽兒子,是來自那座自由城市波士頓的善良人家。然而,教會神職的道路雖然在他面前終於開啟,那裡仍有烏雲徘徊;在聖保羅老教堂中,就算年高德劭的主教在這黑人副主

10　1835年時,紐約聖公會主教班哲明·翁德東(Benjamin T. Onderdonk, 1791-1861)拒絕克倫梅爾就讀聖公會總神學院(the Episcopal General Theological Seminary)(Gates and Oliver, 137, n.9)。

11　〔譯注〕小約翰·傑(Young John Jay, 1871-1894)係美國外交家,積極反對奴隸制度;其父親威廉是名法官,亦主張廢除奴隸;其同名祖父在紐約州擁有最多奴隸,係最高法院之首任院長。

祭頭上舉起白手臂[12]——即使在當時，心中的負擔並未解除，蓋一種榮耀已從世間消失。[13]

　　不過，亞歷山大‧克倫梅爾所蹈之火並未白燒。他緩慢而更冷靜地重拾人生計畫。他用更具判斷力的眼光研判情勢，從黑人奴隸制度和苦役底層看到黑人教會的弱點，長年受虐使該弱點更加突出。他覺得缺乏堅強的道德毅力和不屈不撓的正義感，乃是黑人的重大缺點，因此他要從此著手。他把黑人菁英聚集在某間主教派教堂，在當地加以指導、教育、啟發，直到影響發酵擴散，[14]直到孩童長大，直到世人注意到，然後青春最初那美好憧憬的微弱餘暉閃過夢境——僅是餘暉，蓋一種榮耀已從世間消失。

　　那是1842年，有一天，5月的清風欣然捎來新英格蘭的春天——他終於站在普羅維登斯自己的小教堂中，是該教堂的牧師。[15]隨著歲月飛逝，這個黑人年輕牧師拚命工作；他盡責地撰寫講道詞，用輕柔懇切的聲音禱告，常去街上與徒步旅行者搭訕，探視病人，跪在彌留者旁。他日復一日，週復一週，月復一月地拚命工作。可是會眾卻逐月遞減，空牆的回音一週比一週尖銳，訪視一天比一天減少，第三種誘惑則一天比一天清

12　克倫梅爾於1842年5月30日在聖保羅的聖公會教堂被任命為副主祭。1844年，他被任命為費城聖保羅教會的聖公會牧師。克倫梅爾的神職授任和他的神學教育不同，是遵循聖公會教士職的正常過程（Gates and Oliver, 137, n.2）。

13　典故引自威廉‧華滋華斯（William Wordsworth）的〈寓意永恆頌〉（"Ode: timations of Immortality"）一詩：「一種榮耀已從世間消失」，該首詩出自《童年回憶》（Recollections of Early Childhood）（Gates and Oliver, 137, n.3）。

14　在〈馬可福音〉第八章第十五節裡，耶穌警告門徒們有關理念的力量，他說：「你們要謹慎，防備法利賽人（The Pharisees）的酵和希律（Herod）的酵」（Gates and Oliver, 138, n.4）。

15　那是羅德島（Rhode Island）普羅維登斯（Providence）的一間黑人基督教會（Gates and Oliver, 138, n.5）。

晰，在大面紗內日益明顯；這種誘惑可以說殷勤含笑，圓滑的
語調中帶點嘲弄。起初誘惑藉由聲調的抑揚頓挫不經意地降
臨：「哦，有色人種嗎？是的。」或許更明確地：「你**指望**什
麼呢？」在聲音與姿態中存著懷疑——懷疑的疑惑，他何等痛
恨此種誘惑，於是猛烈地對著它怒吼：「當然他們有能力。」
他叫道：「當然他們能夠學習、奮鬥而有所成就——」接著該
誘惑輕聲附言道：「當然，這種事他們辦不到。」在三種誘惑
中，這一種的打擊最深。憎恨呢？他由於年歲增長已然除去這
般幼稚的誘惑。絕望呢？他已對它硬起右臂，決意全力對抗。
可是，懷疑其畢生事業之價值——懷疑其靈魂所鍾愛的種族的
命運與能力，因為那是他的種族；看見懶散的髒亂，而不是熱
心盡力；聽到自己的嘴唇悄悄說道：「他們不在乎；他們無法
知道；他們是供人驅使的愚蠢畜生——幹麼把珍珠投擲到豬面
前？」[16] 凡此似乎皆超出人所能忍受者，於是他關上門，癱坐在
聖壇的台階上，然後將聖袍丟在地上痛苦地翻滾著。

　　他站起來時，夕陽餘暉讓灰塵在陰暗的教堂舞動著。他摺
起祭袍，收拾好聖歌本，然後將大本《聖經》合起來。他步出
教堂進入薄暮中，帶著疲倦的微笑回頭望著狹窄的小講道壇，
然後鎖上門。接著，他輕快地走到主教處，只說：「我搞砸
了。」其實主教已經知道。此一表白給予他膽量，乃補充道：
「我需要的是比較大的教區，這裡黑人比較少，或許他們也不是
菁英。我必須去範圍較廣的地方再試一次。」於是主教派他去

16〔譯注〕典故出自〈馬太福音〉第七章第六節：「不要把聖物給狗，也不要把你
　　們的珍珠丟在豬前，恐怕牠踐踏了珍珠，轉過來咬你們。」

費城，帶著一封致翁德東主教的信件。[17]

　　翁德東主教住在六個白色台階的頂端，他個子肥胖，臉龐紅潤，出版了數本論使徒繼承的扣人心弦的小冊子。[18]時值正餐後，主教輕鬆愉快地靜坐沉思，偏偏鈴聲響了，偏偏一個瘦削難看的黑人拿著一封信突然出現在主教面前。翁德東主教匆匆看完那封信並皺著眉頭。幸虧他對這點已有定見，於是展開眉頭望著克倫梅爾。然後他緩慢而令人印象深刻地說道：「我可以接受你進入這教區，但有一個限制：黑人牧師不得出席我的教會年會，黑人教會不得要求派代表參加。」

　　我有時想像自己可以看到那種動人的場面：虛弱的黑人身軀在翁德東主教大腹便便之前緊張地抽動著帽子；其破舊外套碰撞到暗色木製書架，架上佛克斯的《殉道者傳》[19]湊巧靠在《人所當盡之本分》旁。[20]我似乎看到那黑人睜大的雙眼飄過主教之絨面呢，落在珍品櫥的玻璃轉門在陽光下閃耀之處。一隻藍色小蒼蠅想要飛越張開的鎖眼。蒼蠅輕快地走至鎖眼處，有點驚訝地望進鎖孔，然後若有所思地擦著觸鬚；牠接著試探鎖眼的深度，發現它深不可測後又縮了回來。此位面孔淺黑的牧

17　〔譯注〕費城的亨利‧翁德東（Henry U. Onderdonk, 1789-1858）主教乃是紐約的班哲明‧翁德東聖公會主教之兄。參見本章注10。

18　某些基督教會所堅信的一種教義，認為基督的使徒們任命最早的主教，主教再任命其繼承者，於是打造一完整連續的宗教權威。除了聖公會信徒外，大部分的新教教會拒絕此種教義（Gates and Oliver, 139, n.8）。

19　〔譯注〕約翰‧佛克斯（John Foxe, 1516/17-1587）係英國牧師、歷史學家兼殉道學家，其《殉道者傳》（Book of Martyrs, 1563）是繼《聖經》之後西方最具影響力的作品。

20　〔譯注〕《人所當盡之本分》（The Whole Duty of Man）是1685年出版的新教徒信仰文本，作者不詳。書名由出自〈傳道書〉（Ecclesiastes）第十二章第十三節：「這些事都已聽見了，總意就是敬畏神，謹守他的誡命，這是人所當盡的本分。」

師發現自己在納悶著蒼蠅是否也面臨屈辱的山谷，牠是否會衝進鎖孔——瞧！就在此時牠張開小翅膀愉快地嗡嗡飛穿過去，留下旁觀者孤零零一個人，插翅難飛。

　　於是負擔的整個重量落在他身上。漂亮的牆壁逐漸轉離，展現在眼前的是寒冷粗糙的荒野，不斷蜿蜒穿越人生，被一條厚花崗岩山脊切成兩段——此地，屈辱的山谷；彼處，死亡陰影的山谷。我不曉得哪一個比較黑暗——不，我不知道。但是我知道這一點：在彼方謙虛之溪谷今天有一百萬黑人，他們願意：

> ……忍受時間的鞭笞和輕蔑，
> 壓迫者的虐待、傲慢者的侮辱、
> 失戀的悲慟、法律的延誤、
> 官員的無禮以及有德之士
> 默默承受著小人的冷落[21]

　　他們若知道這是犧牲，而不是更卑鄙的事，就會忍受這一切等等。因此在那孤獨的黑人心中洶湧著這想法。主教暗示地清清嗓子；然後，想到實在無話可說了，體諒地沒有吭聲，僅不耐地用腳輕輕打拍子。不過亞歷山大・克倫梅爾緩慢而沉重地說道：「在這樣的條件下，我永遠不會進入你的教區。」說完後，他轉身走進死亡陰影的山谷。你們可能僅注意到肉體瀕臨死亡，粉碎的軀體與不停的乾咳；但是在那靈魂中卻是比那

21　出自莎士比亞《哈姆雷特》第三幕第三景行72-76（Gates and Oliver, 140, n.1）。

更深的死亡。他在紐約找到一間教堂——他父親上的教堂。[22]他在飢餓與貧困中為該教會拚命，受到同行牧師的嘲笑。帶著近乎絕望的心情，他渡海流浪至英國，伸出雙手乞援。[23]英國人握著他的雙手——威伯佛斯和史坦利。賒威爾與英格利斯，甚至佛勞德與馬考萊。班哲明·布羅迪爵士吩咐他在劍橋的女王學院暫歇，於是他在那裡流連，奮力追求身心健康，直至1853年取得學位。[24]他仍覺得不安、不滿意，遂轉向非洲，[25]在走私奴隸方興未艾當中，長年追求一個新天新地。[26]

　　於是這個人暗中摸索光明；這一切都不是生活，而是靈魂追尋自我的世間飄泊，是尋求人間安身立命之所而不可得的個人奮鬥，一直受到更甚於死亡的死亡陰影的糾纏——錯失責任的靈魂之死。他飄泊了二十年——二十多年；而那惱人的艱難問題不斷折磨著他：「我活在人間究竟為了什麼？」在紐約的小教區，他的靈魂似乎受到拘束和壓抑。在英國大學美好的古

---

22 1845年克倫梅爾成為彌賽亞教會的牧師，那是他父親上的教會（Gates and Oliver, 140, n.2）。

23 克倫梅爾在1848年抵達英國，翌年開始就讀劍橋（Gates and Oliver, 140, n.3）。

24 山姆爾·威伯佛斯（Samuel Wilberforce, 1805-1874）為英國主教，其同名父親主張廢除奴隸制度；史坦利可能是指亞瑟·潘仁恩（Arthur Penrhyn, 1815-1881），英國作家兼牧師；康諾普·賒威爾（Connop Thirwell, 1797-1875）為英國主教兼史學家；英格利斯（Ingles）很可能是指約翰·英格里斯（John Ingles），加拿大蘇格蘭地區（Nova Scotia）的英國主教；安東尼·佛勞德（Anthony Froude, 1818-1894）為英國宗教史學者；湯瑪士·白彬頓·馬考萊（Thomas Babington Macaulay, 1800-1859）為歷史學家兼政論家；班哲明·柯林斯·布羅迪爵士（Sir Benjamin Collins Brodie, 1783-1862）為英國生理學家兼外科醫生（Gates and Oliver, 140, n.4）。

25 克倫梅爾於1853年至1872年期間在賴比瑞亞工作，之後再回美國（Gates and Oliver, 140, n.5）。

26 出自〈啟示錄〉第二十一章第一節：「我又看見一個新天新地。」這是以賽亞（Isaiah）預言的新耶路撒冷的憧憬，屆時神的榮耀將使萬物更新，而且完美無缺（Gates and Oliver, 140, n. 6）。

老氣氛中，他聽到好幾百萬人在海上哭號。在西非荒涼、熱病
危害的沼澤裡，他孤立無援。

　　你們對他的怪誕歷程不會感到讚嘆，因為你們在生活的
快速漩渦中，在生活的冷酷弔詭與奇妙憧憬中，已經面對過生
命且面對面打聽過生命之謎。倘若你們覺得那個謎難解，那麼
記住那個黑男孩覺得更難；倘若你們覺得難以找到並面對你們
的責任，對他則更難；倘若你們對戰鬥之血與塵感到惡心，那
麼記住對他來說，塵灰更厚，戰鬥更加猛烈。難怪流浪者跌落
了！難怪我們指著小偷和凶手，常浮現心中的妓女，以及源源
不絕大批未埋葬的死屍！凡歷經死亡陰影之山谷者，鮮有返回
世間的。

　　然而亞歷山大・克倫梅爾返回了，從憎恨的誘惑當中，且
遭受絕望之火灼傷，他擊敗懷疑，在抗拒屈辱的犧牲中鍛鍊，
終於飄洋過海返回美國，變得謙虛又堅強，溫柔又果斷。他彬
彬有禮地屈從所有嘲弄和偏見、憎恨和歧視，這種謙恭的態度
乃是純潔靈魂的盔甲。他義無反顧地在自己的同胞中奮鬥，包
括低下階層、貪婪及邪惡的黑人，這種正直德行乃是光明正大
者之劍。他從不遲疑，甚少抱怨；惟拚命幹活，啟迪後進，指
責長者，濟弱扶強。

　　因此他成熟了，在他的廣大影響下，從行走在大面紗內
的黑人當中，造就了一群中堅分子。而活在面紗之外者，則不
明白也夢想不到其中的整個力量，階層的暗晦薄紗宣告大多數
人理應不明白那種強大的啟迪。如今斯人已作古，我掃除大面
紗而喊叫，瞧！我寫這短篇頌辭加以追念該靈魂。其面容依舊
歷歷在目，在雪白的頭髮下膚色黑而輪廓粗，時明時暗，時而

激勵人心對未來充滿希望，時而對某種罪孽深感心痛，時而悲懷某樁過去的艱辛回憶。我和亞歷山大‧克倫梅爾見面次數愈多，就愈覺得那個世界由於對他的了解太少，以至於失去了太多。在另一時代，他可能穿著寬外袍坐在國之長者當中；在另一個國度，媽媽們可能會歌唱讓他回安息地。

他善盡職責──表現得既高貴又完善；可是我哀嘆他在此地孤軍奮鬥，得到的同情少得可憐。今天，在這片廣闊的土地上，他的名字顯得無足輕重，在五百萬黑人耳中，並未載負名聲或仿效的芳香。這是時代的悲劇：並不是說黑人窮，黑人多少都經歷過窮苦；並不是黑人邪惡，誰是善良的？並不是黑人無知，何為真理乎？都不是，而是人對彼此的了解少得可憐。

有天早上，他坐著眺望海洋，然後微笑說道：「大門的鉸鏈生鏽了。」那天晚上在星辰照耀時，一陣西風呼嘯而過，吹開了大門，隨後我所鍾愛的靈魂向火焰般飛越四海，而座位上坐著死神。

我忖度著如今他魂在何方？我忖度著，在遠處那朦朧的世界中，當他悄悄地進去時，在某個黯淡的王位上，是否有位國王站起身子──一位膚色黯黑、穿耳的猶太人，他曉得人間遭天譴者的苦痛，當他放下那些椎心絞腑的重擔時，說道：「幹得好！」此時，四周各處晨星坐著歌唱。[27]

---

27 在最後一段裡，杜博依斯想像克倫梅爾在天國，受到耶穌以「按才幹受責任」的寓言讚揚。見〈馬太福音〉第二十五章第十四至三十節（Gates and Oliver, 142, n.8）。

第十三章

論約翰之降臨

他們在半夜掩蔽下帶著何物，

至河海之濱？

他們帶著人心，在其中

不可能有夜間的平靜；

因風而永不終止，

因露而不乾涸；

平靜它吧，上帝；祢的平靜廣闊

亦掩護神靈。

河川繼續流著。

——白朗寧夫人[1]

---

1 詩行摘自伊莉莎白·貝瑞特·白朗寧（Elizabeth Barrett Browning）的《恆河傳
　奇》（*A Romance of the Ganges*, 1838）。樂曲引自黑人靈歌〈你們可以把我葬在
　東方〉（"You May Bury Me in the East"），又稱〈我將聽到喇叭歌聲〉（"I'll Hear
　the Trumpet Song"）（Gates and Oliver 142）。

卡萊爾（Carlisle）街從約翰鎮（Johnstown）中心往西延伸，跨越一座黑色大橋，下坡後又上坡，路旁有小商店與肉市場，經過數戶單層住家，直到街道在一大片綠油油的草坪前戛然而止。它是片寬闊、寧靜之地，西邊顯現兩幢大建築物的外形。向晚時分陣陣東風吹來，越吹越強，而城市的大煙霧乏味地悶罩在山谷上方，這時紅色的西霞如夢鄉般照耀在卡萊爾街上；晚餐鐘聲響起時，天幕下襯托出學生們經過的黑色身影。身材高大而膚色黝黑，他們緩慢走過，在不祥的光線中閃現在城市面前，彷彿朦朧的預警鬼魂。或許是，因為這是威爾斯學院（Wells Institute），這些黑人學生和山下的白人城市幾無往來。

　　而你若留意，有位黑人夜復一夜總是遲到，總是最後才匆匆走向史灣館（Swain Hall），因為瓊斯從未準時出現。他是個身材修長，頭髮蓬亂的傢伙，棕色皮膚、頭髮粗硬，他的衣服似乎都太短，走起路來搖搖晃晃，有點愧疚模樣。他一年到頭總是讓寧靜的餐廳引發陣陣微笑，當他在禱告鈴聲響過後偷偷

溜到位置上時，舉止似乎十分笨拙。然而瞧一下他的面孔足以讓人寬恕了大半，那種咧嘴、和善的微笑毫無狡詐或詭計的成分，似乎只是洋溢著善良本性，對世事真的心滿意足。

他來自遙遠的亞爾他馬哈（Altamaha），位於喬治亞州東南部節瘤的橡樹叢下方，彼處海對著沙灘輕聲哼唱，沙灘聆聽著，直到幾乎被海水淹沒，惟有在零星的狹長、低窪島嶼升起。亞爾他馬哈的白人推舉約翰為好男孩：[2]出色的耕手，擅長稻田工作，到處都派上用場，而且總是和善可親又畢恭畢敬。然而當他母親要送他去念書時，他們都搖頭。他們說：「那會糟蹋了他，會毀了他。」口氣彷彿無所不知。不過，鎮上整整一半的黑人驕傲地跟著他到車站，並幫他提著樣子古怪的小皮箱和許多包裹。在車站他們握了握手，女孩了害羞地吻別，男孩子則拍拍他的背。於是火車來了，他深情地擰著小妹妹，接著雙手抱著媽媽的脖子，然後隨著火車的噴吼聲離開家鄉，進入那偉大的黃色世界，該世界在這位疑惑的朝聖者周遭閃耀展開。[3]他們從海岸邊匆匆北上，經過塞芬拿（Savannah）的廣場和蒲葵，穿過棉花田和沉悶的夜晚抵達米爾維爾（Millville），隔天早上到達喧囂熙攘的約翰鎮。

而那天早上在亞爾他馬哈車站，望著火車喧囂地載走玩伴、兄弟、朋友等一行人，之後常重複著「當約翰降臨時」這個詞

2〔譯注〕〈論約翰之降臨〉（"Of the coming of John"）係本書中唯一之短篇故事，杜博依斯才華橫溢，不僅是社會理論家、歷史學家，也是作家。該短篇故事乃杜博依斯早期之文學創作。誠如蓋慈和奧立佛所言，本篇「追溯一個未察覺的年輕黑人轉變成一名先知，確切地說，受施洗者約翰」（Gates and Oliver, 143, n.2）。

3 杜博依斯在本章沿襲他在第十二章〈論亞歷山大・克倫梅爾〉所用的朝聖者主題（Gates and Oliver, 143, n.3）。

句。然後他們會談論什麼樣的派對，在教會做什麼樣的演講，臨街房間有什麼新家具，或許還談到新的臨街房間；將來會有一棟新校舍，由約翰擔任教師；接著，或許會談到一場盛大的婚禮等等，諸如此類的話語——當約翰降臨時。然而白人卻搖著頭。

　　起初，他在聖誕節時回來，但結果假期太短了；接著，翌年夏天，可是時機艱難且學費昂貴，因此他沒回來，而是在約翰鎮打工。於是，隨著光陰流逝到隔年夏天，然後又過一年，直到玩伴分散各地，母親的頭髮灰白了，妹妹去法官的廚房幹活。而「當約翰降臨時」的傳說仍舊縈繞不散。

　　在北邊法官家，他們挺喜歡這個疊句，因為他們也有一個約翰，是名金髮、無鬚的男孩，他曾和同名黑人一起玩過好多漫長的暑期。「是的，先生！約翰在普林斯頓，先生，」[4]每天早晨肩膀寬闊、頭髮灰白的法官行進到郵局時說道。「秀給北方佬看一名南方紳士的能耐。」他補上一句，然後再帶著信和文件邁步回家。在北邊有圓柱的大宅裡，法官和虛弱的夫人、他妹妹和長大的女兒們，陸續看著從普林斯頓寄來的信件，看了良久。「大學將使他成為男子漢，」法官說道：「就是上大學。」然後他問害羞的小女傭：「嗯，珍妮，你的約翰近來如何？」然後若有所思地補道：「可惜，可惜，你媽媽送他上大學——那會糟蹋了他。」而女傭則感到疑惑。

　　因此在那遙遠的南方村莊，居民有意無意中都在等待兩位

---

4 普林斯頓（Princeton）大學是位於紐澤西州普林斯頓的一所常春藤學校，創立於 1746 年，富裕的南方家庭認為送年輕人到有名望的北方大學是驕傲的來源（Gates and Oliver, 143, n.4）。

年輕人的降臨，夢中意會著要實現的新事物，以及人人心中的新盤算。然而，很少人想起兩個約翰，因為黑人想到的約翰是名黑人；而白人想到的約翰則是名白人，真是奇特。除了存著隱約的不安外，雙方都不會懷著對方的想法。

在北邊約翰鎮的學院裡，我們對約翰‧瓊斯的案例久惑不解。這塊泥土似乎長時間不適合做任何模塑。他嗓門大，活力允沛，老是又笑又唱，永遠無法一鼓作氣幹完任何事。他不懂讀書方法，也不懂仔細周到；他遲到、粗心大意和駭人的好心情完全難倒我們。有天晚上我們召開院務會議，既憂心又嚴肅，因為瓊斯又出事了。這次的惡作劇太過分，我們遂嚴肅地投票決議：「瓊斯由於連續行為不檢及疏忽學業，本學期自即日起勒令休學。」

當院長告訴他：他必須離校時，我們似乎覺得瓊斯頭一遭感到生活是件非常嚴肅的事。他張大眼睛茫然地瞪著這位頭髮灰白的人。「為──什麼，為──什麼，」他結結巴巴地說：「可是──我還沒畢業呀！」接著院長緩慢而清楚地解釋，提醒他遲到與粗心大意、功課差和作業未繳、喧鬧和行為不檢，直到這傢伙侷促不安地低著頭。然後他迅速說道：「但是你不會告訴媽媽和妹妹吧，你不會寫信給媽媽吧，是嗎？如果不會，我會到城裡打工，下學期回來表現給你看。」院長忠實地答應了，於是約翰扛著小行李箱，對著咯咯笑的男孩們既未答腔亦未轉頭看，帶著清醒的眼神和一張呆板而嚴肅的面孔，走下卡萊爾街到大城裡。

或許我們想像這件事，但不知怎麼地我們似乎覺得：那天下午顯現在稚顏上的嚴肅表情從未再離開過。他回到我們這裡

時，即卯盡全力拚命用功。這是最艱難的掙扎，因為方法並非一蹴可幾，在童年擁擠的記憶與教導中，能夠派上用場並有助於新生活者，少之又少；但他戮力邁向的一切都是他自己建立的，過程緩慢而艱辛。當靈光持續出現在自己的新創作上時，他不是出神靜坐在此幻覺前，就是獨自在綠色的校園中徘徊，望穿人的世界而進入思想世界。思想有時候讓他非常困惑；他就是不懂圓周為什麼不是正方形，某天半夜執行至五十六個小數點，若非女舍監敲門吩咐關燈，他仍會持續下去。他好幾個晚上仰躺在草地上，試著要想通太陽系，結果得了重感冒；他對羅馬垮台的倫理感到非常懷疑，同時強烈懷疑德國人是小偷和流氓，儘管教科書不是這麼寫的，他對每一希臘文生字都思索良久，想知道為何這個字是那個意思，而不是別的意思，也想知道用希臘文來思考萬事萬物的感受。於是他獨自思索著，絞盡腦汁，別人輕鬆跳過之處他會停下來感到困惑，並穩步地跨過這些難關，別人碰到時紛紛停止而投降。

　　因此他在體格與靈魂上都有增長，而他的衣服似乎也跟著增長而合身；外套袖子變長、袖口出現、領子也比較不髒。偶爾他的長統靴擦得發亮，他走起路來漸有前所未見之尊嚴。我們每天都看見他的眼神中滋生前所未見之沉思，開始對這位埋頭苦幹的男孩有所指望。於是他通過先修班進入大學，我們注意著他，感受到未來四年的改變，幾乎轉變了這位嚴肅的高頭大漢，他在畢業典禮那天早上向我們敬禮。他已然離開了古怪的沉思世界，回到行動和人的世界。如今他第一次敏銳地觀察周遭事物，納悶著以前看到何其之少。他緩慢地成長到幾乎首次感受到自己和白人世界之間的大面紗。他首次留意到白

人的壓迫，以前似乎不覺得是壓迫，首次留意到以前似乎覺得是自然的一些差異，也留意到童年時代未注意到或一笑置之的一些限制和怠慢。如今別人未稱呼他「先生」時，他感到不悅；他在「黑人」車廂握緊拳頭，為了限制他的膚色界線而感到惱怒。他說起話來帶點諷刺的口吻，輕微的怨恨溜進他的生活中，他長時間坐著忖度與盤算如何矯正這些扭曲的事實。他每天都發現自己在迴避家鄉壓抑而狹隘的生活。可是他總是計畫回去亞爾他馬哈，總是計畫在那裡工作。不過，隨著日子越來越接近，他卻懷著莫名的恐懼而猶疑不決；甚至在畢業後隔日，他熱切地把握院長的提議——暑假期間派他和四重奏到北方去為學院而唱。他帶點道歉的口吻自言自語著：投入事業前先鬆口氣吧。

那是個晴朗的九月下午，紐約街道洋溢著來往的人群。當他坐在廣場上汪視時，他們令約翰想起大海，如此不變地變幻，如此明亮又黑暗，如此嚴肅又快活。他端詳著他們鮮豔無瑕的衣服、雙手的姿態、帽子的形狀；他望進匆匆行走的馬車內，然後嘆口氣往後仰，說道：「這就是大千世界。」突然間他被一個念頭所支配，想看看大千世界往那裡去，因為富有而開朗的人潮似乎都朝著同一方向行色匆匆。於是，當一個高個子金髮年輕人和一個嬌小健談的女士走過時，他有點猶疑地站起來跟著。兩人朝街道北邊走，經過數家商店和豔麗的店鋪，穿過寬闊的廣場，直到他們和其他上百個人走進一棟大樓的宏偉正門。

他跟其他人被推擠至售票處，然後摸著口袋尋找自己所存的那張5元新鈔。當時似乎確實毫無遲疑的餘地，所以他勇敢

地掏出鈔票，遞給忙碌的辦事員，然後只收到一張票而沒有找
零。當他終於意識到付了5塊錢進入自己完全不知為何處時，
一動也不動地站著，驚愕不已。「當心，」他後面有人低聲說
道：「你不准用擋到路為由，私刑處死這名黑人紳士」，一位
姑娘調皮地抬起頭望著金髮男伴的眼睛。男伴臉上露出些許
厭煩的表情。「你**不會**了解在南方的我們，」他有點不耐煩地
說道，彷彿在接續剛才的辯論。「鑑於你們的專業，你們在北
方永遠見不到黑白之間如此熱誠和親密的關係，這天天發生在
我們身上。哦，我記得我童年最親密的玩伴是個小黑人，名字
跟我一樣，當然啦，二位絕不——唔！」那個人突然住口，滿
臉通紅，紅到髮根，因為就在他預訂的管絃樂椅子座位旁邊，
坐著自己在門廳撞見的那位黑人。他猶疑了一下，氣得臉色發
白，呼叫引座員並遞給他票卡，說些盛氣凌人的話語，然後緩
慢地坐下。那位女士靈巧地改變了話題。

　　約翰並未見到這一切，因為他有點迷惘地坐著，在留意周
遭的景象。音樂廳的細緻精美、微弱的香水味、走動的無數人
群、鮮豔的衣著和談話的低語聲，似乎都是另一個生活圈的一
環，和他的生活圈多麼不同，比他所知道的一切還美，且美得
多麼不可思議，以至於他坐在夢鄉中，當羅英格林的天鵝音樂
在一陣沉寂之後高音調而清脆地響起時，他嚇了一跳。[5]那悲
鳴之無限優美餘音繚繞著，傳遍他身上每塊肌肉，讓他全身音
符躍動。他閉上眼睛，緊握著椅肘，不知不覺地碰觸到那位女
士的手臂，女士把手臂移開。他的內心湧上一股深切的渴望，

5〔譯注〕理查・華格納（Richard Wagner）1850年之著名歌劇《羅英格林》（*Loh-*
　engrin）中，天鵝代表一名嚮導。

想要隨著清脆的音樂，從禁錮與玷汙其低下生活的汙穢與灰塵中解脫。但願他能夠活在不受拘束的空中，那兒鳥兒歌唱而夕陽一點血也沒有。誰召喚他偏偏要當奴隸和笑柄呢？如果他召喚了，既然像這樣的世界在眾人面前開放，他有什麼權利召喚呢？

接著，樂章改變了，較宏亮而強大的和聲響起又轉弱。他若有所思地朝音樂廳對面望去，納悶著那位灰髮的美麗婦人為何看起來如此無精打采，那位矮男子在低聲說什麼。他可不想要無精打采和無所事事，他想著，因為他隨著音樂感受到心中力量的運作。但願他擁有某種傑作，某種終生貢獻——艱難，是的，頗為艱難——而沒有畏縮和令人惡心的奴性，也沒有令他心腸和靈魂變得麻木不仁的殘忍傷害。最後，當小提琴傳來輕柔的悲哀時，他想起遙遠的家鄉——妹妹的一雙大眼睛和媽媽黯淡而憔悴的面孔。他的心沉到海底，就像海沙沉到亞爾他馬哈的海岸邊，隨著天鵝那最後縹緲的哀鳴而被提升上來，天鵝的哀鳴顫抖著，然後逐漸消失在空中。

音樂讓約翰如此安靜而出神地坐著，以至於他有一陣子一直未注意到引座員輕輕拍著他的肩膀，然後客氣地說：「先生，請你挪步到這邊來好嗎？」在引座員最後一次拍肩時，他有點驚訝並迅速站了起來，然後轉身要離開座位，直接望著那位金髮年輕人的面孔。那年輕人首度認出童年的黑人玩伴，約翰知道那是法官的兒子。白人約翰嚇一跳、提起手、然後呆坐在椅子上；黑人約翰先是輕鬆地微笑，然後繃著臉跟著引座員走下通道。經理感到遺憾，非常、非常遺憾。不過他解釋說弄錯了，不該將已經出售的位置賣給貴紳士，他當然會退款，這

件事他確實強烈感同身受等等——話未說完,約翰已經走了,他匆匆穿過廣場,走下寬廣的大街;他經過公園時,扣上外套的鈕扣並說道:「約翰‧瓊斯,你是個天生的傻瓜。」然後他回到住處,寫了一封信,把它撕掉;他再寫一封,把它扔到火裡。然後他抓起一張紙片寫道:「親愛的媽媽和妹妹:我即將回去——約翰。」

當他安穩地在火車上坐定時,約翰說:「或許,或許我應該為抗拒天命而受到責備,就因為昭昭天命看起來艱辛且教人難受。[6]清楚展現在我面前者,乃是我對亞爾他馬哈之責任;或許他們會讓我協助解決那裡的黑人問題,或許不會。『我違例進去見王,我若死就死罷。』[7]然後他沉思著、夢想著,並計畫畢生致力的工作;火車往南方飛馳。

在南方的亞爾他馬哈,經過漫長的七年,人人皆知約翰將要回來。家家戶戶擦拭清洗,特別是有一家;花園與庭院修剪得異常整齊,珍妮買了一件條紋布新衣裳。所有黑人美以美教徒和長老會教徒經過某種策略和協商後,都被說服參加在浸信會教堂的盛大歡迎;隨著日子逼近,每個角落都在熱烈討論約翰的成就,其確切程度和本質。在一個灰暗而多雲的日子中午,他來了。鎮上的黑人都湧向車站,群眾邊緣有少數白人,那一大群快樂的黑人彼此寒暄「早安」和「你好」,開懷笑著,開著玩笑,推擠著。媽媽坐在遠處窗戶邊望著,而妹

6〔譯注〕「昭昭天命」("manifest destiny")係十九世紀美國民主黨所持之一種信念,認為美國終將向西擴張至橫跨北美洲大陸,此等領土與影響力之擴張不僅明顯(manifest),抑且本諸不可違逆之天數。

7〔譯注〕引自〈以斯帖記〉(Esther)第四章第十六節。在《希伯來聖經》之段落中,以斯帖決定冒著生命危險拯救其子民免受哈曼(Haman)之迫害。

妹珍妮則站在月台上，緊張地摸著洋裝，她個子高䠷、肢體輕軟，有著柔軟的棕色皮膚，而一雙深情的眼睛從茂密蓬亂的頭髮往外凝視。火車停下來時，約翰憂鬱地站起來，因為他正想到黑人車廂；他跨到月台上停下腳步：一個黑暗破敗的小站，一群黑人花稍而骯髒。綿延半哩長的破舊棚屋位於一條髒亂的泥溝旁。他強烈感受到眼前一切的骯髒和狹隘；他尋找媽媽卻沒看到，冷淡地吻了叫他哥哥的那位高個子的陌生姑娘，簡短而冷淡地這裡說一句，那裡說一句；然後沒有停留下來握手或閒聊，就默默地走上街道，對著熱切的老姨媽只是脫帽致意，令她驚訝得張大了嘴。人們顯然都感到迷惑不解。這位沉默冷淡的人可真是約翰嗎？他的微笑和熱情友好的握手到哪兒去了呢？「看起來有點悶悶不樂。」美以美教會牧師若有所思地說道。「好像很自命不凡。」一名浸信會姊妹抱怨著。不過，從群眾邊緣來的白人郵政局長直截了當地表達了白人的看法。「那個該死的黑鬼，」他邊說邊扛起郵件並整理菸絲：「去了北方後滿腦子愚蠢觀念，但這些觀念在亞爾他馬哈行不通。」群眾逐漸散去。

　　浸信會教堂的歡迎會是個失敗。雨水糟蹋了烤肉宴會，打雷讓冰淇淋中的牛奶變酸。晚上的致詞時間來臨時，屋子擠爆了。三位牧師都特地準備妥當，可是不知怎的約翰的舉止似乎掃了一切的興致，他好像非常冷淡又心不在焉，一副拘謹的模樣如此奇怪，以至於美以美教會的弟兄無法興致盎然地進入主題，連一聲「阿們」都引不出來；長老會的祈禱只收到微弱的反應，而浸信會牧師雖然喚起了微弱的熱忱，但連他都把自己最喜愛的句子搞混了，以至於不得不比原訂時間提早整整十五

分鐘結束。當約翰站起來回答時，人們不安地在座位上動來動去。他緩慢而有條理地講著。他說，這時代需要新的理念；我們和十七、十八世紀那些人截然不同，我們懷有較寬大的同胞愛和命運等理念。接著他談到慈善和普及教育的興起，尤其是財富與工作的普及。那麼問題是，他望著低而褪色的天花板，若有所思地又說，在新世紀的奮鬥中，這個國家的黑人要扮演什麼角色。他用模糊的輪廓概略敘述可能在這些松樹中間興建的新職業學校，他詳細談到可以組織起來的慈善工作，談到可以存錢在銀行或存錢做生意。最後他敦促團結並竭力反對宗教和教派的爭吵。「今天，」他面帶微笑說道：「世人不在乎一個人是浸信會教徒或美以美派教徒，甚至是不是教徒，只要他善良而真誠。一個人在河裡受洗，或是在臉盆中受洗，或完全沒有受洗，究竟有什麼差別呢？讓我們放下那一切小節，把目光放遠放高。」然後，他想不出別的話要說，即慢慢地坐下。擁擠之聽眾頓時一片肅靜，令人倒胃口。他們幾乎都聽不懂他所說的一切，因為他講得一口陌生的語言，除了最後有關受洗的話語；[8] 他們明白那句話，於是非常安靜地坐著，而時鐘滴答作響。然後，從阿們角落終於傳來忍住的低聲怒吼，一位彎腰的老人站了起來，走過座位，直接爬上講壇。他滿臉皺紋，膚色黝黑，稀疏的灰髮結成簇狀；他的聲音和雙手彷彿患了麻痺般抖著，臉上卻浮現宗教狂熱分子劇烈出神的表情。他用粗糙的大手抓著《聖經》，舉起《聖經》兩次卻說不出話來，然後

---

8 這是指〈使徒行傳〉第二章第一至十一節。當聖靈在五旬節降臨使徒們身上時，他們用自己不懂的語言交談，而這些語言由其他國家來的人加以詮釋。然而，在本文裡約翰的意思仍舊隱而不宣（Gates and Oliver, 149, n.8）。

話匣子忽然開啟，一陣突如其來且滔滔不絕。他顫抖著、搖晃著、彎著身子，接著威風凜凜地挺直身子，直到台下群眾呻吟哭泣著，或哀號大叫，然後狂呼尖叫傳自各個角落，此刻所有被壓抑的情緒逐漸增強而爆發出來。[9]約翰並不清楚那個老先生所說的話，只覺自己由於侵犯真正的大宗教，因而被列舉為嘲笑與尖刻抨擊的對象；他驚訝地意識到自己全然無知地粗魯，無禮干涉這小天地視為神聖之物。他靜靜地站了起來，然後走出去，走進黑夜中。在斷續的星光下，他朝著海邊走去，隱約意識到膽怯地跟在後頭的姑娘。當他最後站在懸崖上時，他轉身面對妹妹，傷心地望著她，突然痛苦地回想自己多麼疏於關心她。他用手臂挽著她，讓她那熱情的淚水盡情地在他的肩膀上流著。

他們在一起站了良久，望著滾動的灰色海水。

「約翰，」她說：「讀書而學到許多事物會讓人不快樂嗎？」

他停了下來且面露微笑。「恐怕是如此。」他說。

「那麼，約翰，你高不高興自己讀過書？」

「是的。」回答雖然緩慢卻很正面。

她注視著閃爍的燈光照在海面上，然後若有所思地說：「但願我不快樂，而且──而且，」她兩隻手臂抱著他脖子：「我認為我有點不快樂，約翰。」

幾天過後，約翰走到法官家，請求教黑人學校的特權。法官本人在前門和他碰面，有點嚴厲地盯著他看，然後粗魯地說：「約翰，繞到廚房門口等候。」約翰坐在廚房台階上凝視

---

9 這個老人表現出杜博依斯在第十章〈論祖先之信仰〉所討論的「狂熱」（Gates and Oliver, 150, n.9）。

著玉米，十分困惑不解。他到底是怎麼回事？他一步步都冒犯了人。他要來拯救子民，卻在離開車站前傷了他們。他設法在教堂教導他們，卻激怒了他們最深的情感。他訓練自己要尊敬法官，卻不慎闖至其前門。他一直存心為正，可是，可是，不知怎的，他發現要再適應舊環境或找到自己在周遭世界的位置是多麼困難和奇怪。他回想不起來自己在過去有任何困難，當時生活高興愉快，世事似乎平順自在。或許——但就在當下他妹妹來到廚房門口，說法官在等他。法官坐在餐廳，桌上是早晨的信件，他沒有請約翰坐下，就直截了當談正事。「我想你是為教職而來的吧。嗯，約翰，我要清楚地告訴你。你知道我是你們黑人的朋友。我幫過你和你的家人，要是你當初沒有離開的念頭，我會做更多。喏，我喜歡黑人，贊同他們合理的抱負；不過，約翰，你我都知道：在這個國家裡，黑人必須一直居下屬的地位，永遠無法指望跟白人平起平坐。在下屬地位上，你們黑人可以誠實而受尊敬，天曉得，我會盡量幫助他們。但是當他們要倒轉自然，要統治白人，娶白種女人並坐在我的客廳時，那麼，天啊！我們會壓制他們，縱使我們不得不對國內的每位黑鬼處以私刑。在這種情況下，約翰，問題是，以你的教育和北方觀念，你願意接受這處境並教導黑仔當忠實僕人和勞工嗎？就像你的祖先，約翰，我認識你父親，他是我哥哥的（黑奴），他是個好黑鬼。唉，唉，你願意像他那樣嗎？還是要設法灌輸愚蠢的起義和平等理念到這些人的腦袋裡，然後使他們不滿足、不快樂呢？」

「韓德森法官，我願意接受這份工作。」約翰答道，他的簡短回答並未逃過這個敏銳的長者。他遲疑了一下，然後立刻說

道：「很好，我們就試用你一陣子，再見。」

　　黑人學校開學整整一個月後，另一位約翰終於返家，他個子高、心情愉快而任性。母親喜極而泣，姊妹們高興歌唱。鎮上所有白人都十分高興。法官得意揚揚，看著父子倆大搖大擺一起走下大街是幅美好景象。然而，兩人之間並非諸事平順，因為年輕兒子無法掩飾也沒有掩飾他對小鎮的輕蔑，而且顯然將心思放在紐約。現在法官所珍視的一項野心，乃是看到兒子成為亞爾他馬哈市長，議會代表以及——說不定——喬治亞州州長。因此兩人的爭論時常愈演愈烈。「天哪，爸爸，」午餐後，兒子點燃雪茄站在壁爐旁時會說：「想必你不會指望像我這樣的年輕人永遠定居在這個——這個偏僻的小鎮吧，鎮上除了淤泥和黑人一無所有？」「我曾這麼指望。」法官會簡短地回答；值此特殊的日子，從他逐漸皺起的眉頭看來，他好像即將補上更堅決的某些話，可是鄰居們已經開始順道過來讚賞兒子，談話隨之順其自然。

　　「聽說約翰讓黑仔學校生氣蓬勃起來了。」郵政局長在一陣停歇後主動說道。

　　「怎麼回事？」法官尖銳地問道。

　　「哦，沒啥特別的事，只是他全能的神情和傲慢的作風。我想我確實聽說他談論法國大革命、平等及諸如此類的議題。[10]他是我所謂的危險黑鬼。」

　　「你聽過他說什麼不妥的話嗎？」

　　「哦，沒有——不過莎莉，我們的女兒，告訴我太太一堆蠢

---

10 郵政局長使用法國大革命這個典故，是為了警告法官，法官會把法國大革命的平等理念和血腥的政變聯想在一起（Gates and Oliver, 151, n.1）。

話。其實我也不需要聽：一名黑鬼不願對白人說『先生』，或者──」

「這位約翰是何許人？」兒子打岔問道。

「就是珮琪的兒子，小黑人約翰──你的童年玩伴。」

這位年輕人因生氣而臉紅，然後他笑了。

「哦，」他說：「就是那位黑仔，他想要坐在我所護送的那位女士旁邊的位置──」

但韓德森法官沒有繼續聽下去。他一整天都不爽，現在聽到上述的話差點咒罵出聲，於是站起身子，拿了帽子和拐杖直接走到學校。

對約翰而言，將那些搖晃不牢的老舊小屋整理一番充當學校，倒是費盡艱辛和漫長的工夫。黑人分裂成支持他和反對他兩派，家長們不在乎，學童髒兮兮且上課不規律，書本、鉛筆與石板大都不見了。儘管如此，他依然抱著希望奮鬥不懈，似乎終於看到一些曙光。本週出席人數較多，學童亦乾淨些。連笨蛋閱讀班都顯示出一些令人欣慰的進步。因此，今天下午約翰再次耐心地靜下心來教導。

「喏，曼娣（Mandy），」他高興地說：「好多了，不過你千萬別把言辭切成這樣：『如果──那個──人──走了。』唔，連你弟弟都不會那樣說故事，對吧？」

「先生，不會，他還不會說話。」

「好吧，現在讓我們再試一遍：『如果那個人──』」

「約翰！」

全校師生都嚇一跳，老師還沒完全站起身子，只見法官通紅的忿怒面孔出現在敞開的門口。

「約翰，學校結束上課了。你的學童可以回家做事。亞爾他馬哈的白人不要花錢在黑人身上，讓他們滿腦子盡塞些無禮和謊言。滾吧！我自己鎖門。」

在北邊的圓柱大宅裡，那位高個子青年在他父親突然離開後，漫無目的地在周遭閒逛。家中令他感興趣的事物少之又少：書本老舊，地方報紙平淡乏味，女士們或頭痛或要縫衣服，都退至閨房。他試著打個盹，可是天氣太熱，於是溜達出去到田野，不滿地抱怨著：「天啊！這種囚禁要持續多久啊！」他並不是個壞蛋，只是有點被寵壞而自我放縱，而且像他自大的父親那樣任性。他坐在松林邊緣的巨大黑樹樁上，閒散地邊蕩著雙腿邊抽著菸，似乎是個賞心悅目的青年。「唔，連一個值得高尚調情的姑娘也沒有。」他咆哮著說。話一出口，目光即瞥見一苗條多姿的高䠷身影在狹窄的小徑上朝他匆匆走來。他起初興趣盎然地望著，然後突然笑出來，說道：「唉呀，可不是棕色皮膚的廚房小女傭珍妮！咦，我以前從未注意到她身材多麼苗條。嗨，珍妮！唔，自從我回家以來，你都還沒吻過我呢！」他興高采烈地說。年輕姑娘驚訝而侷促不安地盯著他看——結結巴巴地說些含糊不清的話語，然後試著通過。可是，這個遊手好閒的青年一時情緒任性起來，要抓她的手臂。她受到驚嚇之餘溜走了；他有點惡作劇地轉身，穿過高大松林追著她跑。

彼方，朝向大海處，在小徑盡頭，約翰低著頭緩慢地走來。他原先從學校疲憊地踏上歸家之路；接著，想到不能讓母親知道這個打擊，乃動身去跟下班的妹妹會面，要把他被解僱的消息透露給她聽。「我要離開，」他緩慢地說道：「我要到別

的地方找工作，再接他們過來。我再也無法在這裡過日子了。」此時埋藏的憤怒湧上喉頭。他揮舞著手臂，激動地朝小徑匆匆北上。

棕色的大海沉靜無聲。空氣幾乎無聲無息。將盡之白日使彎曲的橡樹叢和大松樹叢籠罩在黑色與金色的光彩中。風並未帶來任何警訊，無雲的天空也沒有一絲呢喃。只有一名黑人心情沉痛地匆匆趕路，既未看著夕陽，亦未望著大海，但是當他聽到喚醒松樹的驚嚇叫聲時，彷彿從夢中醒來般嚇了一跳，他看到自己的黑皮膚妹妹在一位高個子金髮男子的懷抱中掙扎著。

他不發一語，抓起一根掉落的樹枝，用盡黑色大手臂的一切鬱恨打他，結果他的軀體發白，一動也不動地躺在松樹下，全部籠罩在陽光與血泊中。約翰彷彿在夢中般注視著軀體，然後輕快地走回家，用溫柔的聲音說：「媽咪，我要離開，我要自由。」

她視力模糊地凝視著他，支支吾吾地說：「北方，蜜糖，你又要去北方嗎？」

他朝屋外望去，望著北極星在大海上方閃爍淡黃色光芒，[11]然後說：「是的，媽咪，我要去——北方。」

接著，他沒有吭聲就走出去，走進狹窄的巷弄，走上挺直的松樹旁，走到同樣的彎曲小徑，然後坐在巨大的黑樹樁上，注視著身體躺過的地方的血跡。在灰色的往昔盡頭，他曾經和那死去的男孩一起玩耍，一起在黝暗的樹下嬉鬧。夜更深了，他想起約翰鎮男孩。他不知道布朗（Brown）結果怎麼樣，還

11〔譯注〕北極星對廢奴主義運動而言象徵自由，蓋其光芒指引黑奴方向。

有凱瑞（Carey）呢？還有瓊斯──瓊斯，唉呀，他就是瓊斯，他不知道他們大夥兒曉得之後會怎麼說，他們在那間長長的大餐廳，有好幾百隻眼睛看著。隨著星光的光芒悄悄照在他身上，他想起那間巨大音樂廳的鍍金天花板，並聽到天鵝微弱的甜蜜音樂悄悄朝他傳來。聽啊！那是音樂嗎？或是人們趕路和喊叫的聲音？當然是！微弱的甜美旋律清晰而宏亮地想起，像活生生的東西飄動著，因此泥土本身顫抖著，就像馬匹的沉重腳步聲和忿怒男人的咕噥聲。

　　他往後靠並朝向響起奇怪旋律的大海微笑，離開那些黑暗的陰影，那兒有著馬匹疾馳、不斷疾馳的雜音。他費勁提起精神，身子向前傾，鎮定地沿著小徑往下望去，輕哼著〈新郎之歌〉：

　　　　興高采烈被指引，前往那地。[12]

　　在朦朧的晨曦裡，他在林中注視著樹影舞動，然後聽到馬匹轟隆朝著他奔來，直到最後他們向暴風雨般湧至，他看到領頭那個憔悴的白髮男子，雙眼冒出忿怒的紅火。哦，他多麼憐憫他──憐憫他──且納悶著他是否帶了彎曲盤繞的繩子。然後，隨著暴風雨衝著他闖來，他慢慢地站起身子，將閉著的眼睛轉向大海。

　　而世人在其耳中呼嘯著。

---

12 此句之原文 "Freulig gef hrt, ziehet dahin" 改寫自《羅英格林》的〈婚禮進行曲〉第一行。杜博依斯把 treulich（忠實地）改寫為 freulig（高興地）（Gates and Oliver, 154, n.2）。

第十四章

悲歌

我走過大教堂墓地

要讓這軀體躺下；

我知道月出，我知道星出；

我走在月光下，我走在星光下；

我將伸展手臂躺在墳墓裡，

我將在這天晚上接受審判，

我靈與祢靈將在那天會合，

當我讓這軀體躺下。

——黑人歌曲[1]

---

1 詩行出自黑人靈歌〈讓這軀體躺下〉（"Lay This Body Down"）。樂曲引自黑人靈歌〈摔角的雅各〉（"Wrestling Jacobs"）（Gates and Oliver, 154, n.1）。

　　他們昔日在黑暗中行走時唱著歌 —— 悲歌 —— 蓋其內心疲憊。因此我在本書所寫的每一章想法前面，都放置了一段樂曲，是這些奇異老歌難以忘懷的回音餘響，黑奴的靈魂在那些老歌中向人們吐露心聲。自從孩提時代以來，此等歌曲一直莫名其妙地打動我。它們雖一首接一首皆來自我不熟悉的南方，而我卻立刻知悉它們與我有關，且是我個人的一環。後來當我來到納許維爾時，我看到靠這些歌曲建造起來的大寺廟，聳立在這個黯淡的城市上方。對我而言，黑人歡樂民歌大樓似乎一向都是由這些歌曲所組成，[2] 它的牆磚由於辛勞的血與塵而呈現赤紅色調。早晨、中午和夜晚，陣陣奇妙的旋律在在從這些牆磚為我響起，滿載著我弟兄姊妹的聲音、滿載著昔日的聲音。

　　除了上帝本身在北美洲胸膛蓋上粗獷的宏偉印記外，美國給予世人之美少之又少。人類精神在這新世界中以活力和獨創而不是以美表露出來。於是在因緣際會下，黑人民歌 —— 奴隸有節奏之呼喊 —— 今天不僅是獨一無二的美國音樂，也是源於渡海前人類經驗至美之表現。它一直被忽略，一直多少受到鄙視，至今猶是，最糟糕者，它一直給弄錯且遭誤解，儘管如此，它仍舊是美國獨樹一幟的精神遺產，也是黑人最偉大的天賦。

　　遠在過去三〇年代，這些奴隸歌曲的旋律曾經感動國人，但歌曲不久就幾乎給遺忘得一乾二淨。有些歌曲，如〈在柳樹低垂之湖邊〉，流入當前的曲調中，其來源則遭遺忘；其他

2〔譯注〕黑人歡樂民歌大樓（Jubilee Hall）是田納西州納許維爾（Nashville）的費斯克大學之主要建築，靠費斯克民歌合唱團於 1871 年起在美國與歐洲巡迴演唱之基金建造的。合唱團之募款讓費斯克大學得以度過早期瀕臨破產之難關。

歌曲在「滑稽劇團」舞台秀上被誇張模仿，[3]而其記憶則漸漸消失。然後，在戰時，獨樹一幟的皇家港試驗在攻占希爾頓岬（Hilton Head）之後出現了，[4]或許北方首次沒有第三者在場見證，直接面對面、推心置腹和南方奴隸會晤，而會晤的南北卡羅萊納州的海島，遍布著原始類型的黑人，比起黑色地帶以外的任何別種黑人，更少受周遭世界的觸動與左右。其外表雖粗魯，語言雖古怪，然心靈卻與凡人無異，而其歌唱則強烈撼動人心。湯瑪士‧溫華斯‧希金森迫不及待要訴說這些歌曲，[5]而麥金小姐則和其他人向世人鼓吹其稀有之美。[6]惟世人僅半信半疑地聽著，直至費斯克歡樂民歌合唱團將奴隸歌曲如此深刻地唱進世人心中，以至於世人永遠不會再全部忘光。[7]

　　曾經有位鐵匠之子，出生於紐約州的卡地茲（Cadiz），在時機變換中他在俄亥俄州教書，然後協助防衛辛辛那提（Cincinnati）以免受柯比‧史密斯之入侵，[8]接著參加陳舍勒司

---

3 在這種舞台表演中，扮黑人的白人表演者用黑人方言唱歌和講話。吟遊詩人大量仰賴種族刻板印象（Gates and Oliver, 155, n.3）。

4 〔譯注〕參見第二章注10、11和12。

5 〔譯注〕湯瑪士‧溫華斯‧希金森（Thomas Wentworth Higginson, 1823-1911）係美國單一神教牧師、廢奴主義者兼作家。內戰期間擔任南卡羅萊納州第一志願兵團少校指揮官。它寫過一本《靈歌》（The Spirituals, 1867），專門研究黑人音樂。

6 〔譯注〕麥金小姐（Miss Lucy McKim Garrison, 1842-1877）為出身費城的歌曲收集者；1862年隨著主張廢除奴隸制度的父親前往南卡羅萊納州的海島視察自由民之狀況，讓她有機會接觸到黑人音樂，在皇家港（Port Royal）有系統地收集並描述其特徵，與威廉‧法蘭西斯‧艾倫（William Francis Allen）和查爾斯‧皮克‧威爾（Charles Pickard Ware）合編《美國的奴隸歌曲》（Slave Songs of the United States）。

7 〔譯注〕費斯克歡樂民歌合唱團（Fisk Jubilee Singers）係由費斯克大學學生組成之合唱團，於1871年開始巡迴演唱為學校募款。

8 〔譯注〕柯比‧史密斯（Edmund Kirby Smith, 1824-1893）為出身美國佛羅里達的美國職業軍官，內戰期間為南方邦聯將軍，1862年率軍入侵肯塔基州，位於其北邊之辛辛那提（Cincinnati）於是受到威脅。

維爾[9]和蓋梯茨堡戰役，[10]最後在納許維爾的自由民事務局服務。
1866年，他在此地組成黑人兒童主日班，教他們唱歌並跟他們
一起唱。然後他們教他唱，當歡樂民歌的榮耀一度傳入喬治‧
懷特的靈魂時，[11]他明白個人一生的志業乃是讓那些黑人唱給世
人聽，正如他們唱給他聽一般。費斯克歡樂民歌合唱團之旅程
遂於1871年啟動。他們乘坐馬車至北邊的辛辛那提──四位穿
著不齊全的黑人男孩與五位少女／姑娘──由一名懷抱大義與
目標的男人帶領。他們在威柏佛斯停留，那是最古老的一所黑
人學校，校方一名黑人主教祈神保佑之。然後他們繼續北上演
唱，抵抗寒冷和飢餓，遭到旅館的閉門羹，受到冷嘲熱諷，而
其歌曲之魔力總是不斷激動人心，直至歐柏林的公理會堂上一
陣掌聲使之為世人所知。[12]他們來到紐約，而亨利‧華德‧比
丘竟敢歡迎之，[13]即使大都會的日報皆以他的「黑鬼吟唱團」加
以譏笑。因此，直至他們巡迴全美，跨越大海，在英國女王和
德國皇帝面前演唱，在蘇格蘭和愛爾蘭、荷蘭和瑞士，其歌曲

9〔譯注〕陳舍勒司維爾（Chancellorsville）位於維吉尼亞州，該戰役係美國內戰
　之重要戰役，發生於1863年4月30日至5月6日，南方邦聯獲勝。
10〔譯注〕蓋梯茨堡（Gettysburg）位於賓州，該戰役係美國內戰中傷亡最慘重之
　戰役，發生於1863年7月1日至3日，北方軍擊敗南方軍之攻擊，結束李將軍
　（Gen. Robert E. Lee）入侵北方之企圖，常被視為內戰之轉捩點。四個半月後
　（1863.11.19）林肯總統在紀念陣亡將士之軍人公墓儀式上發表著名的「蓋梯茨
　堡演說」。
11〔譯注〕喬治‧懷特（George L. White）是費斯克大學之財務長兼聲樂教授，他
　在1867年創立了九人歡樂民歌合唱團。
12 在1871年11月15日，費斯克黑人民歌合唱團由於在歐柏林學院的公理會全國
　會議（the National Council of Congregational Churches of Oberlin College）的聚
　會中演出而聲名大噪（Gates and Oliver, 156, n.1）。
13〔譯注〕亨利‧華德‧比丘（Henry Ward Beecher, 1813-1887）為美國公理會牧
　師、社會改革者，他支持廢除奴隸制度。他是歡樂民歌合唱團最早的支持者之
　一，由於其贊助與邀請，歡樂民歌合唱團遂逐漸打開名氣。他妹妹哈麗葉‧比
　丘‧史陀（Harriet Beecher Stowe）是知名作家。

終於走紅。他們唱了七年之久，帶回15萬美元而創立費斯克大學。

自從他們走紅以來，即一直受到爭相模仿，有時被漢普頓和亞特蘭人的歌手模仿得維妙維肖，有時則被零星的四重奏模仿成四不像。誇張的模仿再度試圖搞砸這種音樂的古雅美，使樂曲充斥著低俗旋律，庸俗的耳朵幾乎無法和真的旋律區分。不過，真正的黑人民歌仍舊活在聽過民歌實際演唱的那些人心中，也活在黑人心中。

這些歌曲是什麼呢？其意涵何在？我對音樂所知甚少，用專業術語難置一詞，[14]不過我對人性有些認識，由於我認識這些歌曲，所以知道它們是奴隸要向世人表達的訊息。它們告訴處於此渴望時代中的吾人說：生活對黑奴而言是喜樂的，他們無憂無慮而開朗。在一些歌曲中，在許多歌曲中，我可以輕易相信這一點。但昔日的南方雖死而復生，卻不能全盤否認這些歌曲令人同情的見證。它們是一個憂愁民族的音樂，是失望的產物；它們訴說著死亡、苦難，以及對一更真實世界的默默渴望，也訴說著迷濛的流浪和隱祕的途徑。

這些歌曲確實是數世紀以來篩選的結果；樂曲遠比歌詞古老，從中我們到處可以追溯其發展跡象。兩個世紀以前，我祖父的祖母遭到一名邪惡的荷蘭商人逮捕，[15]後來來到哈德森河和胡沙同尼河河谷，她膚色黝黑、個子嬌小而肢體輕盈，在嚴寒

---

14 杜博依斯雖然不是音樂學家，但是他對音樂的了解不只一點點而已。他是費斯克的莫札特學會（Mozart Society）會員，在韓德爾的《彌賽亞》（Handel's *Messiah*）歌劇中演唱（Gates and Oliver, 156, n.3）。

15 杜博依斯在此地所指的女祖先嫁給他祖父的祖父，名叫湯姆‧伯哈特（Tom Burghart）（Gates and Oliver, 157, n.4）。

的北風中哆嗦而縮著身子，渴望地注視著丘陵，時常哼著異教
的旋律給夾在兩膝間的孩子聽，[16]曲調如下：

孩子長大後唱給子女們聽，子女們再唱給後代的子女們
聽，如此經過二百年它傳至我們耳裡，就唱給孩子們聽，對於
歌詞的可能意涵雖然像我們的祖先一樣知道得少之又少，但是
對於樂曲的含意則一清二楚。

這是原始的非洲音樂，可從〈約翰之降臨〉一文前面的奇
異詠唱見其梗概：

你（們）可以把我葬在東方，

你（們）可以把我葬在西方，

但我在那天早晨會聽到喇叭聲[17]

——放逐之聲音。

16　該旋律名稱不詳（Gates and Oliver, 157, n.5）。
17　出自黑人靈歌〈你（們）可以把我葬在東方〉，又稱〈我會聽到喇叭曲〉（Gates and Oliver, 157, n.6）。

　　人們可從這座旋律森林中挑出大概十首主歌曲，肯定是源自黑人，而且是當前廣受歡迎、獨具奴隸特色的歌曲。我剛才提到其中一首。另外一首是〈無人曉得我所經歷的苦難〉，這首歌曲的旋律開啟了本書。當美國突然遭受貧窮襲擊時，它拒絕履行給予自由民土地的承諾，一名准將南下海島傳達此訊息。群眾外圍一名老嫗開始詠唱這首歌；其他群眾跟著她唱，邊唱邊搖。軍人則感動落淚。

　　第三首歌是眾所周知的死亡搖籃曲，〈甜蜜的馬車，輕輕地搖〉，這首歌的小節開啟了〈亞歷山大・克倫梅爾〉的生平故事。然後是眾多流水之歌〈滾吧，約旦河，滾吧〉，一首具有小調終止式的強人合唱曲。有許多難民的歌曲，像開啟〈亞塔蘭大之翼〉那一首，以及較熟悉的〈一直在聽著〉。第七首是結束與開始之歌，〈主啊，當星星開始墜落時，何等哀慟！〉，這首歌的一個曲調放在〈自由之曙光〉前。探索之歌──〈我路朦朧〉──開啟〈進步之意義〉；第九首是本章的歌曲──〈摔角的雅各，天亮了〉──是一首歡樂頌，滿懷希望的奮鬥。最後一首主歌曲是曲中曲──〈悄悄溜回家〉──源自〈祖先之信仰〉。

　　有許多其他黑人民歌像這十首那樣突出而具有特色，譬如第三章、第八章、第九章的三首曲調；其他的歌曲在較科學的原則下，我確定可輕易上榜。也有一些歌曲在我看來似乎距較原始的類型僅一步之隔：像迷宮般的集成曲〈光亮耀眼〉，其中一樂句開啟了〈黑色地帶〉；復活節頌歌〈塵、塵與燼〉；輓歌〈我媽已逃之夭夭並回家了〉；還有那迸發的旋律盤旋在〈長子之去世〉上方──〈希望我媽會在那美麗的天上世界〉。

　　這些民歌代表奴隸歌曲發展的第三階段；在奴隸歌曲中，
〈你（們）可以把我葬在東方〉是第一階段，而像〈繼續前進〉
（第六章）和〈悄悄溜回家〉等歌曲是第二階段。第一階段是非
洲音樂，第二階段為非裔美國音樂，而第三階段則融合黑人音
樂與在收養國聽到的音樂，雖然結果仍明顯具有黑人特色，且
融合之手法創新，但成分則兼具黑人與白人文化。人們可以更
進一步找出這項發展的第四階段，其中白種美國歌曲顯著受到
奴隸歌曲的影響，或者吸納黑人旋律的整個樂句，如〈史灣尼
河〉與〈老黑爵〉。[18]而貶抑和模仿也和成長同時並存——黑人
「滑稽說唱團」歌曲、許多「福音」聖歌及一些當代「黑鬼」歌
曲[19]——一大堆樂曲，新手可能容易在其中喪失自我，永遠找
不到真正的黑人旋律。

　　我說過奴隸在這些歌曲中向世人表達心聲。這樣的訊息
自然含蓄且欲言又止。文字和音樂彼此無法融合，一知半解的
神學新術語和偽術語取代了舊情緒。偶爾，我們聽到某種不明
語言的陌生字眼，例如〈浩瀚的謬〉（"Mighty Myo"），它是
指死亡之河；較常見者，微不足道的字眼或打油詩結合了出色
的甜美音樂。純粹的世俗歌曲甚少，部分由於嬉鬧鮮被陌生人
聽見，這種音樂不常聽到。然而在幾乎所有歌曲中，音樂顯然
都是悲傷的。我提到的十首主歌曲用文字和音樂訴說煩惱與放

18〔譯注〕此兩首歌（"Swanee River " 和 "Old Black Joe"）均出自美國民歌、鄉謠
　　作家史蒂芬‧佛斯特（Stephen Foster, 1826-1864）之手，他被譽為美國音樂之
　　父，最膾炙人口之歌曲包括〈噢！蘇珊娜〉（"Oh! Susanna"）、〈我的肯塔基老
　　家〉（"My Old Kentucky Home"）、〈美麗的夢者〉（"Beautiful Dreamer"）等。
19〔譯注〕「黑鬼」歌曲（"Coon" songs）以呈現刻板印象之黑人為主之音樂文類，
　　用於滑稽說唱團表演之種族歧視歌曲，以一名叫吉普‧困（Zip Coon）之角色
　　為諷刺對象。

逐、奮鬥與躲藏；它們摸索著朝向某種無形的力量，然後嘆求最後的安息。

　　遺留給吾人之文字並非索然無趣，而且此等文字去除明顯的糟粕後，在傳統的神學與空洞的狂熱讚詞底下，隱藏著許多真正的詩篇和豐富的意涵。奴隸像許多原始人一樣接近大自然的核心。生命乃「狂暴之滾滾大海」，正如海島周遭的棕色人西洋；「荒野」乃上帝之家，而「孤獨之谷地」導引著生活方式。「冬天不久就會過去」對熱帶想像而言，乃是生與死的寫照。南方突如其來的狂風雷雨讓黑人肅然起敬而印象深刻，那轟隆聲對他們而言，時而「悲慟」時而專橫：

　　我主呼喚我，
　　祂用雷聲呼喚我，
　　喇叭在我靈魂中響著雷聲。[20]

　　單調的苦役和曝曬用許多文字描繪。有人看到犁田農夫在炎熱潮濕的耕地中唱道：

　　沒有雨淋濕你，
　　沒有太陽曬黑你，
　　哦，向前推吧，信徒，
　　我要回家囉。[21]

20〔譯注〕出自黑人靈歌〈悄悄溜走（到耶穌那兒）〉（"Steal Away to Jesus"）。
21〔譯注〕出自黑人靈歌〈我要回家囉〉（"I Want to Go Home"）。

那彎腰曲背的老人哭喊著，重複哀號三次：

主啊，別讓我向下沉淪，

然後他斥責懷疑的魔鬼，祂會低聲說：

耶穌已死，上帝離開了。[22]

然靈魂之飢餓仍在、野蠻人之不安、流浪者之哀號與悲嘆都放在一個小樂句中：[23]

My soul wants some thing that's new、 that's new

恐懼的陰影一直籠罩著奴隸的內在思緒及其彼此間的關係，因此我們只得到零星的粗淺了解，也隨之得到意味深長的省略和沉默不語。母與子被歌頌，卻難得歌頌父親；逃犯和疲憊之流浪者需要憐憫與情義，卻鮮少求愛與婚禮；奴隸熟知岩石與山岳，卻不知家在哪。從疊句中唱出愛與無助的奇怪融合：

22〔譯注〕出自黑人靈歌〈別讓我向下沉淪〉（"Keep Me from Sinking Down"）。
23〔譯注〕出自黑人靈歌〈我的靈魂需要新花樣〉（"My Soul Want Something That's New"）。

那邊是我的老媽咪，

在丘陵上搖擺走動很久；

該是她跨越的時候，

慢慢走回家去。[24]

　　別處傳來「沒有母親的小孩」的叫喊及「再會吧，再會吧，我的獨生幼兒。」

　　情歌很少，分成兩類：輕浮娛樂者與悲傷者。對於深刻成功的愛情，則有預示不祥的沉默。這些歌曲最古老一首具有深遠歷史與意義：[25]

24〔譯注〕出自黑人靈歌〈在渡口處〉（"Over the Crossing"）。

25〔譯注〕出自黑人靈歌〈可憐的羅希〉（"Poor Rosy"）。

　　一名黑人婦人講到這首歌時說：「沒有滿腔的熱情和憂慮的心境，唱不來這首歌。」此處所唱的聲音和一首德國民歌一模一樣：

　　現在我要去那口井，但不是去喝水。[26]

　　黑人對於死亡顯得幾無懼色，而是司空見慣，甚至天真地加以談論，認為不過是跨海罷了，說不定——誰曉得？——重返其古代森林。末日轉變了他的宿命論，在塵土與爛泥當中，埋頭苦幹的奴隸唱道：

　　塵、塵與爐，飛過我的葬身之地，
　　但主將載我的靈魂回家。[27]

　　一些顯然從周遭世界借用的事物，一旦進了奴隸口中即會經歷獨特的變化。這尤其適用於《聖經》片語。「哭泣吧，錫安被擄的女子哪」奇妙地變成「錫安，輕聲哭泣」，而以西結的輪子在奴隸的神祕夢境中給徹底轉向了，[28] 直到他說：

　　有具小輪在我的心中轉動著[29]

26　出自德國民歌〈現在我要去那口井，但不是去喝水〉（"Jetzt gang I ans Brunnele"）（Gates and Oliver, 160, n.6）。
27〔譯注〕出自黑人靈歌〈塵與爐〉（"Dust and Ashes"）。
28〔譯注〕參見〈以西結書〉（Ezekiel）第一章第十五至二十八節。
29〔譯注〕出自黑人靈歌〈有具小輪在轉動著〉（"There is a Little Wheel a-Turnin'"）。

正如往昔，這些聖歌文字被宗教樂團的某位主唱演員就地取材。然而，集會情況、歌曲韻律與正當想法的限度，大抵將詩詞限制在一或兩行，甚少擴充至四行詩或更長的故事，雖然有少數較長作品的例子，主要是《聖經》釋義。三首短詩系列一直吸引著我，其中一首在本章開頭，湯瑪士·溫華斯·希金森針對其中一行中肯地說道：「我似乎覺得：自從人開始生活並受苦以來，他對安寧的無限渴望沒有比這首吐露得更為哀怨了。」第二和第三首都是世界末日的描寫，其中一首為晚期即興之作，有些外來影響的痕跡：

噢，群星在惡劣天氣中殞落，
月亮也滴蝕成血，
而主所贖回的正在回歸上帝，
神聖的必定是主的名。[30]

另一首較早期而普通的畫面來自沿海低地：

麥可，把船拖到岸邊，
然後你會聽到他們吹的號角，
然後你會聽到喇叭聲，
附近世界的喇叭聲，
為富人和窮人吹的喇叭聲，
喇叭吹出大赦年，

30〔譯注〕出自黑人靈歌〈我的主啊，何等哀慟！〉（"My Lord, What a Mourning!"）。

為你和我吹的喇叭聲。[31]

從悲歌的所有哀傷中，尚流露一絲希望，相信萬物的最後
正義。絕望的小調往往轉變成勝利與平靜自信。時而對生命有
信心，時而對死亡有信心，時而確信在某個未來的美麗世界有
無盡的正義。不過，不論是哪一種，其意義總是一清二楚：日
後在某處，人們評斷他人，會依其靈魂而非膚色。這樣的希望
有正當理由嗎？這些悲歌有唱出真相嗎？

這時代默默滋長的臆斷乃是：種族的見習期已過，今天
的落後種族已經證實為無能而不值得拯救。這樣的臆斷乃是對
大時代不敬且對人們行為無知的民族傲慢。一千年前，這樣的
臆斷——頗有可能——會使條頓人難以證明其生存權利。二千
年前，這種武斷態度——易受歡迎——會不信金髮種族領導文
明的理念。社會學知識沒有條理到如此可悲，以至於進步的意
義、人類行為的「快」與「慢」的意義，以及人類可臻完美的
限制，都是科學岸上模糊、未解之獅身人面像。為何埃斯克
勒斯在莎士比亞出生前二千年即詠唱矣？[32] 為何文明在歐洲鼎
盛，在非洲卻閃爍、燃燒而熄滅呢？只要世人在這些問題前膽
小無言，美國白人即可藉此不給予那些人機會的自由，因而顯
示其無知與褻瀆之偏見乎？何況那些人將這些悲歌帶到至高者
的王位？

你們的國家？為什麼是你們的？我們在清教徒登陸前即在

31〔譯注〕出自黑人靈歌〈麥可，把船划到岸邊〉（"Michael, Row the Boat Ash-
    ore"）。
32〔譯注〕埃斯克勒斯（Aeschylus，西元前525/524-456/455）為古希臘詩人兼悲
    劇作家，常被描述為悲劇之父。

此地。[33] 我們帶來三項天賦，並與你們的混在一起：故事與歌曲的天賦，在一不和諧、音調不悅耳的國度上帶來輕柔、振奮人心的旋律；流汗與筋力的天賦，比你們軟弱的雙手所能做的早二百年即開發荒野、征服土壤，並奠定該廣大經濟帝國的基礎；第三項為心靈的天賦。該國之歷史圍繞著我們長達三百年之久；我們從該國的心臟召喚所有君子，藉以壓抑、制伏所有小人；火和血、禱告和犧牲曾滾滾翻騰過此民族身上，而他們只能在正義上帝的神壇上找到安寧。我們的心靈天賦亦非消極被動而已。我們主動積極地將自己織進該國之經緯紗中：參與其戰爭，分享其悲傷，將吾人之血液與之交混，而且，一代又一代，一直懇求一個任性粗心之民族別蔑視正義、慈悲與真理，唯恐國人遭到詛咒。我基於結拜兄弟情誼將歌曲、苦役、歡呼與警告贈送此國家。難道這些禮物不值得贈送乎？上述之事難道不是工作與奮鬥乎？美國若無黑種人，會是當今之美國乎？

即使如此，在我祖先歌曲中所唱的希望依然唱得好極了。如果在萬物的旋轉與混亂中的某處居住著永恆之善，令人同情卻派頭十足，那麼不久祂的時機一到，美國將刺破大面紗，而囚禁者將獲得自由，猶如陽光沿著清晨灑進我的這些高窗般，猶如彼處清新的年輕聲音從下面磚塊與灰泥湧上我耳際般──隨著歌曲而逐漸增強、生氣蓬勃、震顫的男高音與令人憂傷的男低音。我的孩子們，我的小孩子們正在對著陽光歌唱，他們如此唱道：[34]

---

33 清教徒（the Pilgrims）於 1620 年登陸麻薩諸塞州的普利茅斯岩（Plymouth Rock）。最早之非洲人在 1619 年即登陸北美洲，即維吉尼亞州之詹姆士鎮（Jamestown）。他們不是當奴隸就是當契約僕役（Gates and Oliver, 162, n.4）。

34 〔譯注〕出自黑人靈歌〈讓我們為疲憊的旅者歡呼〉（"Let Us Cheer the Weary Traveller"）。

而旅者做好準備，面向早晨，然後踏上旅途。

後記

上帝讀者啊，傾聽在下之吶喊；保證本拙著不至於胎死腹中而淪落在世界的荒野中。溫柔之上帝，讓思想活力與體貼的行為從書頁中躍出，俾獲得奇妙收穫。在這淒涼的日子，當人類的兄弟情誼是嘲弄及一種陷阱時，讓一個有罪民族的耳朵聽到真理而感到震撼，讓七千萬人為提升國家正義而嘆息。因此，在祢的良辰吉日，但願無窮的理性可將糾葛理直，但願這些彎曲的記號在一張易碎的書頁上確實不會是 [1]

終結

1【譯注】最後一行的英文（"Thus in Thy good time may infinite reason turn the tangle
straight, and these crooked marks on a fragile leaf be not ..."）令人想起《舊約聖經》
〈傳道書〉（Ecclesiastes）第一章第十五節和第七章第十三節，這兩節的英文如
下：

That which is crooked cannot be made straight: and that which is wanting cannot be
numbered. （1:15）Consider the work of God: for who can make that straight, which he
hath made crooked?（KJV）（彎曲的不能變直，缺少的不能足數。〔1:15〕你要
察看神的作為，因神使為曲的，誰能變為直呢？）上帝的作為包含我們預期的
（"straight"），以及令我們困惑難以理解的（"crooked"）。

杜博依斯年表

1868   2月23日出生於麻州的大貝仁頓（Great Barrington, Massachusetts），全名為威廉・愛德華・伯嘉・杜博依斯（William Edward Burghardt Du Bois），是愛佛烈・杜博依斯（Alfred Du Bois）和瑪麗・伯嘉的獨子。隨後父親遺棄家庭，乃跟著母親搬去外祖父奧賽羅・伯嘉的家族農莊，坐落在艾格蒙平原（Egermont Plain）上。

1869-1873   母親出外當家僕。

1872   9月19日外祖父奧賽羅去世，和母親搬回大貝仁頓。

1874-1878   上公立小學，由於功課傑出而跳升一級。

1879   外祖母莎利・伯嘉去世。跟著中風的母親搬到大貝仁頓火車站樓上的房間。

1880-1882   杜博依斯上中學期間和母親住在一位寡婦家後方的四個房間。打零工賺錢，包括賣黑人週報《紐約環球》（*New York Globe*）。買五巨冊麥考利（Macaulay）的《英國史》（*History of England*）。

1883-1885   擔任《紐約年代》、《紐約環球》和其他黑人報紙的通訊記者兼臨時採訪員。

1884	6月畢業於大貝仁頓高中，擔任畢業生致詞代表，論溫代爾‧菲力普斯（Wendell Phillips）。
1885	3月23日母親去世，享年五十四歲。
1885-1888	就讀納許維爾（Nashville）的費斯克大學，從二年級讀起，1988年取得學士學位，代表畢業班致詞論俾斯麥（Bismarck）。在田納西州鄉下教書。
1888	就讀哈佛大學三年級。
1890	取得優異（*cum laude*）哲學學士學位，畢業典禮致詞論傑佛遜‧戴維斯（Jefferson Davis）。就讀哈佛大學歷史研究所。
1891	取得歷史碩士。開始就讀博士班。
1892	史烈特黑人教育基金（Slater Fund for the Education of Negroes）提供獎學金到德國柏林的佛德烈‧威廉（Friederich Wilhelm）大學進修。
1893	在柏林攻讀歷史、經濟和政治。到德國各地和幾個西歐國家旅遊，聆聽歌劇和交響樂，寫一篇論文探討美國南方的農業經濟。在二十五歲生日當天，寫了一篇個人命運沉思錄。
1894	由於住校規定而被撤銷第三年獎學金，因此沒有取得佛德烈‧威廉大學的博士學位。返回美國擔任俄亥俄州（Ohio）的威伯佛斯（Wilberforce）大學古典系教授。
1895	取得哈佛大學歷史博士學位，為史上第一位非裔美國人榮獲哈佛博士者。
1896	博士論文出版為專書，《非洲販奴至美利堅合眾國

之鎮壓，1638-1870》（*The Suppression of the African Slave-Trade to the United States of America, 1638-1870*）為哈佛歷史專書系列第一冊。娶威伯佛斯的學生尼娜・葛莫（Nina Gomer）為妻。

1896-1897	擔任賓州大學社會學助理講師。
1897-1903	1897年和亞歷山大・克倫梅爾（Alexander Crummell）等人在華盛頓特區創立美國黑人專校（American Negro Academy），廣泛涉及其事務。
1897	夏天在維吉尼亞州的法姆維爾（Farmville）從事研究。長子伯嘉・葛莫・杜博依斯（Burghardt Gomer Du Bois）於10月2日出生。
1897-1910	擔任喬治亞州亞特蘭大大學歷史與經濟學教授；協助籌辦一年一度的亞特蘭大大學研究會議並編輯年度出版品。
1899	《費城黑人》（*The Philadelphia Negro*）由賓州大學出版。一名貧窮黑人山姆・荷西（Sam Hose）在喬治亞州紐南（Newnan）遭到私刑，促使杜博依斯轉變方向到「黑人問題」。兒子伯嘉去世。
1900	參加倫敦的泛非洲會議，在演講中首度提出「二十世紀的問題乃是以膚色分界的問題」。女兒尤蘭娣（Yolande）10月21日在大貝仁頓出生。
1901	《亞特蘭大月刊》登載〈自由民事務局〉一文，該文成為《黑人的靈魂》第二章。
1902	布克・華盛頓（Booker T. Washington）邀請他至塔斯奇基專校（Tuskegee Institute）任教，但杜博依斯予以婉拒。

1903	《黑人的靈魂》4月問世。
1904	在卡內基館（Carnegie Hall）的黑人領袖會議中，杜博依斯和華盛頓分別發表演講，概略陳述不同的社會哲學。
1905-1906	創辦《月亮圖解週刊》（*Moon Illustrated Weekly*）兼編輯。
1905-1910	合創尼加拉運動（Niagara Movement），獲選為祕書長。
1906	亞特蘭大種族暴動，對布克・華盛頓和塔斯奇基的批判更加強烈。
1907-1910	創辦《水平線》（*Horizon*）月刊兼編輯。
1909	出版傳記《約翰・布朗》（*John Brown*）。
1910-1934	全國有色人種促進會（National Association for the Advancement of Colored People, NAACP）理事；擔任公關與研究部門主任；編輯其刊物《危機》。
1911	出版第一部小說《銀色羊毛的追尋》（*The Quest of the Silver Fleece*）。
1911-1912	社會主義黨會員。
1913	《危機》的銷售量高達三萬份。
1914	在《危機》上倡議婦女投票權及盟軍在第一次世界大戰的努力，另一方面承認帝國野心與衝突為戰爭的主因。
1915	出版《黑人》一書，是部非洲與非裔美國簡史。
1916	參加第一屆亞美尼亞（Amenia）會議。寫公開信給

伍卓・威爾遜總統（President Woodrow Wilson），批評聯邦政府的隔離政策。

1917　支持美國加入第一次世界大戰；遊說徵用黑人當軍官及人道對待黑人士兵。參與全國有色人種促進會在紐約的反對私刑無聲遊行。

1919　籌辦第一屆泛非洲大會，在巴黎召開，被選為執行祕書；返美後在《危機》上發表〈歸國士兵〉（"Returning Soldiers"）當社論，該期《危機》的銷售量破紀錄，高達十萬六千份。

1920　出版文集《黑水：來身面紗內的聲音》（*Darkwater: Voices from within the Veil*）；榮獲全國有色人種促進會頒贈史賓岡獎章（Spingarn Medal）。

1920-1921　與傑西・佛協（Jesse Fauset）合編兒童雜誌《布朗尼之書》（*Brownie's Book*）。

1921　第二屆泛非洲大會，在倫敦、布魯塞爾和巴黎召開。批判馬可仕・加維（Marcus Garvey）和全球黑人改善協會（Universal Negro Improvement Association）。

1923-1924　籌辦第三屆泛非洲大會，在倫敦、巴黎和里斯本召開。擔任美國特使參加賴比瑞亞總統的就職典禮。遊歷非洲的賴比瑞亞、獅子山、幾內亞和塞內加爾。

1924　出版《黑人的才華：塑造美國的黑人》（*The Gift of Black Folk: The Negroes in the Making of America*）。在《危機》上繼續批評馬可仕・加維。

1924-1925　迫使費斯克（Fisk）大學校長費耶・麥肯錫（Fayette

McKenzie）辭職。

| 1924-1929 | 哈林文藝復興運動的贊助人兼批評家。 |

1925　〈黑人心靈向外伸展〉（"The Negro Mind Reaches Out"）收錄在亞倫‧洛克（Alain Locke）所編的《新黑人：一種詮釋》（*The New Negro: An Interpretation*），該書是界定哈林文藝復興的重要文本。

1926　設立哈林劇團「奎個娃演員」（Krigwa Players）。廣泛遊覽蘇聯六週。

1927　在紐約召開第四屆泛非洲大會。

1928　出版《黑公主：一段浪漫史》（*Dark Princess: A Romance*）。

1929　獨立政治行動聯盟（League of Independent Political Action）副主席。

1929-1931　《危機》面臨財務困境；由於雜誌為債務所困，全國有色人種促進會內部紛爭不斷。

1930　位於華盛頓特區的郝華（Howard）大學授予榮譽法學博士學位。

1933　第二屆亞美尼亞會議。試圖民主化全國有色人種促進會。

1934　提議發展黑人經濟合作社；辭去《危機》和全國有色人種促進會職務。

1934-1944　亞特蘭大大學社會學系教授兼主任。

1935　出版《黑人重建在美國》（*Black Reconstruction in America*），是他在史料領域方面最偉大的貢獻。

1936	遊歷蘇聯、納粹德國、中國和日本。
1938	亞特蘭大大學和費斯克大學授予榮譽法學與文學博士學位。
1939	出版《過去與當今的黑人》（*Black Folk Then and Now*）。
1940	出版《黎明前之晦暗：邁向一種族觀念的自傳》（*Dusk of Dawn: An Essay toward an Autobiography of a Race Concept*）。
1940-1944	季刊《種族》（*Phylon*）的創辦人兼編輯，由亞特蘭大大學出版。
1941-1942	從事南方黑人的社會學研究。
1943	在亞特蘭大主辦第一屆政府贈地興建的黑人大學會議（First Conference of Negro Land-Grant Colleges）。亞特蘭大大學堅持他在隔午退休；領五年退休俸。
1944	回全國有色人種促進會擔任特殊研究董事。全國藝文學會（National Institute of Arts and Letters）第一位非裔美國會員。
1945	創立聯合國之美國代表團顧問；參與舊金山會議以起草聯合國憲章。出版《膚色與民主政治：殖民地與和平》（*Color and Democracy: Colonies and Peace*）；《黑人百科全書：第一冊》（*Encyclopedia of the Negro Preparatory Volume*）。協辦第五屆泛非洲大會，10月在英國曼徹斯特舉行。
1946	邀請二十個組織到紐約起草請願書，為非裔美國民權向聯合國陳情。

1947	編輯《向世人呼籲》（*An Appeal to the World*），是全國有色人種促進會資助的一本文集，旨在贏得世人支持非裔美國人爭取民權的奮鬥。出版《世界與非洲：探究非洲於世界史中扮演之角色》（*The World and Africa: An Inquiry into the Part Which Africa Has Played in World History*）。
1948	在《紐約時報》發表備忘錄批評全國有色人種促進會理事而遭免職。支持進步黨的亨利・華萊士（Henry Wallace）競選總統。加入非洲事務議會並擔任副主席（無給職），美國大法官認為該組織「具顛覆性」。
1949	在紐約的世界和平文科會議（Cultural and Scientific Conference for World Peace）發表演說，並參加在巴黎和莫斯科的和平會議。
1950	妻子尼娜・葛莫去世。被選為和平資訊中心主席，該中心贊成禁用核子武器；美國司法部認為違反國家利益，於是該組織被迫解散。代表美國勞工黨競選紐約州參議員。
1951	與四十五歲作家、教師兼民權積極分子秀莉・葛蘭姆（Shirley Graham）祕密結婚。遭聯邦政府大陪審團控告為「未登記的外國特務」（"unregistered foreign agent"）而遭逮捕、審判後宣告無罪釋放。
1952	左翼政治立場造成杜博依斯和黑人主流繼續分裂，尤其是全國有色人種促進會。《為和平而戰：八十三歲生日的故事》（*In Battle for Peace: The Story of My 83rd Birthday*）詳述他遭控告和審判之經過。
1952	無法參加里約熱內盧的和平會議，因為國務院拒絕

核發護照，理由是他到國外旅行違反國家利益；後來國務院要求一份簽名的聲明，宣稱自己不是共產黨員，杜博依斯拒絕簽署。

1953　《黑人的靈魂》五十週年版。在《全國衛報》（*National Guardian*）上頌揚史達林。世界和平委員會頒贈國際和平獎。

1954　針對最高法院在《布朗對教育部》（*Brown v. Board of Education*）的判決中宣布學校種族隔離非法，感到既喜悅又驚訝：「我見到不可能的事發生了。」

1955　由於國務院拒發護照而無法參加波蘭華沙的世界青年節慶。

1956　支持小馬丁‧路德‧金恩（Martin Luther King, Jr.）在阿拉巴馬州蒙哥馬利（Montgomery）的巴士杯葛。應邀到中華人民共和國演講，但國務院又拒發護照。邀請威廉‧福克納辯論密西西比州的種族隔離議題，福克納予以婉拒。

1957　由於國務院拒發護照而無法參加迦納（Ghana）之獨立典禮。

1957-1961　《黑火焰》（*Black Flame*）三部曲：《曼沙特的試煉》（*The Ordeal of Mansart*, 1957）；《曼沙特建一所學校》（*Mansart Builds a School*, 1959）和《膚色的世界》（*Worlds of Color*, 1961）。

1958　在紐約慶祝九十歲生日，兩千人參加。開始撰寫《杜博依斯自傳》。最高法院的判決讓他取得護照。8月開始環遊世界，包括英國、法國、比利時、捷克、東德和蘇聯等。東柏林的漢柏特（Humboldt）

大學頒贈榮譽學位，而漢柏特大學即杜博依斯之前就讀的佛德烈‧威廉大學。

1959　在蘇聯會晤克魯雪夫。前往中國旅行，會晤毛澤東和周恩來。榮獲國際列寧獎。

1960　前往迦納和奈及利亞參加獨立與就職慶典。

1961　女兒尤蘭娣3月間在巴爾的摩（Baltimore）死於心臟病。接受可瓦米‧恩克魯瑪總統（President Kwame Nkrumah）遷居迦納之邀請，以指導《非洲百科全書》之撰寫。申請加入美國的共產黨。10月離美赴迦納。

1962　在阿克拉（Accra）和布加勒斯特（Bucharest）接受攝護腺手術。前往中國旅行。《自傳》在蘇聯出版。

1963　成為迦納公民。8月27日在迦納首都阿克拉辭世，8月29日迦納政府在阿克拉舉行國葬禮。《膚色指南：杜博依斯半個多世紀著述選集》（*An ABC of Color: Selections from Over a Half Century of the Writings of W. E. B. Du Bois*）出版。

1968　《杜博依斯自傳》（*The Autobiography of W. E. B. Du Bois*）在美國出版。

參考研究書目

一、《黑人的靈魂》英文版本

The Souls of Black Folk: Essays and Sketches. Chicago: A. C. McClurg, 1903.

The Souls of Black Folk. 2d ed. Chicago: A. C. McClurg, 1903.

The Souls of Black Folk. 3d ed. Chicago: A. C. McClurg, 1903.

The Souls of Black Folk. 4th ed. Chicago: A. C. McClurg, 1904.

The Souls of Black Folk. 5th ed. Chicago: A. C. McClurg, 1904.

The Souls of Black Folk. 6th ed. Chicago: A. C. McClurg, 1905.

The Souls of Black Folk. London: Archibald Constable, 1905.

The Souls of Black Folk. 7th ed. Chicago: A. C. McClurg, 1907.

The Souls of Black Folk. 8th ed. Chicago: A. C. McClurg, 1909.

The Souls of Black Folk. 9th ed. Chicago: A. C. McClurg, 1911.

The Souls of Black Folk. 10th ed. Chicago: A. C. McClurg, 1915.

The Souls of Black Folk. 11th ed. Chicago: A. C. McClurg, 1918.

The Souls of Black Folk. 12th ed. Chicago: A. C. McClurg, 1920.

The Souls of Black Folk. 13th ed. Chicago: A. C. McClurg, 1922.

The Souls of Black Folk. 14th ed. Chicago: A. C. McClurg, 1924.

The Souls of Black Folk. 15th ed. Chicago: A. C. McClurg, 1928.

The Souls of Black Folk. 16th ed. Chicago: A. C. McClurg, 1929.

The Souls of Black Folk. 17th ed. Chicago: A. C. McClurg, 1931.

The Souls of Black Folk. 18th ed. Chicago: A. C. McClurg, 1935.

The Souls of Black Folk. 19th ed. Chicago: A. C. McClurg, 1935.

The Souls of Black Folk. 20th ed. Chicago: A. C. McClurg, 1935.

The Souls of Black Folk. 21st ed. Chicago: A. C. McClurg, 1937.

The Souls of Black Folk. 22d ed. Chicago: A. C. McClurg, 1938.

The Souls of Black Folk. New York: Blue Heron Press, 1953.

The Souls of Black Folk. Introduction by Saunders Redding. Greenwich, Conn.: Fawcett Publications, 1953.

Ames noires: Essais et nouvelles. Trans. Jean-Jacques Fol; notes by Shirley Graham. Paris: Presence Africaine, 1959.

The Souls of Black Folk. Reprint of 1903 ed., with introduction by Saunders Redding. New York: Dodd, Mead, 1961.

Kokujin no tamashii: *Essei to suketchi*. Trans. Kijima Hajime. Tokyo: Miraisha, 1965.

The Souls of Black Folk. Reprint of 1903 edition, with introduction by C. R. L. James. London: Longmans, 1965.

The Souls of Black Folk. Large print edition. New York: Magnavision Large Print Books, 1968.

The Souls of Black Folk. Reprint of 1903 edition. The Basic Afro-American Reprint Library Series. New York: Johnson Reprint Corporation, 1968.

The Souls of Black Folk. Reprint of 1903 edition, with introductions by Dr. Nathan Hare and Alvin F. Poussaint. New York: New American Library. 1969.

The Souls of Black Folk. Reprint of 1903 edition, with introduction by Truman Nelson. New York: Washington Square Press, 1970.

The Souls of Black Folk. Reprint of the 1953 Blue Heron Press edition, with introduction by Herbert Aptheker. Millwood, N.Y.: Kraus-Thomson Organization, 1973.

The Souls of Black Folk. Reprint of the 1953 Blue Heron edition. Cutchogue, N.Y.: Buccaneer Books, 1976.

The Souls of Black Folk. Fisk Diamond Jubilee edition, with introduction by L. M. Collins. Nashville: Fisk University Press, 1979.

The Souls of Black Folk. With an Introduction by Henry Louis Gates, Jr. New York: Bantam, 1989.

The Souls of Black Folk. Introduction by Donald B. Gibson; notes by Monica M. Elbert. New York: Penguin Books, 1989.

The Souls of Black Folk. With an Introduction by John Edgar Wideman. New York: Vintage, 1990.

The Souls of Black Folk. Reprint of 1903 edition, with introduction by Arnold Rampersad. New York: Knopf, 1993.

The Souls of Black Folk. With an Introductory Note. New York: Dover

Thrift, 1994.

The Souls of Black Folk. Reprint of 1903 edition, with introduction by John Gabriel Hunt. New York: Gramercy Books, 1994.

The Souls of Black Folk. With an Introduction by Randall Kenan. New York: Signet, 1995.

The Souls of Black Folk. Reprint of the 1953 Blue Heron Press edition, with introduction by Hert Boyd. New York: Modern Library, 1996.

The Souls of Black Folk. Introduction by Robert J. Cummings. Grand Rapids, Mich.: Candace Press, 1996.

The Souls of Black Folk. With an Introduction by David W. Blight and Robert Gooding-Williams. Boston: Bedford Books, 1997.

The Souls of Black Folk. Reprint of the 1905 Archibald Constable edition, with introduction by Bruce Kellner. Tokyo: Hon-no-Tonosha, 1997.

The Souls of Black Folk: Authoritative Text, Context, Criticism. Ed. Henry Louis Gates, Jr. and Terri Hume Oliver. New York and London: W. W. Norton & Co., 1999.

The Souls of Black Folk. Reprint of the 1903 edition, with introduction by A. Lee Henderson and afterword by Cecil L. Murray. Las Vegas: Classic Americana, 1999.

The Souls of Black Folk: One Hundred Years Later. Ed. with an Introduction by Dolan Hubbard. Columbia and London: U of Missouri P, 2003.

The Souls of Black Folk. Reprint of 1903 edition, with foreword by Charles Lemert, introduction by Manning Marable, and afterword by Cheryl Townsend Gilkes. Bowlder & London: Paradigm Publishers, 2004.

The Illustrated Souls of Black Folk (An Annotated, Illustrated, Documentary Edition). Ed. & Annotated by Eugene F. Provenzo, Jr.; with a Foreword by Manning Marable. Boulder & London: Paradigm Publishers, 2005.

The Souls of Black Folk. With an Introduction by Arnold Rampersad. New York: Oxford UP, 2007.

二、杜博依斯其他著作

The Suppression of the African Slave-Trade to the United States of America, 1638-1870. New York: Longmans, Green, 1896.

Atlanta University Publications on the Study of Negro Problems. Publications of the Atlanta University Conferences, ed. Du Bois (1898-1913).

The Philadelphia Negro: A Social Study. Boston: Ginn and Company, 1899.

John Brown. Philadelphia: George W. Jacobs, 1909.

The Quest of the Silver Fleece: A Novel. Chicago: A. C. McClurg, 1911.

The Negro. New York: Henry Holt, 1915.

Darkwater: Voices from within the Veil. New York: Harcourt, Brace & Howe, 1920.

The Gift of Black Folk: Negroes in the Making of America. Boston: Stratford, 1924.

Dark Princess: A Romance. New York: Harcourt, Brace, 1928.

Africa—Its Place in Modern History. Girard, Kansas: Haldeman-Julius, 1930.

Africa—Its Geography, People and Products. Girard, Kansas: Haldeman-Julius, 1930.

Black Reconstruction: An Essay toward a History of the Part Which Black Folk Played in the Attempt to Reconstruct Democracy in America, 1860-1880. New York: Harcourt, Brace, 1935.

Black Folk Then and Now: An Essay in the History and Sociology of the Negro Race. New York: Henry Holt, 1939.

Dusk of Dawn: An Essay toward an Autobiography of a Race Concept. New York: Harcourt, Brace and Co., 1940.

Color and Democracy: Colonies and Peace. New York: Harcourt, Brace and Co., 1945.

The World and Africa: An Inquiry into the Part Which Africa Has Played in World History. New York: Viking, 1947.

In Battle for Peace: The Story of My 83rd Birthday. With Comment by Shirley Graham. New York: Masses & Mainstream, 1959.

Mansart Builds a School. New York: Mainstream, 1959.

Worlds of Color. New York: Mainstream, 1959.

An ABC of Color: Selections from over a Half Century of the Writings of W. E. B. Du Bois. Berlin: Seven Seas, 1963.

The Autobiography of W. E. B. Du Bois: A Soliloquy on Viewing My Life from the Last Decade of Its First Century. Herbert Aptheker, ed.

New York: International Publishers, 1968.

Dusk of Dawn: An Essay Toward an Autobiography of a Race Concept.
New York: Schocken Books, 1968.

An ABC of Color: Selections Chosen by the Author over a Half Century.
First published 1963. With an Introduction by John Oliver Killens.
New York: International Publishers, 1969.

"The Nature of Intellectual Freedom," in Solomon, Maynard, ed.,
Marxism and Art: Essays Classic and Contemporary. New York:
Alfred A. Knopf, 1973.

Black Folk, Then and Now. Millwood, N.Y.: Kraus-Thomson Organization
Limited, 1975.

The Autobiography of W. E. B. Du Bois: A Soliloquy on Viewing My Life
from the Last Decade of its First Century. New York: International
Publishers, 1980.

McDonnell, Robert W., ed. *The Papers of W. E. B. Du Bois, 1803*
(1877-1963) 1979: A Guide. Sanford, N.C.: Microfilming Corp. of
America, 1981.

Aptheker, Herbert, ed. *The Correspondence of W. E. B. Du Bois.* Amherst:
U of Massachusetts P, 1997.

Darkwater: Voices From Within the Veil. Mineola, N. Y.: Dover
Publications, 1999.

"The Conservation of Races." In *Race*, ed. Robert Bernasconi. Oxford:
Blackwell Publishers, 2001.

"The Talented Tenth." 3/13/2006.
　　<www.teachingamericanhistory.org/library/index.asp?

documentprint=174>.

The Autobiography of W. E. B. Du Bois: A Soliloquy on Viewing My Life from the Last Decade of Its First Century. Oxford: Oxford UP, 2007.

三、杜博依斯傳記

Broderick, Francis L. *W. E. B. Du Bois: A Negro Leader in Time of Crisis.* Stanford: Stanford UP, 1959.

Rudwick, Elliot M. *W. E. B. Du Bois: Propagandist of the Negro Protest.* 1960; rpt. New York: Atheneum, 1968.

Lacy, Leslie Alexander. *Cheer the Lonesome Traveler: The Life of W. E. B. Du Bois.* Illustrated by James Barkley and with Photographs. New York: Dial, 1970.

Du Bois, Shirley Graham. *His Day Is Marching On: A Memoir of W. E. B. Du Bois.* Philadelphia & New York: J. B. Lippincott, 1971.

Moore, Jack B. *W. E. B. Du Bois.* Boston: Twayne Publishers, 1981.

Marable, Manning. *W. E. B. Du Bois: Black Radical Democrat.* Boston: Twayne, 1986.
____. *W. E. B. Du Bois: Black Radical Democrat.* New Updated Ed. Boulder & London: Paradigm Publishers, 2005.

Lewis, David Levering. *W. E. B. Du Bois: Biography of a Race, 1868-1919.* New York: Henry Holt, 1993.
本書獲得1994年普立茲傳記文學獎,被出版界選為1993年最優圖書之一。作者從收集資料到出版該傳記前後一共花了八年時間,詳細描述這位著名黑人學者關鍵的早期與中期歲

月，進而展示杜博依斯如何改變美國人觀照自我的方式。第
十一章（頁265-296）討論《黑人的靈魂》。

四、杜博依斯選集與書目

Aptheker, Herbert, ed. *Against Racism: Unpublished Essays, Papers, Addresses*, 1887-1961. W. E. B. Du Bois. Amherst: U of Massachusetts P, 1985.

_____ , ed. *The Complete Published Works of W. E. B. Du Bois*. 35 vols. Millwood, NY: Kraus-Thomson, 1973.

_____ , ed. *The Correspondence of W. E. B. Du Bois*. 3 vols. Amherst: U of Massachusetts P, 1973-78.

_____ , ed. *Writings by W. E. B. Du Bois in Periodicals Edited by Others*. 4 vols. Millwood, NY: Kraus-Thomson, 1982.

Foner, Philip S., ed. *W. E. B. Du Bois Speaks: Speeches and Addresses 1890-1919*. New York: Pathfinder, 1970.

Foner, Philip S., ed. with a Tribute by Kwame Nkrumah. *W. E. B. Du Bois Speaks: Speeches and Addresses, 1890-1919*. New York: Pathfinder, 1970.

_____ . *W. E. B. Du Bois Speaks: Speeches and Addresses, 1920-1963*. New York: Pathfinder, 1970.

Huggins, Nathan I., ed. *W. E. B. Du Bois: Writings*. New York: Library of America, 1986.

Lewis, David Levering, ed. *W. E. B. Du Bois: A Reader*. New York: Henry Holt, 1985.

Sundquist, Eric J., ed. *The Oxford W. E. B. Du Bois Reader*. New York: Oxford UP, 1996.

Aptheker, Herbert. *Annotated Bibliography of the Published Writings of W. E. B. Du Bois*. Millwood, NY: Kraus-Thomson, 1973.

McDonnell, Robert W., and Paul C. Partington. *W. E. B. Du Bois: A Bibliography of Writings About Him*. Whittier, CA.: Paul C. Partington Book Publisher, 1989.

Partington, Paul C. *W. E. B. Du Bois: A Bibliography of His Published Writings*. Whittier, CA: Paul C. Partington Book Publisher, 1977.

五、評論

Agbeyebiawo, Daniel. *The Life and Works of W. E. B. Du Bois*. Accra, Ghana: Stephil Printing Press, 1998.

Andrews, William L. *Critical Essays on W. E. B. Du Bois*. Boston: G. K Hall & Co., 1985.
本書共收錄七篇書評（reviews）和十三篇文章（articles and essays）。其中與《黑人的靈魂》相關之書評有三篇，譯注者譯出第一篇（佚名）和第三篇（作者為約翰・丹尼爾斯）〔詳見本書附錄〕；相關之文章亦有三篇。

Appiah, Anthony. "The Uncompleted Argument: Du Bois and the Illusion of Race." *Critical Inquiry* 12 (Autumn 1985): 21-37.

Aptheker, Herbert. *The Literary Legacy of W. E. B. Du Bois*. White Plains, NY: Kraus International Publications, 1989.
本書針對杜博依斯的文學生涯以及他對文學界的貢獻提供了頗為全面的觀照。全書共分二十一章，主要是根據作者所編的杜博依斯出版著作（共三十七冊）之緒論改寫而成；其中第三章討論《黑人的靈魂》，所占篇幅在二十一章中最長（頁41-86）。

Balfour, Lawrie. *Democracy's Reconstruction: Thinking Politically with W. E. B. Du Bois*. New York: Oxford UP, 2011.

Baker, Houston A. Jr. "The Black Man of Culture: W. E. B. Du Bois and *The Souls of Black Folk*." In *Long Black Song*. Charlottesville: U of Virginia P, 1972.

Bell, Bernard, Emily Grosholz, and James Stewart, eds. *W. E. B. Du Bois on Race and Culture: Philosophy, Politics, and Poetics*. New York: Routledge, Chapman, and Hall, 1996.

Blight, David W. "W. E. B. Du Bois and the Struggle for American Historical Memory." In *History and Memory in African-American Culture*, ed. Genevieve Fabre and Robert O'Meally. New York: Oxford UP, 1994.

＿＿ and Robert Gooding-Williams, "Introduction—The Strange Meaning of Being Black: Du Bois's American Tragedy." In *The Souls of Black Folk* by W. E. B. Du Bois. Ed, David W. Blight and Robert Gooding-Williams. Boston and New York: Bedford Books, 1997, pp. 1-30.

Blum, Edward J. *W. E. B. Du Bois: American Prophet*. Philadelphia: U of Pennsylvania P, 2007.
本書為第一本深入探討杜博依斯作品中之宗教意涵與《聖經》典故之論著；全書除了〈導論〉與〈結語〉外，共分五章，第二章專門析論《黑人的靈魂》（標題為 "Race of Cosmic Sight in *The Souls of Black Folk*"）。

＿＿ and Jason R. Young, eds. *The Souls of W. E. B. Du Bois: New Essays and Reflections*. Macon, GA: Mercer UP, 2009.
杜博依斯的傳記作家，從早期的 Francis Broderick 和 Elliot Rudwick 到晚近的 David Levering Lewis 等，都認為杜博依斯對

基督教教義並不重視，宗教對他而言似乎只有修辭與實用的關聯。本書針對杜博依斯的宗教生活與理念提供新的視角，全書共分四部分，每一部分收錄三篇論文，兩位編者除了各自的一篇論文外，亦合寫了一篇導論："The Forgotten Spiritual Power of W. E. B. Du Bois"（頁 vii-xxii）。

Bremen, Brian A. "Du Bois, Emerson, and the 'Fate' of Black Folk." *American Literary Realism* 24 (Spring 1992): 80-88.

Broderick, Francis L. *W. E. B. Du Bois: Negro Leader in a Time of Crisis*. Stanford: Stanford UP, 1959.

Bruce, Dickenson D., Jr. "W. E. B. Du Bois and the Idea of Double Consciousness." *American Literature: A Journal of Literary History, Criticism, and Bibliography* 64.2 (June 1992): 299-309.

Bull, Malcolm. *Seeing Things Hidden: Apocalypse, Vision, and Totality*. London: Verso, 1999.

Byerman, Keith E. *Seizing the Word: History, Art, and Self in the Work of W. E. B. Du Bois*. Athens & London: U of Georgia P, 1994.
本書援引當代文學與文化理論，詳細剖析杜博依斯的主要作品，包括《黑人的靈魂》（第一章）、《販奴的壓抑》（*The Suppression of the Slave-Trade*）和《費城黑人》（*The Philadelphia Negro*）（第二章）、《黑人重建在美國》（*Black Reconstruction in America*）（第三章）、《銀羊毛的追尋》（*The Quest of the Silver Fleece*）和《黑公主》（*Dark Princess*）（第六章）、《約翰·布朗》（*John Brown*）（第八章）、《黑水》（*Darkwater*）和《黎明前之晦暗》（*Dusk of Dawn*）（第九章）以及《為和平而戰》（*In Battle for Peace*）和《杜博依斯自傳》（第十章）等。以前探討杜博依斯的著作大都將他視為政治主張者、教育家、社會學家、歷史學家等，本書對杜博依斯學

術的主要貢獻，乃是界定杜博依斯為名副其實的文學家。

Clarke, John Henrik, Esther Jackson, Ernest Kaiser and J. H. O'Dell, eds. *Black Titan: W. E. B. Du Bois* (An Anthology by the Editors of Freedomways). Boston: Beacon, 1970.

Cowherd, Carrie. "The Wings of Atalanta: Classical Influences in *The Souls of Black Folk*." In The Souls of Black Folk *One Hundred Years Later*. Ed. with an Intro. by Dolan Hubbard. Columbia and London: U of Missouri P, 2003, pp. 284-97.

Dickerson, Vanessa D. *Dark Victorians*. Urbana: U of Illinois P, 2008.
闡釋1830年至1914年之間非裔美國人與英國人之關係，包括英國觀光客對美國奴隸制度的反應，以及非裔美國主要思想家到英國旅遊之後的觀感。第三章與第四章分別析論維多利亞時代著名思想家卡萊爾（Thomas Carlyle）和杜博依斯之跨大西洋旅行及其影響。

Early, Gerald, ed. *Lure and Loathing: Essays on Race, Identity, and the Ambivalence of Assimilation*. New York: Allen Lane, 1993.

Ferris, William H. *The African Abroad; or His Evolution in Western Civilization Tracing His Development under Caucasian Milieu*. 2 volumes. New Haven: Tuttle, Morehouse & Taylor, 1913.

Flatley, Jonathan. *Affective Mapping: Melancholia and the Politics of Modernism*. Cambridge: Harvard UP, 2008.
本書第四章聚焦於杜博依斯《黑人的靈魂》中的宣傳與失落。

Fontenot, Chester J., Jr., Mary Alice Morgan, and Sarah Gardner, eds. *W. E. B. Du Bois and Race*. Macon, GA: Mercer UP, 2001.
2000年3月23日至25日，喬治亞州的Mercer大學舉辦「杜博依斯、種族與新千禧」（"W. E. B Du Bois, Race, and the

New Millennium"）研討會，本書選錄其中九篇論文，主編（Chester J. Fontenot Jr.）從個人在德國科隆（Cologne）的經驗出發，撰寫了一篇有趣的〈緒論：論在美國成為難題〉（"Introduction: On Being a Problem in America"）。

Formwalt, Lee W. "W. E. B. Du Bois's View of the Southwest Georgia Black Belt, Illustrated with Photographs by A. Radclyffe Dugmore." In Fontenot, pp. 11-25.

Forney, Craig. "*The Souls of Black Folk* and the Soul of W. E. B. Du Bois." In *The Souls of W. E. B. Du Bois: New Essays and Reflections*. Ed. Edward. J. Blum and Jason R. Young. Macon, GA: Mercer UP, 2009, pp. 85-109.

Frederickson, George M. *The Black Image in the White Mind: The Debate on Afro-American Character and Destiny, 1817-1914*. New York: Harper and Row, 1971.

Geriguis, Lina L. "W. E. B. Du Bois's *The Souls of Black Folk*: Chapter 11." *The Explicator* 8.2 (2010): 111-114.

Gillman, Susan and Alys Eve Weinbaum, eds. *Next to the Color Line: Gender, Sexuality, and W. E. B Du Bois*. Minneapolis and London: U of Minnesota P, 2007.
　　本書基本上從性別和性慾的邏輯等角度重新檢視杜博依斯的著作，兩位編者的〈導論：杜博依斯與並置的政治〉（"Introduction: W. E. B. Du Bois and the Politics of Juxtaposition"）檢視杜博依斯在其著作中，尤其是《黑人的靈魂》、《黑水》和《黎明前之晦暗》，如何將性別與性慾的問題和種族與帝國的問題並置在一起。全書共收錄十二篇論文，其中Hazel V. Carby的"The Soul of Black Men"剖析與批判《黑人的靈魂》中的男性主義。

Gooding-Williams, Robert. *In the Shadow of Du Bois: Afro-Modern Political Thought in America.* Cambridge: Harvard UP, 2009.

本書旨在探討杜博依斯對非裔現代政治思想之貢獻與影響；全書共分六章，前四章均與《黑人的靈魂》有關，第五章則聚焦於道格拉斯的 *My Bondage and My Freedom*，第六章再檢視兩部作品中之關聯與傳承。顧丁‧威廉斯從上述兩部作品的詮釋，歸納出三個主題：非裔美國政治概念之生成、政治表現主義的重要性和白人至上與基本的社會調解之關係。

Green, Dan S. and Edwin D. Driver, eds. *W. E. B. DuBois on Sociology and the Black Community.* Chicago and London: U of Chicago P, 1978.

本書旨在讓當代與未來之社會學家注意到杜博依斯在社會學方面之貢獻，不要因為杜博依斯的膚色而忽略了這位知識分子在美國社會學啟蒙上所扮演的重要角色。全書由十三章所組成，共分三部分，兩位編者在〈緒論〉中介紹杜博依斯的生平。

Hairston, Eric Ashley. *The Ebony Column: Classics, Civilization, and the African American Reclamation of the West.* Knoxville: U of Tennessee P, 2013.

檢視 1772 年至 1910 年間非裔美國文學之古典成分，作者剖析四位黑人作家如何接觸西方古典知識：Phillis Wheatley, Frederick Douglas, Anna Julia Cooper 和杜博依斯。作者認為杜博依斯在《黑人的靈魂》中強調古典教育對非裔美國人的重要性。

Herring, Scott. "Do Bois and the Minstrels." *MELUS* 22(Summer 1997): 3-18.

Horne, Gerald. *Black and Red: W. E. B. Du Bois and the Afro-American*

Response to the Cold War, 1944-1963. Albany: State U of New York P, 1986.

Hubbard, Dolan, ed. *The Souls of Black Folk: One Hundred Years Later*. Columbia & London: U of Missouri P, 2003.
本書為紀念《黑人的靈魂》一百週年所出版的論文集，全書共收錄十三篇論文；在編者的〈緒論〉前後還分別收了一首詩（由 Thelma B. Thompson 所寫的 "Centurion"）和五篇有關《靈魂》的早期書評以及杜博依斯的回憶。

James, C. L. R. *The Future in the Present: Selected Writings*. London: Allison and Busby, 1977.

Jones, Gavin. " 'Whose Line Is It Anyway?' W. E. B. Du Bois and the Language of the Color-Line." In *Race Consciousness: African-American Studies for the New Century*, ed. Judith Jackson Fossett and Jeffery A. Tucker. New Yorker: New York UP, 1997.

Johnson, James Weldon. *Along This Way: The Autobiography of James Weldon Johnson*. New York: Viking, 1933.

Kahn, Jonathan S. *Divine Discontent: The Religious Imagination of W. E. B. Du Bois*. New York: Oxford UP, 2009.
繼 Edward J. Blum 之後另一本從宗教的角度檢視杜博依斯作品之論著，作者認為杜博依斯結合美國實用主義與非裔美國信仰，即所謂之「非裔美國實用宗教自然主義」。第二章即以此為重要架構，剖析《黑人的靈魂》中的宗教氛圍。

Keller, Mary and Chester J. Fontenot, Jr. eds. *Re-Cognizing W. E. B. Du Bois in the Twenty-First Century: Essays on W. E. B. Du Bois*. Macon, GA: Mercer UP, 2007.
2001 年春天，Mary Keller 在蘇格蘭的 Stirling 大學籌辦了 "W. E. B. Du Bois and Frantz Fanon: Post-colonial Linkages and Trans-

Atlantic Receptions"學術研討會，後來主編將這兩位二十世紀
傑出黑人作家的相關論文分成兩冊出版；本書共選錄八篇有
關杜博依斯的學術論文和主篇的導論："On Re-cognizing W. E.
B. Du Bois and Franz Fanon" in Two Volumes（頁1-13）。

King, Martin Luther, Jr. "Honoring Dr. Du Bois." In Philip S. Foner,
ed. *W. E. B. Du Bois Speaks: Speeches and Addresses, 1890-1919*.
New York: Pathfinder, pp. 20-29.

Lamothe, Daphne. *Inventing the New Negro: Narrative, Culture and
Ethnology*. Philadelphia: U of Pennsylvania P, 2008.
主要從民族誌的視角，剖析二十世紀初期黑人知識分子，針
對美國社會種族主義論述，如何藉由其特殊地理位置建立對
抗敘述；第二章探討《黑人的靈魂》中的種族分野與人種跨
越。

Marable, Manning. *Living Black History: How Reimagining the
African-American Past Can Remake America's Racial Future*.
New York: Basic, 2006.

McKay, Nellie. "W. E. B. Du Bois: The Black Women in His
Writings—Selected Fictional and Autobiographical Portraits."
In *Critical Essays on W. E. B. Du Bois*, ed. William L. Andrews.
Boston: G. K. Hall, 1985.

Meier, August, "The Paradox of W. E. B. Du Bois." In *Negro Thought
in America, 1880-1915; Racial Ideologies in the Age of Booker T.
Washington*. Ann Arbor: U of Michigan P, 1963.

Michlin, Monica and Jean-Paul Rocchi, eds. *Black Intersectionalities: A
Critique for the 21st Century*. Liverpool: Liverpool UP, 2013.
本書除了兩位編者的〈導論〉（"Introduction: Theorizing
for Change: Intersections, Transdisciplinarity, and Black Lived

Experience"）外，共收錄十三篇論文，其中第八篇 "The Souls of Black Gay Folk: The Black Arts Movement and Melvin Dixon's Revision of Du Boisian Double Consciousness in *Vanishing Rooms*" by Charles Nero 援引杜博依斯在《黑人的靈魂》第一章所提到的雙重意識概念。

Mizruchi, Susan. "Neighbors, Strangers, Corpses: Death and Sympathy in the Early Writings of W. E. B. Du Bois." In *Centuries' Ends, Narrative Means*, ed. Robert Newman. Stanford, CA: Stanford UP, 1996.

Peterson, Dale. "Notes from the Underworld: Dostoyevsky, Du Bois, and the Discovery of the Ethnic Soul." *Massachusetts Review* 35 (Summer 1994): 225-47.

Posnock, Ross. "The Distinction of Du Bois: Aesthetics, Pragmatism, Politics." *American Literary History* 7(Fall 1995): 500-524.

Rabaka, Reiland. *Against Epistemic Apartheid: W. E. B. Du Bois and the Disciplinary Decadence of Sociology*. Lanham, MD: Lexington books, 2010.

＿＿. *Du Bois's Dialectics: Black Radical Politics and the Reconstruction of Critical Social Theory*. Lanham, MD: Lexington books, 2008.

＿＿. *W. E. B. Du Bois and the Problem of the Twenty-first Century: An Essay on Africana Critical Theory*. Lanham, MD: Lexington books, 2007.

Rampersad, Arnold. *The Art and Imagination of W. E. B. Du Bois*. 1976. Rpt. with a new introd. New York: Schocken Books, 1990.
本書首次精采披露對杜博依斯知識與藝術之影響，以及他藉以表達其思想之修辭策略。任何人想要了解這位史上最偉大

的非裔美國知識分子的複雜貢獻，都不得不閱讀此書。全書共分十四章，其中第四章專論《黑人的靈魂》（頁68-90）。

___. "Introduction." *The Souls of Black Folk*. New York: Oxford UP, 2007.

Rampersad, Arnold, and Debrah E. McDowell, eds. *Slavery and the Literary Imagination: Du Bois's* The Souls of Black Folk. Baltimore: Johns Hopkins UP, 1989.

Robatsa, Reiland. *Against Epistemic Apartheid: W. E. B. Du Bois and the Discipline Decadence of Sociology*. Lanham, Maryland: Lexington Books, 2010.
從社會學觀點印證杜博依斯如何創造一種另類的認識論，進而挑戰當時之社會科學論述。作者認為杜博依斯不僅發明種族社會學，而且是第一位美國宗教社會學家；不僅是城鄉社會學的先驅，也是性別社會學和區域社會學之發起人；不僅是最早的教育社會學家，也是批評美國學界與社會學沒落之學者。

Schrager, Cynthia D. "Both Sides of the Veil: Race, Science, and Mysticism in W. E. B. Du Bois." *American Quarterly* 48(December 1996): 551-87.

Shaw, Stephanie J. *W. E. B. Du Bois and* The Souls of Black Folk. Chapel Hill: U of North Carolina P, 2013.
本書除了〈緒論〉和〈結論〉外，主體由五個章節組成，比較特別的是第五章，共分三部分，作者從黑格爾的現象學切入，檢視《黑人的靈魂》與黑格爾哲學思想之關聯，進而闡釋《靈魂》中之宗教與歌詞。作者將《靈魂》視為前後連貫的單一文本，而不是各個獨立的十四個章節；它是都完整的哲學著作，也是一部宗教作品。

Sundquist, Eric J. "Swing Low: *The Souls of Black Folk*." In *To Wake the Nations*. Cambridge, MA: Harvard UP, 1993, pp. 457-539.

Warren, Kennth W. "Troubled Black Humanity in *the Souls of Black Folk* and the Autobiography of an Ex-Colored Man." In *The Cambridge Companion to American Realism and Naturalism: Howells to London*, ed. Donald Pizer. Cambridge: Cambridge UP, 1995, pp. 263-77.

Weheliye, Alexander G. *Phonographies: Grooves in Sonic Afro-Modernity*. Durham & London: Duke UP, 2005.
探討二十世紀黑人文化生產與音響科技之間的聯結與轉送。作者主張音響科技與黑人音樂及演說之間的交互作用造就了現代黑人文化,即書名副標題所謂的「音感的非洲現代性」("Sonic Afro-Modernity")。第三章析論《黑人的靈魂》何以混合歷史、頌詞、社會學、個人軼事、經濟學、抒情、民族誌、小說與黑人音樂之文化批評。

West, Cornel. "Black Strivings in a Twilight Civilization." In Henry Louis Gates, Jr. and cornel West, eds. *The Future of the Race*. New York: Alfred A. Knopf, pp. 53-114.

___. "W. E. B. Du Bois: The Jamesian Organic Intellectual." In *The American Evasion of Philosophy: A Genealogy of Pragmatism*. Madison: U of Wisconsin P, 1989, pp. 138-50.

Williamson, Joel. *The Crucible of Race: Black-White Relations in the American South Since Emancipation*. New York: Oxford UP, 1984.

Wolfenstein, Eugene Victor. *A Gift of the Spirit: Reading The Souls of Black Folk*. Ithaca and London: Cornell UP, 2007.
從精神分析的角度解讀《黑人的靈魂》中的主題、敘述、美學等。全書除〈前言〉與〈結論〉外,共分六章。

Young, Alford A., Jr., Manning Marable, Elizabeth Higginbotham, Charles Lemert and Jerry G. Watts. *The Souls of W. E. B. Du Bois.* Boulder: Paradigm, 2006.

Zamir, Shamoon. *Dark Voices: W. E. B. Du Bois and American Thought, 1888-1903.* Chicago: U of Chicago P, 1995.

本書從美國與歐洲思想史的脈絡，追溯杜博依斯從大學時代至出版《黑人的靈魂》期間的思想生成。除了〈緒論：種族與多元性〉和〈結論〉外，本書分兩部分，第一部（分兩章）描述杜博依斯如何受到歐美思想傳統的啟迪；第二部分（亦分兩章）詳細解讀《黑人的靈魂》，並與黑格爾的《心靈現象學》（*Phenomenology of the Mind*）對照比較，進而提供新的詮釋視角。

___. " 'The Sorrow Songs'/ 'Song of Myself': Du Bois, the Crisis of Leadership and Prophetic Imagination." In *The Black Columbiad: Defining Moments in African American Literature and Culture.* Cambridge, MA: Harvard UP, 1994.

___, ed. *The Cambridge Companion to W. E. B. Du Bois.* Cambridge: Cambridge UP, 2008.

本書針對杜博依斯其人其作提供了批評簡介，為進一步研究其了不起之生涯開闢新徑。本書除了〈緒論〉，共分十章，其中前二章和《黑人的靈魂》直接相關：第一章 "*The Souls of Black Folk*: Thought and After Thought" 出自編者之手，第二章則剖析《靈魂》的第十三章〈論約翰之降臨〉；這兩章有助於讀者了解杜博依斯的種族與教育理念。

Zhang, Juguo. *W. E. B. Du Bois and the Quest for the Abolition of the Color Line.* New York & London: Routledge, 2001.

Zuckerman, Phil, ed. *Du Bois on Religion.* Walnut Creek, CA: Alta Mira, 2000.

附
錄
一

早期評論

威廉・詹姆士

〈對《靈魂》之讚美〉

【許多作家在討論評論界對《黑人的靈魂》之反應時,均提到杜博依斯在哈佛大學時之哲學教授威廉・詹姆士將此書寄給其弟,即著名小說家亨利・詹姆士。威廉・詹姆士儘管讚美《靈魂》,針對該書之談論僅短短兩句。在《威廉・詹姆士書信集》中,他引述其評論如下】

茲寄上一本確實感人肺腑的書,出自一名黑白混血之手,他是我昔日門生,名叫杜博依斯,現為(喬治亞州)亞特蘭大黑人大學歷史教授。以地方色彩而言,讀第七章至第十一章等等〔1903年6月6日〕。

［佚名］

〈評《靈魂》〉

【下篇不具名之評論發表於1903年6月11日之《美國》(*The Nation*)。這篇評論雖不具名,然誠如大衛・雷佛林・陸易士所言,「所有特徵均指向」歐斯華・葛里森・維拉德(Oswald Garrison Villard),他是《美國》和《紐約晚郵》(*New York Evening Post*)之業主。維拉德雖然一向熱心支持布克・華盛

頓，但這篇評論認為杜博依斯對技藝教育之批評值得「非常謹慎之考量」。然而，評論者對杜博依斯某些觀點淡然處之：「我們倒沒有杜博依斯先生那麼有把握，確信華盛頓先生有做出文中所指的那些有失身分之讓步。」】

　　杜博依斯先生寫了一本極為有趣而感人之著作，除內在含意外，亦為了不起之文學作品。憎惡黑人者會提醒我們杜博依斯先生並非如他所說的那麼黑，而且會將本書之力與美歸因於其血管中流著白人血液。但實際情況是杜博依斯先生之面貌雖具白人特徵，其心靈則是十足黑人特徵，即愛默生（Emerson）在黑人身上發現之靈敏、[1]溫柔，以及「與上帝靈犀相通，這點北方白人無法領會」。[2]每章前摘自〈悲歌〉之小節音樂，（無意中）在在暗示：下文乃是那種情調之擴大；杜博依斯先生之想法與措辭高度反映出其民族特點，以文雅樣貌呈現黑人之情感與想像特質，係未開化黑人心智上之主要特徵。因而又多了一個理由支持黑人之高等教育，杜博依斯先生口若懸河為之辯護。讓一萬個黑人接受此種教育，若能造就出一位如他一般之人才即值回票價。

　　聽過杜博依斯先生演講者對本書諒必感到意外，因為他談到黑人之性格與命運時，語氣冷靜理智，完全沒有料到書中章

1〔譯注〕愛默生（Ralph Waldo Emerson, 1803-1882）係美國著名思想家、散文作家、詩人，美國超驗主義運動之主要代表，強調人之價值，提倡個性絕對自由與社會改革，主張廢除奴隸制度，爭取婦女權利，著有《自然》（*Nature*）、《散文集》（*Essays*）、《代表人》（*Representative Men*）、詩作《詩集》（*Poems*）和《五月節》（*May-Day*）等。

2〔譯注〕引文出自愛默生的詩〈志願兵〉（"Voluntaries," 1863）："[He has] avenues to God/hid from men of Northern brain"（行51-52）。

章情緒澎湃，幾乎頁頁激動難抑，令人難過得簡直難以忍受。作者到處彰顯其同胞遭受冤屈之苦楚，不僅以前如此，如今依然。不過，要是認為本書僅是情緒之爆發而已，那就大錯特錯了。在情緒之背後，作者對南方之過去與現在情境不但瞭若指掌，對其意義亦洞察秋毫，對於其趨勢亦有明確之理解，每位關心國家福祉者均要認真看待此事，因為國家福祉與黑人福祉密不可分。書中之激情修辭對感覺遲鈍與冷漠者而言似乎過分，不過，激情修辭雖時而模糊了該書欲闡明之觀點，但讓本書充滿正經理智與道德真理者，乃是作者之個人風格，而非抗議之實質內容。

第一章為通論，陳述黑人心靈之奮戰——既是黑人又是美國人：「為了在文化王國中當同事，為了逃避死亡與孤立，為了善用其最佳能力與潛在天賦」，此等奮戰迄今一直被糟蹋、分散或遺忘。第二章之格局比較明確，講述解放之實情，解放對黑人之意義，以及重建時期北方投機分子與其幫手時代所發生之事。焦點則放在自由民事務局，以不偏不倚之方式探究其優缺點。文中動聽之祝辭頌揚「新英格蘭女教師運動」，她們一年在南方教導了十萬名以上黑人。文中適時駁斥我們時常耳聞之鄙俗胡扯，即有關授與黑人選舉權問題。作者恰如其分地向我們保證，在完整與限制之選舉權間絕無選擇餘地；惟有選舉權與新式奴隸制之抉擇。文中承認：北方被迫做出之抉擇不可避免地導致種族世仇。

杜博依斯先生書中最具體之章節，乃是第三章〈論布克‧華盛頓先生等人〉。華盛頓先生之權勢日隆被稱為「1876年以來，美國黑人史上最引人注目之事。」由於懷有無窮活力、熱

情與信心，其方案「讓南方吃驚之餘，隨之鼓掌叫好，亦引起北方之興趣，繼而讚美有加，黑人本身在一陣不明就裡之低語抗議後，就算不贊成，也都默然以對。」文中一方面津津有味地列舉該方案之優點，另一方面則事先經過非常縝密之推敲後再加以批評，值得華盛頓先生之摯友、黑人之摯友與南方白人注意。有些人對此批評感到怨恨不已，對他們而言，華盛頓之吸引力在於他們認為他做了種種讓步，而許多相信他已經完全成功解決種族問題者，對此批評亦同樣心懷怨恨。另有一群人似乎把對該方案之任何批評視為大逆不道，只是不若批評一位總統之戰爭方案那般邪惡罷了。不過，作者十分堅強而明智，歡迎任何與其觀點與目標之坦率差異。他批評華盛頓先生要求黑人放棄政治權力、放棄對公民權利之堅持及放棄高等教育，至少是暫時放棄。此項政策提倡了十五年，得意了十年，恰巧碰上黑人被剝奪選舉權、被貶為明顯之下等公民地位，而致力於黑人高等教育之機構一貧如洗。杜博依斯先生之論點則是：此不盡然是巧合，而是後果。另外，華盛頓先生所渴望之目標，倘若未增補一些重要手段則無法達成：黑人沒有政治權力可能無法指望成為成功商人與地主；同意公民下等即難望節儉自重；沒有高等教育機構，無法指望獲得良好之公立學校與產業訓練。「要不是在黑人大學受訓的教師或黑人大學畢業生所訓練的教師，則塔斯奇基本身連一天的課都開不成。」

　　我們倒沒有杜博依斯先生那麼有把握，確信華盛頓先生有做出文中所指的那些有失身分之讓步。我們記得在其著作、演講與書信當中，有些段落強調不同之道義。我們記得其抗議被送至阿拉巴馬州與路易斯安那州之剝奪黑人公民權會議。或許

他最近對工作夥伴比以前更加克制，其中有些夥伴習慣於讓其
方案染上過分謹慎與膽怯之色彩。另外，杜博依斯先生雖然承
認華盛頓先生之方案係暫時方案，對此承認卻未充分強調。不
過，第三章整體及其重要細節於後面各章之詳述，均值得非常
謹慎之考量。此等章節才智洋溢，文風高尚，既以寬宏大量之
態度構思而成，同樣需要以寬宏大量之態度加以賞識。

　　所有篇章俱為佳構，挑章選篇易惹不快；不過〈論黑人
之訓練〉與〈論主僕之子孫〉等章或許值得特別留意。取名為
〈（論）長子之去世〉一章極為哀婉動人，將會吸引所有具同情
心者。它訴說一名嬰兒之生與死，其降臨所意味之喜悅，其去
世時感到「非常高興」：「不是去世，而是解脫；不是束縛，
而是自由。」顯然，杜博依斯先生於文中雖未明言所控訴之負
擔，卻處處暗指：該負擔由於其本人與黑人同胞得不到社會平
等而變得更加嚴重。從其語調與急迫觀之，作者是否有可能極
為缺乏自尊呢？如果杜博依斯先生能夠跟莎士比亞與柏拉圖坐
在一起，而他們不會對其膚色皺眉蹙眼，那麼他對卡特斯維爾
（Cartersville）的卡特上校之輕蔑何必那麼在乎呢？何不以更強
之自尊心加以踐踏？崇尚金錢價值之社會可能會與崇尚奴隸制
度之傳統社會一樣輕蔑地否定此種人，然而崇尚品格與文化之
社會總是會歡迎他，並非要偏袒他，而是渴望善用其才幹，就
算他比紙牌的黑桃A還要黑。

約翰・史賓瑟・博賽特

〈兩位黑人領袖〉

【約翰・史賓瑟・博賽特（John Spencer Bassett）係《南大西洋季刊》（*the South Atlantic Quarterly*）創辦人，南方主要歷史學家之一，任教於三一學院（Trinity College），即杜克大學（Duke University）之前身，在書評中，博賽特謹慎而明智地對比杜博依斯和華盛頓兩人之目標。他承認「杜博依斯教授喜歡研究，而華盛頓則非著名研究者，然而他對人具淵博知識。」他一方面認為在黑人教育上最大之需求乃技藝教育，另一方面則承認對「特殊之黑人……機會之門應該敞開著。」大衛・雷佛林・陸易士在杜博依斯傳記中一個引人注目之腳注記載著：博賽特（白人）因為一篇散文而被迫辭職並遷居北方，他在文中不僅強烈反對「若干白人記者過分之種族歧視」，而且宣稱布克・華盛頓是「自從羅伯・愛德華・李（Robert Edward Lee）以來南方最偉大人物」。】

布克・華盛頓與威廉・伯嘉・杜博依斯兩人脫穎而出，成為美國黑種人之領袖。兩位均為年輕人、黑人教師與南方居民。兩人皆具出色才智，亦受過優異之訓練。兩人對其種族均具影響力，在某種程度上係黑人最傑出之領袖。兩者對其目的均十分坦誠，對美國黑人之進步皆貢獻卓著。

然而，在某些方面這兩人本質上有別。華盛頓校長之母親係奴隸，他是個真正之白手起家者。其教育得自技藝學校。其志業一向是廣為散播獲得產業訓練之欲望與機會。他多半關心

動態生活。他並非著名研究者，然而他對人具淵博知識。另一方面，杜博依斯教授喜歡研究，他在新英格蘭村莊之早年生活及後來之生涯，代表美國黑人生活最具知性之一面。他畢業於費斯克大學，擁有哈佛大學哲學博士學位。他寫了幾本學術性質顯著之著作，於美國社會情境之研究者之間地位崇隆。對一般大眾而言，他不若塔斯奇基校長那麼有名；但是對一小群學者來說，他享有同樣之佳譽。他代表黑人之高級文化層面，而另一位則代表黑人之產業生涯。

就黑種人之未來而論，兩人之觀點如今似乎南轅北轍。其中一位由於其政策與眾不同而早已廣為人知。其觀點於美國各地區、各階層均受到歡迎。大眾對其印象一向良好。可是這下一位出了一本從完全相反觀點寫成之《黑人的靈魂》，該書之問世本身固然引人注目，但其作者以能力高強、意志真誠聞名，此事實顯然值得我們詢問：該書之內容何在？其中心思想如何涉及書中所要解決之問題？

那麼，塔斯奇基校長代表什麼呢？他代表一種進步，必須從事情源頭開始，再從那一點前進。他了解問題乃人的問題，面對人的反對而來之一切障礙，要靠人力加以解決。他所試圖影響之黑人大眾乃是一群意志非常薄弱者。培育他們是不得不保護一百個軟弱隊伍之強化進程。他們是個小孩種族，馬上給予他們成人之自由會誘使其腐化墮落。另一方面，白人就此問題則有一些自己之定見，而此問題必須在白人面前加以解決。其觀點可能是也可能不是最文明或最公正之觀點。事實上，此等觀點均可能會被杜博依斯教授稱為「一大堆偏見」；儘管如此，它們是確確實實之觀點，華盛頓校長覺得必須明智處理，

不應盲目加以對抗。

　　他面對問題之方式為：在提升一個種族時，最有功效之力量乃是經濟發展。此乃所有其他發展之根基。黑人首先需要經濟發展。而且，在較優勢之白種人面前黑人係弱勢種族。他打架贏不過白人，理當與該優勢種族保持最友好之關係，藉以促使兩者之間和平相處，而和平將賦予黑人進步之機會。他看得很清楚：在政治上黑人微不足道。說黑人應該擁有政府所賦予之憲法權力毫無用處，他目前尚無法掌握此等權利，其對手亦不會准許給予此等權利。因此，他應當別碰政治，而應強調財富之取得。在試圖勸告其同胞之所有黑人當中，華盛頓校長乃是最靠向白人者。然而他受到白人之批評多於其他任何一位著名黑人。而他就黑白種族之間的關係卻依然堅持其立場，足見其品格之高尚。

　　杜博依斯教授從倫理修養之立場探討此問題。首先，他不相信物質財富至上之功效。靈魂重於身體。放棄許多黑人所渴望之高層次生活而去追求財富將是退步，是靈魂之貶損。他並不反對財富之取得；而是反對將致富擺在文化發展之前。黑人之文雅生活對他而言絕非違反常情之事，而他其實非常有教養。他針對技藝教育之呼聲提出告誡。技藝教育並非黑人所需要之唯一或甚至主要目標。其主要渴望乃是開放給美國其他任何公民真正發展之最大機會。

　　杜博依斯教授頻頻談到之字眼乃是「大面紗」。他如此說之意思如下：黑人到處被迫覺得自己不像其他人；有某種東西將他關在其他人世界之外。此即種族歧視。作者不時回到此概念……他讓我們覺得在美國既是黑人又是有修養的人是多麼可

怕的事……。

對一般黑人而言，大面紗不像其高雅弟兄那麼黑暗。一般黑人並不渴望白人之上流社會，他在自己的種族中找到足夠之志同道合者。對他而言，種族歧視意味者種族敵對到處邪惡蓄積，在皺眉頭、種族隔離車廂與選舉權修正案中一一冒出。不管他感受到多少種族歧視，再多也不像這位有修養的人所感受到的那麼多，他到處遭遇閉門羹。為了面對此種情境，華盛頓提議黑人應接受「大面紗」，並為黑種人增添榮耀，直到身為黑人絕不丟臉。杜博依斯則惱怒、煩躁而心碎。至於我們——神所命定之優越種族，我們要做多少來減輕白人或黑人之負擔呢？

有些善良百姓對《黑人的靈魂》之出版已感遺憾。在其心目中，此書抑制了像塔斯奇基和漢普頓（Hampton）等學府所完成之良好成果。它亦是黑種人最傑出的兩位領袖間意見分歧之徵兆。《黑人的靈魂》針對相反觀點提出畢恭畢敬之評論。它以極為周詳之方式談論華盛頓校長本人。從該書之內容看來，根本不用憂心作者與其對手之間存有惡意之跡象。至於另一點，即產業與文化教育之相對優點，則是未定之論，就此我們需要盡量多之知識，畢竟那是核心思想。

毫無疑問，絕大多數南方黑人對產業訓練與商業能力之需求大於別的需求。大概90％之南方黑人屬於此類。可是黑人需要自己的領袖——若非他自己種族之領袖，那誰來領導呢？白種人應該接受高等教育，以便培育自己的領袖，這樣之論點如有任何效力，那麼相同之論點應用至黑種人身上亦有同樣之效力。實際上，黑人之情況在不久之將來依然十分艱辛。南方剛失去昔日農場主人階級之指引，在其稚嫩之民主政治中，從

屬種族二十年前所感受之那種家長制感情如今不復存在。新公民與新領袖皆為講究實際者，從法律上排斥黑人不准參加投票即可見一斑。他們可能採取之其他措施尚未出現。黑人應該利用時機讓自己能夠自立自主。他未來將會遭受比過去更嚴厲之競爭。他將不僅需要大量自立之個體，亦需要許多睿智之領袖──品德高尚者和性格豁達者。倘若高等教育將培育出如此之領袖──誰能否認呢？──黑人本不該存有放棄高等教育之念頭。我們可以有把握地說，就讀黑人學院與大學之學生永遠不足以大量減輕黑人勞工之數量。大多數黑人並不了解「高等教育」術語，亦是事實。倘若杜博依斯教授已引起人們注意到問題這一面之重要性──然而，傑出之黑人確實有，而且越來越常碰到；機會之門應該為此種人敞開著。在技藝教育普受歡迎下這一面可能被遺忘──那麼他的書就成功了。

　　另一件令人擔心之事，乃是《黑人的靈魂》會阻礙兩個種族間更好之諒解，此種諒解據說最近在南方多少有所進展。但近年來是否仍有如此之進展呢？塔斯奇基校長在提倡和平時，不是一州接一州採取褫奪黑人之公民權嗎？同樣這位領袖不是已成為最嚴厲批評之對象嗎？在黑人與白人之間，今天有像二十年前那樣多之好感嗎？另一方面，和平之政策是個好政策：首先，因為人們理當與其同胞和平相處；其次，因為黑人試圖找白人報復不會有效果；第三，因為此項政策教導黑人寬容與自制。布克‧華盛頓之和平呼聲即使未達到目標，卻是個好呼聲，一來因為它對黑人具正面之影響，會讓黑人更有耐心，更加自制；再來因為從長遠來看，一些勇敢之南方人聽到後可能願意配合，他們不喜歡激昂群眾之粗俗獸性。

　　杜博依斯教授之抗議並不激烈。那是遭受苦難者之呼喊，而不是仇恨者之譴責。那是懇求靈魂機會，而且證明作家於落筆時理解到一切無望。它談論黑人問題最重要之一面，在最終解決黑人問題時不得不處理之一面，倘若有最終之解決辦法……。

　　在過去六個月內有人交給我一本書，書名為《黑人野獸也，或按上帝之模樣》。……無法想像比這更愚蠢的書了；不過，倒是值得將此書與其作者跟《黑人的靈魂》與其作者並置。一隻「野獸」能夠寫出像後者那樣的書嗎？

約翰・丹尼爾斯

〈評《靈魂》〉

【1903 年 9 月 15 日，約翰・丹尼爾斯在《亞歷山大雜誌》（*Alexander's Magazine*）上評論《黑人的靈魂》，該雜誌係在波士頓發行之黑人定期刊物。丹尼爾斯在其評論中首度斷言《靈魂》含有作品成為一部「經典」之要素。《靈魂》在文學史上值得「至高地位」，他寫道，配得上「一首永恆詩篇」之地位。】

　　讀完杜博依斯教授《黑人的靈魂》一書後，本人思緒起伏，印象深刻；針對人們所謂「黑人之問題」感受到神祕與敬畏，對黑人充滿了同情與人類之手足情誼。本人栩栩如生地看到黑人在其社會落魄下之絕望與痛苦窮困。本人對支配該書之靈性感到興奮，而且一直感受到作者優雅、敏感、怨憤之天性。

　　本書絕非單純描述之分析或論證種族問題，而是更深、更廣、更高之作；它是一首詩。在動機、方法、實質與效果上，它是一首詩。連最簡單之細節，作者之描述依然高雅、具有詩意。因為本書是一首詩，所以具同情心之讀者將本書當一首詩來閱讀，應該這樣閱讀。他覺得自己置身於作者之處境，以作者之眼光觀看，與作者靈犀相通，受到作者之環境、傳統影響。讀者不想質疑各種推論，不想反對此論點或於彼論證過程挑毛病。他沒有興致採取冷靜批判、好辯之態度，因為此般態度似乎小家子氣，不合本書格調。

　　倘若可以合理地批評，就應涉及本書對讀者之整體效應。因為詩篇之判斷應從其效應著手；而音步、詞藻、風格、理念之研究，不過是研究獲致此效應之手段。那麼，本書對讀者所產生之效應，乃是讓他感受到黑人當前困境之殘忍、艱辛、絕望、悲苦。本書之語調並非絕望；絕對不是；而是充滿著終極勝利之預言。其終極看法並非悲觀，亦非憤世嫉俗，儘管有不少一時之怨恨與憤世嫉俗。本書在語調上亦非冷酷無情、報復心切，到頭來純粹是表達黑人靈魂中之怨恨，表達黑人情況仍是老樣子之哀傷，此與指望情況好轉並不相悖。

　　這一來，讀者可以說：要是怨恨與控訴之母題置於浮現的戰勝、勝利等成功母題之下就好了。任何人均可祈願未來之榮耀照亮當前之卑下。作者相信最後之勝利；那麼他為何不唱凱旋之歌？但是不——我們在說什麼？為什麼綏夫特（Swift）不寫頌文而寫諷刺作品呢？[3] 為什麼伯恩斯（Burns）不寫哲學而

3〔譯注〕Jonathan Swift（1667-1745）係英國著名作家，諷刺文學大師，曾任 St. Patrick 大教堂之司祭長，主要作品有寓言小說《格理弗遊記》（*Gulliver's*

寫心靈音樂，[4]為什麼吉卜林（Kipling）不寫主日學歌謠而譜頌
人類友誼呢？[5]他們做了他們所做的；身為作家，應就其所寫加
以評斷。因此有同情心之讀者對杜博依斯感同身受，認為其悲
傷與怨恨理所當然，然後跟著他感受本書、感受其力量、其公
正。評斷其書並非論辯，亦非反華盛頓之抗議，而是一首詩；
一種精神而非心智之奉獻，係訴諸內心而非頭腦。賦予本書其
至高地位吧，非短暫之辯論文地位，而是永恆之詩篇地位。

Travels），諷刺散文〈一則澡盆故事〉（"A Tale of a Tub"）、〈一項謙卑的提案〉
（"A Modest Proposal"）等。
4〔譯注〕Robert Burns（1759-1796）係蘇格蘭著名詩人，擅長用蘇格蘭方言寫詩，
優秀詩作包括〈美好的往日〉（"Auld Lang Syne"）、〈自由樹〉（"The Tree of
Liberty"）、〈一朵紅紅的玫瑰〉（"A Red, Red Rose"）等。
5〔譯注〕Rudyard Kipling（1865-1936）係英國小說家，詩人，作品表現大英帝
國之擴張精神，素有「帝國主義詩人」之稱，著名作品有《叢林故事》（*Jungle
Books*）、長篇小說《金》（*Kim*）、詩歌《軍營歌謠》（*Barrak-Room Ballads and
other verses*）等，1907年榮膺諾貝爾文學獎。

附
錄
二

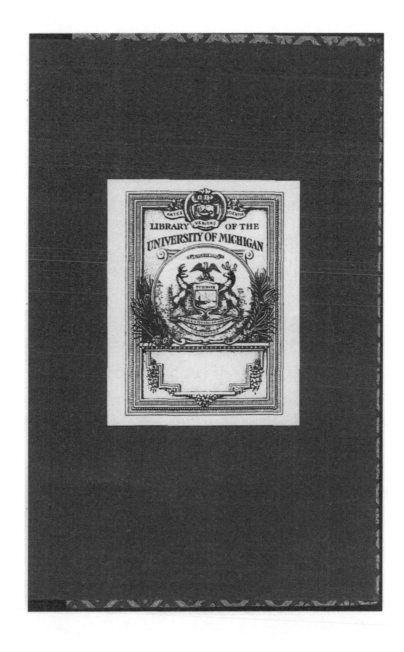

五十年後

威廉‧愛德華‧伯嘉‧杜博依斯

　　十九世紀末葉，芝加哥展開了一種運動，要在中西部建立一個文學和出版中心。當時擔任麥克羅公司編輯的布朗父了，開始尋覓年輕、名不見經傳的作家。我剛出版了兩本書：《非洲販奴至美洲之鎮壓》沿革，於1896年成為第一冊新的哈佛歷史研究；我的《費城黑人》於1899年由賓州大學出版。我還寫了一些小品文，刊載於《大西洋月刊》、《日晷》及其他期刊。

　　約莫1900年，麥克羅公司的編輯寫信問我是否有文稿可以出書，他們會考慮。當時我正在亞特蘭大大學從事廣泛而徹底的美國黑人問題研究，希望作為個人畢生的事業。我向編輯描述這個計畫的大綱，但是他們是針對一般讀者，當然不要那些廣泛的東西。於是我著手集結已出版和未出版的小品文，同時增加幾篇新的稿件。

　　編輯喜歡我的提議，於是推薦出書。我卻猶豫不決，因為我確信如有更多時間、更仔細考慮，我可以寫得更好；這在許多方面不完整且不令人滿意。但我終於鼓起勇氣寄出手稿，《黑人的靈魂》在五十年前於焉問世。該書受到好評，一個世代以來出現了許多版本。

　　有幾次我計畫修訂此書，讓它跟得上我自己的想法，並答覆批評。但我卻猶豫不決，最後決定不作更動，作為我在1903年所思所想的紀念。我希望在其他書籍裡記下事實與反應的變化。

　　五十週年版仍固守此項決定，我的思想再次以當時所書寫的面貌呈現。我更改的字詞不到半打，我這麼做並不是要變更從前記載下來的想法，而是要避免今天的讀者誤解我從前想說的話。

　　我再閱讀半個多世紀以前的這些訊息時，感受到兩件大事，與其說我的遺漏，不如說顯示我當時所不知道或覺悟的：一件是佛洛伊德及其同事在心理學研究上的影響力；另一件是卡爾‧馬克思對現代世界的巨大衝擊。

　　身為詹姆士、桑大雅納和羅伊斯的學生，我對二十世紀所帶來的心理學革命並非沒有準備；但是《黑人的靈魂》在種族歧視的成長與影響中，沒有妥當地考慮無意識思潮與社會習俗。

　　我的大學訓練並沒有完全遺漏卡爾‧馬克思。我在哈佛時，教授曾提到他，在柏林時則有教到。教師們並沒有遺漏，而是對馬克思所指的思想與行動革命缺乏適當的強調或理解。因此我或許可以簡單地用幾句話結束這篇回顧：今天我和從前一樣依然認為以膚色分界係本世紀的重大問題。但是今天我比從前更清楚了解，一個更大的問題存在種族與膚色問題的背後，既隱匿又實行該問題：那就是許多文明人願意過著舒適的生活，即使代價是大多數同胞的貧窮、無知和疾病；為了維護這個特權，人們一直發動戰爭；到了今天，戰爭往往遍及全世界且持續不斷，而這場戰爭的藉口大半仍是膚色和種族。

Fifty Years After

LATE in the Nineteenth Century, there developed in Chicago a movement to build a literary and publishing center in the Mid-West. The Brownes, father and son, editors for A. C. McClurg & Company, began looking about for young and unknown authors. I had just published my first two books: a history of the *Suppression of the African Slave Trade to America*, which appeared as the first volume of the new Harvard Historical Studies in 1896. My *Philadelphia Negro* was published by the University of Pennsylvania in 1899. I had also written a few essays which had been accepted by the *Atlantic Monthly*, the *Dial* and some other periodicals.

The McClurg editors wrote me about 1900, asking if I did not have material for a book which they could consider. I was at the time just embarking at Atlanta University on what I hoped to make my life work; it was to be a broad and exhaustive study of the Negro Problem in the United States. I outlined this project to the editors, but they naturally wanted something more limited and aimed at a popular audience. I therefore undertook to assemble some of my published and unpublished essays, adding a few new ones.

They liked the proposed book and offered publix   FIFTY YEARS AFTER

cation. I hesitated because I was sure that with
more time and thought I could do a better job; in
so many respects this was incomplete and unsatis-
factory. But finally I plucked up courage and sent
the manuscript off, and fifty years ago, THE SOULS
OF BLACK FOLK appeared. It was well received
and for the next generation it ran into a number of
editions.

Several times I planned to revise the book and
bring it abreast of my own thought and to answer
criticism. But I hesitated and finally decided to
leave the book as first printed, as a monument to
what I thought and felt in 1903. I hoped in other
books to set down changes of fact and reaction.

In the present Jubilee Edition I have clung to this
decision, and my thoughts of fifty years ago appear
again as then written. Only in a few cases have
I made less than a half-dozen alterations in word
or phrase and then not to change my thought as
previously set down but to avoid any possible mis-
understanding today of what I meant to say yes-
terday.

As I re-read these messages of half a century ago,
I sense two matters which are not so much omission
on my part as indications of what I then did not
know or did not realize: one is the influence of
Freud and his co-workers in their study of psy-
chology; the other is the tremendous impact on the
modern world of Karl Marx.

As a student of James, Santayana and Royce, I
was not unprepared for the revolution in psychology
which the Twentieth Century has brought; but THE
SOULS OF BLACK FOLK does not adequately

FIFTY YEARS AFTER
xi

allow for unconscious thought and the cake of custom in the growth and influence of race prejudice.

My college training did not altogether omit Karl Marx. He was mentioned at Harvard and taken into account in Berlin. It was not omission but lack of proper emphasis or comprehension among my teachers of the revolution in thought and action which Marx meant. So perhaps I might end this retrospect simply by saying: I still think today as yesterday that the color line is a great problem of this century. But today I see more clearly than yesterday that back of the problem of race and color, lies a greater problem which both obscures and implements it: and that is the fact that so many civilized persons are willing to live in comfort even if the price of this is poverty, ignorance and disease of the majority of their fellowmen; that to maintain this privilege men have waged war until today war tends to become universal and continuous, and the excuse for this war continues largely to be color and race.

W. E. B. DuBois

評語

秀莉・葛蘭姆

　　1903年4月麥克羅等公司（A. C. McClurg & Company）出版一小本書，取名為《黑人的靈魂》，在英語通行的世界各地受到矚目。這件事千真萬確，儘管這本書的作者隸屬「知性上一文不值並受鄙視的種族」，當時英美出版品絕不用大寫的N寫Negro這個字。

　　二十世紀的發端簡直沒有驅散美國黑人身上的濃厚憂鬱。全美各地黑人所在之處，無不籠罩著慍怒的冷漠。亞伯拉罕・林肯的解放黑奴、重建的諾言都來了又去。恐怖、飢餓、限制和侮辱尾隨著黑人的腳步。有進取心的美國人對「種族問題」煩透了。

　　這時大眾冷不防地面對《黑人的靈魂》。在北方、南方、東部和西部都引起驚訝、心不甘情不願的讚美、困惑。「本書的標題乃神來之筆」出現在最早的一篇短評上。許多評論者隨著大肆讚揚該書。「種族問題」的「權威」在震驚之餘，承認本書的「詩風」，卻質疑其科學價值；其他人則激烈攻擊。

　　然而《黑人的靈魂》所到之處無不受到矚目。喬治亞州的《亞特蘭大憲法》刊載三個專欄評論該書與作者。評論的結尾寫

道：「千萬別忘記：這是一位在北方受教育的黑人的想法，他雖曾和南方的弟兄們共度過一段歲月，這些弟兄們憑直覺即明白的一些事，他卻無法感受其意義，而土生土長的南方白人，憑著類似的直覺也明白南方黑白都接受為事實的某些事。」田納西州的一家報紙警告說：「黑人閱讀這本書不安全，因為它只會引發不滿，讓他滿腦子幻想一些不存在或不該存在心中的東西。」

從新聞界、講壇和教育家之間展開的廣泛而激烈的討論中，產生了至今仍存在的傳說：布克‧華盛頓與杜博依斯不和的傳說。

起初，黑人沒有加入這場爭論。他們充滿驕傲。他們自己的族人讓偉大的白人世界動了起來！讚美與亂哄哄的聲音兩者彷彿甜美的音樂飄落耳際。年輕的黑人設法取得《黑人的靈魂》時，目光閃亮著仔細拜讀。他們閱讀之際，雙唇緊閉著，心胸擴展，肌肉膨脹。然後，他們熱切地彼此對望著。對他們而言，新世紀才剛開始！

1903年的春天，紐約《商業廣告商》的一位評論者寫道：「在種族歧視突然加劇，幾乎每天在某個料想不到的地方發生新的暴動之際，這樣一本書出自一名對自己種族天生的可能性抱著堅定信念的黑人之手，不能不說是良好且具啟發性的。」

《黑人的靈魂》在美國歷經二十四版，其中幾版在國外同時發行。建造巴拿馬運河的黑人讀這本書後，帶回牙買加或巴貝多老家；南方偏鄉的黑人將此書擺在一旁，然後向外望著綿延的棉花田，說道：「這是**我的**土地！」兩個世代的黑人傳閱這本書，直到書本破舊不堪。同時世界大戰爆發，經濟蕭條來

臨，人民的聲音變成吹遍各地的一道強風。

當亨利・詹姆士出版其綜合性研究《美國景象》（1946年由Scribner's印行）時，他問道：「何以一切如此消逝，以至於多年來所出版的唯一『南方』佳作，是由那位黑種人最有成就的杜博依斯先生所寫的《黑人的靈魂》？」

自從本書首度問世以來，已屆五十載。此週期旋轉緩慢。如今人人皆知天體大為擴張。今天，全世界都被質問要為黑人民族負責。因此，「幾乎每天在某個料想不到的地方發生新的暴動之際」，我們趁此良機再次印行《黑人的靈魂》，出自一名黑人之手，他「對自己種族天生的可能性抱著堅定的信念。」

Comments

IN APRIL 1903, a slender book published by A. C. McClurg & Company entitled THE SOULS OF BLACK FOLK captured and held attention wherever in the world English was read. This was true in spite of the fact that the volume was written "by one of a race intellectually despised and unaccounted," at a time when no American or English publication ever wrote the word Negro with a capital N.

The dawn of the Twentieth Century did little to dispel the thick gloom pressing down upon American Negroes. Where black folk were concerned, sullen apathy lay over all the land. Abraham Lincoln's Emancipation, promise of the Reconstruction had come and gone. Terror, hunger, restrictions and humiliation dogged the black man's steps. Enterprising Americans were sick to death of "race problems."

Then an unsuspecting public was confronted with THE SOULS OF BLACK FOLK. Astonishment— grudging admiration — bewilderment were evoked north, south, east and west. "The title of this book is a stroke of genius!" appeared in one of the first notices. Many reviewers followed by praising the book in extravagant terms. Shocked "authorities" on "the race problem" admitted the book's "poetic style" but questioned its scientific value; others violently attacked it.

xiv COMMENTS

But nowhere was THE SOULS OF BLACK FOLK ignored. Georgia's *Atlanta Constitution* printed three columns on book and author. The review closed with: "It should be recalled that it is the thought of a negro of northern education who has lived among his brethren of the south, yet who cannot fully feel the meaning of some things which these brethren know by instinct—and which the southern-bred white knows by a similar instinct—certain things which are by both accepted as facts." A newspaper in Tennessee warned that, "This book is dangerous for the negro to read, for it will only excite discontent and fill his imagination with things that do not exist, or things that should not bear upon his mind."

Out of the wide and bitter discussions waged in press, pulpits and among educators, grew a still existing legend: the legend of a Booker T. Washington —W. E. B. Du Bois feud.

At the beginning, Negroes did not enter the fray. They were filled with pride. One of their own had set the great, white world in motion! Peons of praise and sounds of turmoil both fell upon their ears like sweet music. When young Negroes managed to get hold of THE SOULS OF BLACK FOLK they pored over its pages, their eyes shining. Their lips grew tight as they read, their minds expanded and their muscles swelled. Then they turned eagerly to one another. For them the New Century had just begun!

That spring of 1903 a reviewer in the New York *Commercial Advertiser* wrote:

"At a time when racial prejudice has suddenly taken on an aggravated form, when almost every day witnesses a new outburst in some unexpected

COMMENTS xv

quarter, a volume of this sort, written by a negro with unwavering faith in the inherent possibilities of his race, cannot be otherwise than wholesome and inspiring."

THE SOULS OF BLACK FOLK ran through twenty-four editions in the United States, with several concurrent publications abroad. Black men building the Panama Canal read the book and took it home with them to Jamaica or the Barbadoes; dark folks in the Deep South laid the book aside and, looking out over straggling cotton fields, said firmly, "This is *my* land!" Two generations of Negroes passed the book around until it was tattered and worn. Meanwhile World Wars broke, depressions came, and the voice of the people became a great wind blowing across the lands.

When Henry James published his comprehensive study, THE AMERICAN SCENE (Scribner's Edition, 1946.), he asked: How can everything so have gone that the only "Southern" book of any distinction published for many a year is THE SOULS OF BLACK FOLK by that most accomplished of members of the Negro race, Mr. W. E. B. Du Bois?

Fifty years have passed since this book first appeared. The cycle turns slowly. Now it is seen that the sphere is much enlarged. Today the whole world is being called to account to its dark peoples. It is therefore right and timely that once more "when almost every day witnesses a new outburst in some unexpected quarter," we print THE SOULS OF BLACK FOLK written by a Negro "with unwavering faith in the inherent possibilities of his race."

SHIRLEY GRAHAM

科技部經典譯注

浪漫與沉思：俄國詩歌欣賞	普希金等著 / 歐茵西譯注
柏拉圖《克拉梯樓斯篇》	柏拉圖著 / 彭文林譯注
海鷗 / 萬尼亞舅舅：契訶夫戲劇選	契訶夫著 / 陳兆麟譯注
哈姆雷（二版）	莎士比亞著 / 彭鏡禧譯注
浮士德博士	馬羅原著 / 張靜二譯注
馬里伏劇作精選	馬里伏著 / 林志芸譯注
修女	狄德侯著 / 金恆杰譯注
康德歷史哲學論文集 （增訂版）	康德著 / 李明輝譯注
劇場及其複象：阿鐸戲劇文學	翁托南・阿鐸著 / 劉俐譯注
烏托邦	湯馬斯・摩爾著 / 宋美璍譯注
戴神的女信徒	尤瑞皮底斯著 / 胡耀恆、胡宗文等譯注
亞理斯多德《創作學》譯疏	亞理斯多德著 / 王士儀譯注
格理弗遊記	綏夫特著 / 單德興譯注
論市場社會主義	羅莫爾著 / 馮建三譯注
莎士比亞劇集前言	善謀・姜生著 / 張惠鎮譯注
愛德華二世	馬羅著 / 張靜二譯注
迪坎卡近鄉夜話	果戈理著 / 王愛末譯注
四川好人：高加索灰闌記	布雷希特著 / 鄭芳雄等譯注
我們賴以生存的譬喻	雷可夫、詹森著 / 周世箴譯
吉普賽故事詩	羅卡著 / 陳南好譯注
黑暗之心	康拉德著 / 鄧鴻森譯注
威尼斯商人	威廉・莎士比亞著 / 彭鏡禧譯注
義大利文藝復興時代的文化	Jacob Burckhardt 著 / 花亦芬譯注
階級、符碼與控制	巴索・伯恩斯著 / 王瑞賢譯注
偉大城市的誕生與衰亡：美國都市街道生活的啟發	珍・雅各著 / 吳鄭重譯
國際經濟學	孟岱爾著 / 曹添旺、黃登興譯注
論友誼	西塞羅著 / 徐學庸譯注
等待果陀・終局	山繆・貝克特著 / 廖玉如譯注
一個稱為學校的地方	古德拉著 / 梁雲霞譯注
佛教與儒教（二版）	荒木見悟著 / 廖肇亨譯注
合夥人	赫納羅・普列托著 / 曾茂川譯注
論老年	西塞羅著 / 徐學庸譯注
一切能作為學問而出現的未來形上學之序論	康德著 / 李明輝譯注

國家學體系：社會理論	史坦恩著 / 張道義譯注
德意志的復興時代	Von Friedrich Meinecde 著 / 黃福得譯注
「粹」的構造	九鬼周造著 / 藤田正勝原譯注
情色論	Georges Bataille 著 / 賴守正譯注
運輸系統分析基礎概論	Marvin L. Manheim 著 / 周榮昌譯注
政治聯盟理論	William H. Riker 著 / 吳秀光、陳敦源譯注
格理弗遊記	Jonathan Swift 著 / 單德興譯

現代名著譯叢

法律的理念	丹尼斯・羅伊德著 / 張茂柏譯
自然法——法律哲學導論	登特列夫著 / 李日章譯
人文科學的邏輯	卡西勒著 / 關子尹譯
論康德與黑格爾	克隆納著 / 關子尹譯
六大觀念：真、善、美、自由、平等、正義（新版）	阿德勒著 / 蔡坤鴻譯
康德〔純粹理性批判〕導讀	包姆嘉特納著 / 李明輝譯
雷蒙・艾宏：入戲的觀眾	雷蒙・艾宏著 / 賴建誠譯
托馬斯・摩爾	錢伯斯著 / 梁懷德譯
法國 1968：終結的開始	安琪樓・夸特羅其、湯姆・奈仁著 / 趙剛譯註
後現代性的起源	培瑞・安德森著 / 王晶譯
共同體的基礎理論	大塚久雄著 / 于嘉雲譯
宇宙與歷史	耶律亞德著 / 楊儒賓譯
西方政治傳統：近代自由主義之發展	菲特列・華特金斯著 / 李豐斌譯
金錢、性別、現代生活風格	齊美爾著 / 顧仁明譯
自由主義之後	伊曼努爾・華勒斯坦著 / 彭淮棟譯
陌生的多樣性：歧異時代的憲政主義	詹姆斯・杜利著 / 黃俊龍譯
公共領域的結構轉型	哈伯瑪斯著 / 曹衛東等譯
後民族格局：哈伯瑪斯政治論文集	哈伯瑪斯著 / 曹衛東譯
現代性：紀登斯訪談錄	安東尼・紀登斯著 / 尹弘毅譯
自由的界限：無政府與利維坦之間	詹姆斯・布坎南著 / 顧肅譯
個人主義論集	路易・杜蒙著 / 黃柏棋譯
飲食與愛情：東方與西方的文化	傑克・顧迪著 / 楊惠君譯

後殖民理論	Bart Moore-Gilbert 著 / 彭淮棟譯
論市場社會主義	羅莫爾著 / 馮建三譯注
萬民法	約翰・羅爾斯著 / 李國維等譯
貓大屠殺：法國文化史鉤沈	羅伯・丹屯著 / 呂健忠譯
我們賴以生存的譬喻	雷可夫、詹森著 / 周世箴譯
知識分子都到那裡去了？	法蘭克・富里迪著 / 戴從容譯
愛因斯坦 1905	John Rigden 著 / 施新等譯
階級、符碼與控制	巴索・伯恩斯著 / 王瑞賢譯注
偉大城市的誕生與衰亡：美國都市街道生活的啟發	珍・雅各著 / 吳鄭重譯
國際經濟學	孟岱爾著 / 曹添旺、黃登興譯注
等待果陀・終局	山繆・貝克特著 / 廖玉如譯注
一個稱為學校的地方	古德拉著 / 梁雲霞譯注
為什麼是民主？	John Dunn 著 / 王晶譯
德意志的復興時代	Von Friedrich Meinecde 著 / 黃福得譯注
新人文主義	John Brockman 著 / 霍達文譯
宗教是什麼	西谷啟治著 / 陳一標、吳翠華譯注
芮曲詩選	Adrienne Rich 著 / 宋美璍譯注
書籍的秩序：歐洲的讀者、作者與圖書館（14 18 世紀）	Roger Chartier 著 / 謝柏暉譯
韋伯方法論文集（平裝）	Max Weber 著 / 張旺山譯注
西田幾多郎哲學選輯	西田幾多郎著 / 黃文宏譯注
明清社會史論	何炳棣著
宗教之詮釋：人對超越的回應	John Harwood Hick 著 / 蔡怡佳譯
佛洛伊德：克萊恩論戰，1941-1945	Pearl King Riccardo Steiner 著 / 林玉華、蔡榮裕譯注
宗教的動力心理學	Paul W. Pruysder 著 / 宋文里譯注
學校敢勇於建立新的社會秩序嗎？	喬治・柯奧茲著 / 白亦方、鍾鴻銘、歐用生譯注
論語與孔子思想	津田左右吉著 / 曹景惠譯注
經驗與教育	John Dewey 著 / 單文經譯
我們人民：憲法根基	Bruce Ackerman 著 / 楊智傑譯
巴黎 1922，普魯斯特	Richard Davenport-Hines 著

貝多芬：阿多諾的音樂哲學	Theokor W. Adorno 著 / 彭淮棟譯
「粹」的構造	九鬼周造著 / 藤田正勝原譯注
社會之經濟	Niklas Luhmann 著 / 湯志傑、魯貴顯譯
環境也是災害：你準備好了嗎？	Ian Burton, Robert W. Kates, Gilbert F. White 著 / 黃朝恩等譯
論現代興奮劑	Honore de Balzac 著 / 甘佳平譯
策略聯盟的兩難	吳克著
為社會而設計	Nige Whiteley 著 / 游萬來等譯注
中國文學理論（新版）	興膳宏著 / 蕭燕婉譯
共善：引導經濟走向社群、環境、永續發展的未來	赫曼・達利、約翰・科布著 / 溫秀英譯注
個體論：一本描述性形上學的論文	Petter Fredrick Strawson 著 / 王文芳譯注
西方世界的興起	Douglass Cecil North 著 / 劉瑞華譯注
資本主義經濟及其社會學	Joseph A. Schumper 著 / 藍元駿譯注
對態度的了解與社會行為的預測	Icek Ajzen, Martin Fishbein 著 / 王國川譯注
西田幾多郎：生與哲學	Fujita Masakatsu 著 / 林永強譯注
正常人被鎮壓的瘋狂：精神分析、四十四年的探索	Marion Milner 著 / 林永強譯注
公司、合約與財務結構	Oliver Hart 著 / 溫秀英等譯注
經濟史的結構與變遷	Douglass Cecil North 著 / 劉瑞華譯注
明清時代的女性與文學	合山究著 / 蕭燕婉譯
制度、制度變遷與經濟成就	Douglass Cecil North 著 / 劉瑞華譯注
《紅樓夢》新解：一部「性別認同障礙者」的烏托邦小說	合山究著 / 陳狗譯
倫理學與教育	R. S. Peters 著 / 簡成熙譯
明日城市	Peter Hall 著 / 吳綱立譯注
美國法律史	Lawrence M. Friedman 著 / 劉宏恩、王敏詮譯注
馬克思主義主要流派：興起、發展與崩解	Leszek Kolakowski 著 / 馬元德、張金言、高銛等譯

現代名著譯叢
黑人的靈魂

2018年6月初版　　　　　　　　　　　　　　　　定價：新臺幣550元
2020年7月初版第二刷
有著作權·翻印必究
Printed in Taiwan

科技部經典譯注計畫

著　　者	W. E. B. Du Bois
譯 注 者	何　文　敬
叢書編輯	王　盈　婷
校　　對	吳　淑　芳
內文排版	極　翔　企　業
封面設計	兒　　　日

出　版　者	聯經出版事業股份有限公司
地　　址	新北市汐止區大同路一段369號1樓
叢書主編電話	(02)86925588轉5316
台北聯經書房	台北市新生南路三段94號
電　　話	(02)23620308
台中分公司	台中市北區崇德路一段198號
暨門市電話	(04)22312023
台中電子信箱	e-mail：linking2@ms42.hinet.net
郵政劃撥帳戶第0100559-3號
郵撥電話	(02)23620308
印　刷　者	世和印製企業有限公司
總　經　銷	聯合發行股份有限公司
發　行　所	新北市新店區寶橋路235巷6弄6號2樓
電　　話	(02)29178022

副總編輯	陳　逸　華
總 經 理	陳　芝　宇
社　　長	羅　國　俊
發 行 人	林　載　爵

行政院新聞局出版事業登記證局版臺業字第0130號

本書如有缺頁，破損，倒裝請寄回台北聯經書房更換。　ISBN 978-957-08-5133-5 (平裝)
聯經網址：www.linkingbooks.com.tw
電子信箱：linking@udngroup.com

國家圖書館出版品預行編目資料

黑人的靈魂/ W. E. B. Du Bois著 . 何文敬譯注 . 初版 .
新北市 . 聯經 . 2018年6月（民107年）. 400面 .
14.8×21公分（現代名著譯叢）
譯自：The Souls of Black Folk
ISBN　978-957-08-5133-5（平裝）
[2020年7月初版第二刷]

1.非洲黑人　2.美國

546.5952　　　　　　　　　　　　　　　107008179